Renate Reisch • Birgitta Loucky-Reisner • Guido Schwarz

Marketing für Schulen

So gelingt die erfolgreiche Positionierung

öbv & hpt

Die Deutsche Bibliothek – CIP-Einheitsaufnahme
Der Titeldatensatz für diese Publikation ist bei
Der Deutschen Bibliothek erhältlich.

1. Auflage 2001 (1,00)

© öbv&hpt Verlagsgmbh & Co. KG, Wien

Satz: Paul Lanz, A-1090 Wien
Druck: Druckerei Theiss GmbH, A-9400 Wolfsberg

ISBN 3-209-**03644**-6

Inhalt

Einleitung

„Marketing für Schulen" – Provokation oder Notwendigkeit?

Die Schulen stehen vor Veränderungen, die sich in neuen Aufgaben und folglich auch im Ausbildungsangebot widerspiegeln. Aber Begriffe wie Schulentwicklung, Einsatz von Managementtechniken für pädagogische Führungskräfte, Öffentlichkeitsarbeit für Schulen oder Sponsoring sind für viele Lehrerinnen und Lehrer noch Fremdworte, denen sie oft ablehnend gegenüberstehen.

Die erweiterte Autonomie für Schulen überlässt es Schulen in immer stärkerem Ausmaß, Eigenverantwortung zu übernehmen und diese Autonomie auch zu nützen und auszufüllen. Unser Staat nimmt heute in manchen Bereichen Abstand davon, das Schulwesen bis ins letzte Detail fachlich und organisatorisch zu regeln. Der Ruf nach Autonomie ist oft leicht, sie jedoch zu leben viel schwieriger.

Ein Teil der neuen Aufgaben, die von Schulen jetzt schon, viel stärker jedoch noch in der Zukunft bewältigt werden müssen, besteht in der Standortsicherung sowie in der Sicherung von LehrerInnenarbeitsplätzen.

Dies wiederum hängt vielfach vom Ruf, dem Image und der Vermarktung einer Schule ab. Vermarktung wird von Schulpädagogen oft als Zumutung empfunden, sie sind dafür auch nicht ausgebildet worden und empfinden Wirtschaftsbegriffe oft als Provokation.

Wir wollen in diesem Buch zeigen, dass Marketing für Schulen eine Notwendigkeit ist, der sie sich nicht entgegenstellen sollen oder können – es wäre zu ihrem eigenen Nachteil.

Bei unserer Arbeit mit Schulen, die sich auf unterschiedliche Teilbereiche erstreckt, machen wir immer wieder die Erfahrung, dass nicht einzelne Schritte isoliert gesetzt werden können, sondern eine schlüssige Gesamtkonzeption nötig ist. Diese Gesamtkonzeption bietet Schulmarketing.

Wir wollen unseren Leserinnen und Lesern ermöglichen, differenziert und theoretisch fundiert argumentieren und handeln zu können.

Wie wird dieses Buch gelesen?

Das **erste Kapitel** bietet einen kompakten Einstieg in das Thema „Schule und Wirtschaft" in Bezug auf Marketing. LeserInnen mit guten Marketingvorkenntnissen können bei Zeitmangel durchaus das **zweite** und **vierte Kapitel** („Theorie des Marketings") oberflächlich behandeln.

Nur wer auch weiß, wo er hinwill, wird sein Ziel erreichen. Das **dritte Kapitel** dient daher der genauen Erörterung der „Markt- und Motivforschung" – einem oft zu Unrecht vernachlässigten Teil konsequenten Marketings.

Das **fünfte Kapitel** befasst sich mit dem zentralen Marketingfaktor, nämlich den „Kunden". Das **sechste Kapitel** setzt die theoretischen Überlegungen der ersten Kapitel in die „Praxis des Schulmarketings" um und im **siebten Kapitel** werden zukünftige Entwicklungsmöglichkeiten aufgezeigt.

Bei speziellen Begriffen oder Themengebieten, die eine differenzierte Betrachtung benötigen, finden sich im Text so genannte **Exkurse** (*kursiv* formatiert), die eine genaue Beschreibung – oft auch mit Beispielen aus der Praxis – liefern. Die interessierten LeserInnen können sich hier in ein Thema vertiefen.

Grau hinterlegte Passagen fassen einen Gedanken noch einmal zusammen oder verdeutlichen wichtige Konsequenzen, die sich aus den Erörterungen für den Schulbereich ergeben.

Die Schule – ein Dienstleistungsbetrieb?

Schule und Ökonomie

„Wozu brauchen Schulen Marketing? Das ist ja etwas für Wirtschaftsbetriebe, Schule und Wirtschaft kann man doch nicht vergleichen ...!"

Diese und ähnliche Aussagen hört man immer wieder, wenn das Wort „Marketing" im Zusammenhang mit Schule geäußert wird. Man könnte geradezu von einer Wirtschaftsfeindlichkeit sprechen, die sich in vielen Aussagen von PädagogInnen zur Ökonomie artikuliert. Dieser negative Beigeschmack sollte den Wirtschaftsbegriffen genommen werden, und zwar nicht so sehr im Interesse der Wirtschaft als vielmehr im Interesse der Zukunft der Heranwachsenden.

Schule als Institution hat, wie viele Bereiche der Wirtschaft auch, spezifische Aufgabenstellungen, Rahmenbedingungen und Eigenheiten. Dadurch ist Schule mit Wirtschaftsbetrieben nicht unmittelbar vergleichbar, aber – und hier liegt der springende Punkt – Schule und ökonomisches Prinzip sind viel enger verbunden, als oft gesehen werden will.

Erstens ist Schule ein wesentlicher Teil des Volkswirtschaftssystems eines Staates, da sie zukünftige Arbeitskräfte bildet und ausbildet. Die so ausgebildeten SchülerInnen können später als Automechaniker, Tischler, Installateure, Computerexperten, Philosophen oder Hochschulprofessoren tätig sein und einen wichtigen Beitrag zur Volkswirtschaft leisten. Schule vom gesamtwirtschaftlichen Gefüge eines Staates abzukoppeln und als System darzustellen, das als Bildungsinstitution nichts mit den „Niederungen eines kapitalistischen Wirtschaftssystems" zu tun hätte, hieße die Augen vor der Wirklichkeit zu verschließen. Wir leben in einer marktwirtschaftlich orientierten Gesellschaft, daher hat Schule auch die Aufgabe, ihre SchülerInnen auf das Bestehen in einem solchen Wirtschaftssystem vorzubereiten. Erziehungsverantwortung verlangt von denjenigen, die sie zu erfüllen haben, den Schülern bewusst werden zu lassen – und zwar durchaus kritisch! – wie die moderne Gesellschaft (heute nicht mehr Industriegesellschaft sondern Dienstleistungsgesellschaft auf dem Weg zur Informations- und Wissensgesellschaft) funktioniert.

Exkurs: Dienstleistungsgesellschaft:

Im Dienstleistungssektor sind in den entwickelten Staaten der Welt – in Europa, Nordamerika und Japan – mittlerweile mehr Menschen tätig als in der produzierenden Industrie. In den USA üben bereits 75% der Erwerbstätigen einen Serviceberuf aus. Nur noch ein Drittel der Erwerbstätigen in Deutschland ist im produzierenden Gewerbe tätig, während der Sektor Landwirtschaft und Forst als Arbeitgeber nahezu bedeutungslos geworden ist. Die Verhältnisse in Österreich sind ähnlich. Der typische Erwerbstätige arbeitet heute bei einem Dienstleister

- entweder in einem klassischen Dienstleistungsgewerbe (Bank, Versicherung, Hotellerie etc.),
- im Handel oder Verkehrsbereich oder
- im öffentlichen Sektor.

Für die Mehrheit der Praktiker stehen in der Realität also heute ganz andere Fragen als die des Industrieumfeldes im Vordergrund. Z. B.:

- Wie führe ich ein Unternehmen oder leite eine Organisation, in der die wesentlichen Aktivposten nicht fest im Fabrikboden verankerte Metallkolosse, sondern lebende Menschen auf zwei Beinen sind?
- Wie sind diese Menschen zu konstanter Leistung zu motivieren?
- Wie vermarkte ich Erzeugnisse, deren Preis-Leistungs-Verhältnis nicht objektiv messbar, sondern nur subjektiv im Gefühl des Kunden abzubilden ist?
- Wie rechtfertige ich Investitionen in die Entwicklung von Innovationen, wenn diese nicht durch Patentschutz gegen Nachahmer gesichert werden können?

Dies alles sind spezifisch dienstleistungsrelevante Fragestellungen. Der zentrale Erfolgsfaktor für die Zukunft wird in führenden Unternehmen heute in der Beherrschung u. a. folgender Fähigkeiten gesehen:

- Angebote zu entwickeln, die sich an echten Kundenbedürfnissen orientieren;
- ein hohes Qualitätsniveau zu erreichen, zu halten und kontinuierlich zu steigern;
- alle Leistungen zeit- und kosteneffizient zu erstellen und zu vermarkten;
- durch Produktinnovation in sich schnell wandelnden Märkten den Kundennutzen weiter zu verbessern (vgl. Biermann, 1999);
- sich in den Organisationsformen „Hierarchie" und „Gruppe" lernend, reflektierend und steuernd bewegen zu können.

Für die Institution Schule heißt das nun nicht, dass ausschließlich marktwirtschaftliche Überlegungen in den Schulalltag Einzug halten sollen, jedoch muss akzeptiert werden, dass Schule und Ökonomie miteinander – oft unterschiedlich dicht – verwoben und voneinander abhängig sind.

Weiters darf nicht vergessen werden, dass Schule einen nicht unerheblichen volkswirtschaftlichen Beitrag leistet. Nicht umsonst wird vom „Bildungsmarkt" und vom „Wirtschaftsfaktor Schule" gesprochen – mit mehr als hunderttausend Lehrerarbeitsplätzen und ganzen Industrie- und Wirtschaftszweigen, die in ihren Umsatzzahlen stark von Schulen abhängig sind (z. B. Möbelindustrie, Computerindustrie, Bauwirtschaft, Buchhandel, Papierfachhandel etc.).

Drittens sollte man bedenken, dass es in der Wirtschaft viele bewährte Methoden und Gestaltungsmöglichkeiten gibt, die – mit leichten Anpassungen – durchaus in die Schule übernommen werden können. Dies geschieht immer häufiger und viele PädagogInnen machen die Erfahrung, dass dies die schulische Arbeit belebt, die SchülerInnen motiviert und ganz allgemein als spannende Herausforderung gesehen wird. Die Auswahl und der kluge Einsatz der richtigen Methode bzw. des richtigen Instruments bringen frischen Wind in eine von vielen als unbeweglich empfundene Institution.

1.2. Bildung, Veränderung, Markt

Bildung, Orientierungs- sowie Erfahrungsmöglichkeiten für eine ganzheitliche Persönlichkeitsentwicklung wurden bisher stets mit dem Begriff der „Menschenbildung" verbunden. „Schule" bietet eine Unzahl von Bewährungsmöglichkeiten, Handlungsmöglichkeiten und Erfahrungen, die außerhalb von Bildungsinstitutionen nur von einem geringen Prozentsatz Heranwachsender gemacht werden können.

Dennoch wird Bildung heute nicht mehr ausschließlich unter dem Aspekt der Menschenbildung gesehen, sondern zunehmend auch im Hinblick auf ihre ökonomische Verwertbarkeit. Diese Fokussierung treffen vor allem Eltern, die ihre Kinder immer häufiger in berufsbildende Schulen schicken, damit diese mit dem Schulabschluss gleichzeitig etwas „Brauchbares" in den Händen haben. Die Diskussion um die Vor- und Nachteile von berufsbildenden und allgemein bildenden Schulen möge an anderer Stelle geführt werden, fest steht jedoch: Wenn Bildung die Marktchancen des Einzelnen erhöhen soll, so erfordert dies eine Anpassung der Bildungsinstitutionen an die Markterfordernisse – inhaltlich und organisatorisch.

Dazu nun einige Aussagen führender Personalexperten zum Thema „Was fordert der Arbeitsmarkt" in der Zeitschrift Trend 5/97:

„Bei den Absolventen, die wir aufnehmen, ist Fachwissen nur die Basis, hauptsächlich wird auf soziale Kompetenz Wert gelegt: Teamfähigkeit, Kundenorientierung, Rhetorik, Selbstständigkeit, Kreativität. All das kommt in unserem Bildungssystem zu kurz, vor allem die Fähigkeit, durch selbstständiges Denken zu neuen Lösungsansätzen zu kommen" (B. Greutter, KPMG Management Consulting GesmbH).

„Vom Schulsystem ist gefordert, innovative und kreative Menschen und nicht Befehlsempfänger heranzuziehen" (J.-F. Jenewein, Managementconsulting).

„Als Trend der Zukunft muss eindeutig jedwede Art des Verkaufs und der persönlichen Dienstleistung gewertet werden" (E. Schlader, Personal- und Managementberatung Dr. Pendl & Piswanger).

Mit diesen Bedürfnissen bzw. mit den Markterfordernissen muss sich die Schule beschäftigen – sei es, dass der *„Markt eng geworden ist, unsere Schülerzahlen haben sich in den letzten zwanzig Jahren halbiert"* (Direktor einer renommierten AHS), *„wir konnten aufgrund der Schülerzahlen 15 Lehrer nicht mehr beschäftigen – schlichtweg eine Katastrophe"* (Direktor einer HS) oder dass der Markt nicht befriedigt werden kann: *„Wir haben 350 Anmeldungen aus ganz Österreich, können für diesen speziellen Ausbildungszweig aber nur 70 Schüler aufnehmen"* (Direktor einer HTL).

Die Ursachen für Marktprobleme sind vielfältig: sie betreffen u. a. das Bildungsangebot, die Qualität des Unterrichts, das Lehrpersonal sowie Image- oder Kommunikationsprobleme: *„An unserer Schule gibt es eine spezielle Ausrichtung, die vielen Schülern gut tut. Leider wissen das nur wir selbst – wir haben ein schlechtes Marketing."*

„Markt und Marketing" – Begriffe, die für ein Wirtschaftsunternehmen zum täglichen Sprachgebrauch gehören, sind auch immer häufiger in der Bildungslandschaft zu hören. Dies ist durchaus positiv zu bewerten, heißt es doch, dass hier der Wille besteht und Anstrengungen unternommen werden, sich den Herausforderungen unserer Zeit zu stellen, um bestmögliche Chancen zu nutzen. Denn sowohl Wirtschaftsbetriebe als auch Schulen hängen von sich ständig rasch ändernden gesellschaftlichen und wirtschaftlichen Parametern ab und es gilt, sich möglichst klug in diesem System zu bewegen:

Informations- und Wissensgesellschaft:
Wir leben heute in einer Zeit, in der es fast keine Informationsmonopole mehr gibt. Wissen ist jederzeit und weltweit erwerbbar und veraltet extrem schnell. Die

klassische Allgemeinbildung reicht heute für den beruflichen Erfolg nur mehr selten aus, lebenslanges Lernen ist gefragt, denn der Aufbruch vom Industriezeitalter zur Wissensökonomie bringt neue Arbeitsformen hervor. Wissen als „Rohstoff", der anders funktioniert als herkömmliche Rohstoffe, sorgt für unruhigere Arbeitslandschaften. Merkmale dieser Arbeitswelt sind beispielsweise der Abschied vom lebenslangen gesicherten Arbeitsplatz sowie neue Arbeits- und Berufsfelder wie etwa Teleworking.

Technologiegesellschaft:

Hand in Hand mit der Wissensökonomie geht die rasante Entwicklung neuer Technologien einher. Was vor zwanzig Jahren noch unvorstellbar war, ist heute bereits Alltagstechnologie. Die weltweite Kommunikation via Internet ist von jedermanns Wohnzimmer aus möglich, ebenso können Bankgeschäfte, Einkäufe, Buchungen usw. von zu Hause vorgenommen werden. Diese rasante Weiterentwicklung erfordert sowohl vom Einzelnen, aber auch von Organisationen und Institutionen, zunehmend Flexibilität und Weiterbildungswillen. Es ist kein Zufall, dass sich genau in dieser Zeit der raschen Veränderungen der Begriff „lernende Organisation" entwickelt hat.

Schulen werden in Zukunft auf neue Anforderungen schneller reagieren müssen oder ihre Bedeutung am Bildungssektor einbüßen.

Weiterbildungsgesellschaft:

Genügte es unseren Großvätern noch, einen Beruf zu lernen und auszuüben, reicht heute die Grundausbildung oft nur mehr für den Berufsstart. Auch rein formale Kriterien genügen in vielen Sparten nicht mehr. Oft reagiert das öffentliche Bildungssystem zu langsam, sodass die erforderlichen Zusatzqualifikationen in privatwirtschaftlich organisierten Unternehmen oder Institutionen erworben werden müssen – Privatschulen und Weiterbildungsinstitutionen erfreuen sich eines immer regeren Zulaufes.

Wettbewerbs-und Leistungsgesellschaft:

Entspricht ein Produkt oder eine Dienstleistung nicht oder nicht mehr den Erwartungen bzw. Bedürfnissen der Käufer, verschwindet es vom Markt und damit oft auch das dazugehörende Unternehmen. Auch auf den Bildungsbereich kann diese These umgelegt werden: z. B. schließen vermehrt Hauswirtschaftsschulen oder ähnliche spezifische Fachschulen.

Wettbewerb wird zum Traum oder aber Albtraum von Schulleitern: Man denke nur an die Schulrankings, die in diversen Zeitungen und Zeitschriften publiziert werden. Man kann Schulrankings befürworten oder ablehnen, man kann die Richtigkeit ihrer Aussagen bezweifeln, man kann die methodische Seriosität infrage stellen – dennoch: Rankings sind ein Gradmesser und werden in großen Auflagen publiziert. Dadurch sind sie Gegenstand von Gesprächen in der Öffentlichkeit und prägen so das Image einer Schule, was sich wiederum auf die Attraktivität oder Nicht-Attraktivität einer Schule auf potenzielle SchülerInnen auswirkt.

Besonders deutlich tritt dieser Wettbewerbs- und Leistungsgedanke im deutschen Hochschulwesen zutage, wo die Wettbewerbsfähigkeit des Hochschulstandortes Deutschland gegenüber Frankreich oder Großbritannien sowie zwischen Hochschulsystemen wie z. B. den Fachhochschulen gegenüber den traditionellen Universitäten auf dem Prüfstand steht. In Österreich ist die Diskussion um die Wertigkeit der Fachhochschulen im Gange, was deren Zulauf nicht mindert, und Privatuniversitäten kämpfen zurzeit um ihre Zulassungen. Dieser Zwang zur verbesserten Wettbewerbsfähigkeit führt zu einer eindeutigen Definition des Hochschulwesens als Dienstleistungsbranche und der einzelnen Hochschulen als Dienstleistungsunternehmen. Entsprechend sind die Erkenntnisse der Betriebswirtschaftslehre und der marktorientierten Unternehmensführung für sie anzuwenden. Damit rückt nach mehrhundertjähriger Tradition erstmals der Kunde in den Vordergrund. Das Wissen über seine Wünsche und Erwartungen wird zur Messlatte der unternehmerischen Aktivitäten (vgl. Kamenz, 1997). Auch Schulen wird die Diskussion, ob und wie weit sie sich dem Dienstleistungsgedanken verpflichten wollen oder müssen nicht erspart bleiben.

Privatisierungsgesellschaft:

Die öffentliche Hand zieht sich aus vielen Bereichen zurück. Die Grundüberlegung lautet, dass privatwirtschaftlich organisierte Unternehmen viele Leistungen kostengünstiger und flexibler erbringen können. Auf das Schulsystem können noch erhebliche Veränderungen zukommen – auch wenn es vielleicht noch ein paar Jahre dauern wird.

Gesellschaft sich verändernder Organisationsformen:

Man kann die Modernisierung einer Gesellschaft auch an ihren sozialen Strukturen erkennen. In den uns bekannten und einander feindlich gesinnten Organisationsformen „Hierarchie" und „Gruppe" finden zurzeit starke Veränderungen statt. Durch die immer stärker spürbar werdenden Verkrustungen hierarchisch strukturierter Organisationen ist man gezwungen, neue Wege zu gehen und das Verhältnis zwischen Hierarchie und Gruppe neu zu definieren. In Zukunft werden neue Anforderungen in Bezug auf Wissen und sozialer Kompetenz nötig sein, wenn man in einem modernen Unternehmen Karriere machen will. Auch hier werden die Schulen ein entsprechendes Angebot erarbeiten oder den Rückzug aus wesentlichen Bereichen des Bildungs- und Sozialisationssystems antreten müssen.

Dienstleistungsgesellschaft:

Sie ist gekennzeichnet durch Kundenorientierung und durch Wahlfreiheit des Kunden, durch Marktforschung, um Kundenbedürfnisse zu eruieren, durch Qualität in Leistung und Service etc. Für das Jahr 2000 wurde für Österreich prognostiziert, dass 66% aller Tätigkeiten auf den Dienstleistungssektor entfallen, wobei ein besonders starker Bedarf nach Qualifikationen für planende Tätigkeiten, Koordination, Beratung und Weiterbildung besteht. Im Vordergrund stehen auch hier die Informationstechnolgoien (AMS, 1999).

1.3. Dienstleistung – was ist das?

In der Fachliteratur sind viele verschiedene Definitionen des Dienstleistungsbegriffes zu finden. In der Vergangenheit hat man das große Gebiet der Dienstleistungen im Sinne des „tertiären Sektors" als eine Art Restgröße verstanden, dem alle gewerblichen Wirtschaftsaktivitäten zugeschlagen wurden, die nicht dem Ackerbau (primärer Sektor) beziehungsweise der Herstellung physischer Güter (sekundärer Sektor) zuzurechnen waren. Eine solche Negativdefinition, also die Begriffsbestimmung der Dienstleistung durch das, was sie gerade nicht ist, ist natürlich angesichts des Bedeutungszuwachses äußerst unbefriedigend. Ebenso wenig zielführend ist die Abgrenzung nach institutionellen Kriterien, also die Bestimmung der Dienstleistung als Summe der Tätigkeiten bestimmter Institutionen (Banken, Hotels, Krankenhäuser etc.) oder Berufsgruppen (Friseure, Alleinunterhalter, Anwälte etc.). Statt einer präzisen Definition wird – vorrangig für Zwecke der Statistik – eine Aufzählung der eingeschlossenen Einzelelemente geliefert. Die Transparenz der so entstehenden Begriffsinhalte wird dabei unter anderem dadurch behindert, dass wesentliche Teilbereiche – etwa das Verkehrswesen, Handel, öffentliche Institutionen und Services – nicht durchgängig unter diesem Dienstleistungsbegriff erfasst werden.

Die seit gut dreißig Jahren vorherrschende Betrachtungsweise stellt die charakteristischen Besonderheiten in den Vordergrund, welche die Dienst- von der Sachleistung unterscheiden, nämlich:

- die Immaterialität des Outputs (Dienstleistungen sind „unsichtbar");
- die Unmöglichkeit der Lagerung beziehungsweise der Vorratsproduktion;
- die Gleichzeitigkeit von Leistungserstellung und Konsum (Dienstleistungen erfordern den Direktkontakt zwischen Anbietern und Kunden);
- die Notwendigkeit der Einbindung des Abnehmers in den Erstellungsprozess (vgl. Biermann, 1999).

Etwas genauer sind folgende Definitionsansätze:

Bei der **potenzialorientierten** Definition steht der Nutzen der Betriebs- und Leistungsbereitschaft im Vordergrund, der auch Außenstehenden dient, welche die Leistung nicht in Anspruch nehmen: z. B. wird die Existenz einer städtischen Feuerwehr auch von jenem Hausbesitzer als Segen empfunden, dessen Haus gerade nicht brennt.

Bei der **prozessorientierten** Definition betrachtet man den Vorgang der Dienstleistungserstellung, also die Tätigkeit des Dienstleisters entlang der Zeitachse, als das Wesentliche; in einem Zirkus beispielsweise die Arbeit der Clowns und Dompteure.

Bei der **ergebnisorientierten** Definition interessiert man sich für das immaterielle Ergebnis der Dienstleistung: durch das Tätigwerden der Bank ergibt sich mittels Geldüberweisung an den Vermieter die Tilgung der Mietschuld.

All diese Begriffsfassungen sind naturgemäß unzureichend. Viele Fachartikel bemühen sich mit großer Spitzfindigkeit um den Beweis der Unzulänglichkeit der Abgrenzungen. Daraus entstand die heute verbreitete Anschauung, dass Sachgüter ebenso wie Dienstleistungen in der Alltagswelt selten in der reinen Form vorkommen. Den Bedeutungszuwachs des Servicegedankens und die Schwierigkeit der traditionellen Abgrenzungen zwischen Sach- und Dienstleistung illustriert die Aussage eines Geschäftsführers von IBM Deutschland: *„Eigentlich stellen wir nur noch Dienstleistungen her, aber manche in festem, manche in flüssigem und manche in gasförmigem Aggregatzustand"* (vgl. Biermann, 1999).

Charakteristika von Dienstleistungsorganisationen sind:
- Der Kunde erlebt das Funktionieren der Organisation während der Leistungserstellung unmittelbar am eigenen Leib.
- Die „interne Wirklichkeit" – ein schlechtes Betriebsklima beispielsweise oder mangelnde Identifikation seitens der Mitarbeiter – färben direkt auf die Qualität der Dienstleistung ab.
- Im individuellen Mitarbeiter erlebt der Kunde symbolisch die gesamte Organisation und entwickelt durch aktuelle Einzelkontakte eine Meinung und ein Bild der Gesamtorganisation (vgl. Baumgartner et al., 1995).

1.4. Kundenorientierung

Kunde eines Unternehmens wird man vordergründig, wenn man sich für die zu bezahlende Inanspruchnahme seiner Produkte oder Dienstleistungen entscheidet. Da möglichst zahlreiche und zahlungskräftige Kunden ein Unternehmen erst erfolgreich machen, werden diese und potenzielle Kunden mit oft ausgeklügelten Mitteln umworben. Der Druck der Konkurrenz, zusammen mit dem Willen zum Erfolg, führt zum Bestreben des Unternehmens, die Kunden an sich zu binden. Jeder nicht gewonnene Kunde stärkt die Konkurrenz und schwächt die eigene Position. Daher tun erfolgreiche Unternehmen alles, um Kundenbedürfnisse zu befriedigen – sie suchen die „Nähe zum Kunden", informieren, bieten umfassenden Service, vervollkommnen die Qualität ihrer Produkte und Dienstleistungen und reagieren bei

Reklamationen offen und sachgerecht. Besonders suchen sie das Gespräch mit den Kunden, um Unzufriedenheiten oder Wünsche frühzeitig zu erfahren. Kundenkritik führt tendenziell zu Verbesserungen und Neuentwicklungen. Der Kunde ist sozusagen das wichtigste Element eines jeden erfolgreichen Wirtschaftsbetriebes.

Grundsätzlich hängen Unternehmen in ihrer Existenz davon ab, dass sie Kunden haben!

Kundenorientierung und Dienstleistung in der Schule

Die Aussage, dass Unternehmen in ihrer Existenz grundsätzlich davon abhängen, dass sie Kunden haben, könnte man nun ohne weiteres auf Schulen umlegen. Dies führt in öffentlichen Schulen zu oft sehr heftig und kontroversiell geführten Diskussionen um den Begriff der **Kundenorientierung.**

Das Schulwesen war diesbezüglich bisher im herkömmlichen betriebswirtschaftlichen Sinn grundsätzlich gegenteilig orientiert. Auch heute sind SchülerInnen keine „Kunden" im klassischen Sinn und das derzeit gängige Schlagwort der „Kundenorientierung des Dienstleistungsbetriebes Schule" sollte kritisch und mit der gebotenen Vorsicht verwendet werden!

Durch die Schulpflicht sind Eltern aufgrund der **gesetzlichen Bestimmungen** verpflichtet, ihren Kindern neun Jahre lang eine Schulbildung zukommen zu lassen. Die Kinder sind somit der „verlängerte (und minderjährige) Arm" der Kundenposition der Eltern, daher sind beide Gruppen als „Kunden" zu sehen.

Schule ist eine **Überprüfungs- und Beurteilungsinstitution.** Nicht die „Kunden" beurteilen die Anbieter, sondern die Anbieter (LehrerInnen) die „Kunden" (SchülerInnen) durch die erbrachten Leistungen. Die Notengebung kann aber auch als „kundenunfreundliches" Macht- und Disziplinierungsmittel eingesetzt werden.

Schule ist **Ort der „Herrschaftsausübung"** – einerseits durch den Staat, der über die Lehrpläne das Ausmaß der Bildung seiner „Kunden" regelt und andererseits durch die LehrerInnen, die als überlegene Partner fungieren.

Schule ist **Sozialisationsstätte:** Neben der Wissensvermittlung gehört die Erziehung zur Kernkompetenz jedes Pädagogen. Ziel der Sozialisierung ist es, das

Individuum dazu zu bringen, den Gepflogenheiten und Normen der Gesellschaft zu folgen. Schule ist Ort der sekundären Sozialisation (Familie = Ort der primären Sozialisation) und kann durch den Erziehungsauftrag nicht „kundenorientiert" agieren, weil Erziehung oft nicht gleichzeitig auch „kundenfreundlich" sein kann (vgl. auch Maeck, 1999).

Vergleichen wir nun Wirtschaft und Schule bezüglich von Kundenorientierung und Dienstleistung, so können wir eine Tabelle erstellen, die uns die Unterschiede bzw. Gemeinsamkeiten verdeutlichen (vgl. Maeck, 1999):

Wirtschaft	Schule
Kunden müssen für Produkte und Dienstleistungen zahlen.	„Kunden" erhalten Bildungsmaßnahmen kostenlos, dürfen sie aber nicht ausschlagen.
Kunden können Produkte und Dienstleistungen im Normalfall meiden.	„Kunden" müssen akzeptieren, was ihnen zugedacht ist. Eltern und Schüler können ungeeignete Lehrer nicht abwählen.
Kunden können den Systemen Rat geben und Konsequenzen ziehen, wenn er nicht befolgt wird.	„Kunden" können den Systemen Rat geben, aber keinerlei Konsequenzen ziehen, wenn er nicht befolgt wird.
Qualität definiert sich durch die Akzeptanz der Produkte und Dienstleistungen auf dem Markt.	Qualität wird durch Schulverwaltung und Schule bestimmt.
Marktforschung führt zu einer Ermittlung von Kundenbedürfnissen und gegebenenfalls zu einer Veränderung von Produkten und Dienstleistungen.	Marktforschung findet nicht statt. „Kundenbedürfnisse" werden unterstellt und nach staatlich gelenktem Ermessen „befriedigt".
Besondere Erfolge im Hinblick auf die Zufriedenstellung von Kunden haben im Regelfall positive finanzielle Konsequenzen für das Personal.	Erfolge im Hinblick auf die Zufriedenstellung von „Kunden" führen nicht zu finanziellen Vorteilen für das (Lehr)-Personal.
Das Personal fühlt sich den Kunden verpflichtet.	Das (Lehr)-Personal erwartet, dass sich die „Kunden" ihm verpflichtet fühlen, weil es „selbstlos" für diese eintritt.

Schule kann also kein Dienstleistungsbetrieb im klassischen Sinn sein, weil ein Bildungssystem (zumindest im Pflichtschulbereich) nicht unmittelbar mit einem Wirtschaftssystem des freien Marktes vergleichbar ist. Dennoch gibt es wesentliche Erkenntnisse und Spielregeln der freien Wirtschaft, die auch auf das System Schule anzuwenden sind. Vor allem wird von Schule mehr Dienstleistungscharakter hinsichtlich einer stärkeren Kundenorientierung gefordert. Viele Schulen – vor allem Hauptschulen und bereits auch allgemein höherbildende Schulen – sind durch die relative Freiheit der Schulwahl und die demographische Entwicklung (die Geburtenzahlen können in ihrer Rückläufigkeit weit in die Zukunft prognostiziert werden) geradezu gezwungen, sich marktwirtschaftlicher Instrumente und Methoden zu bedienen, um Standort und Lehrerbeschäftigung zu sichern. Plötzlich stehen Schulen in Wettbewerbsverhältnissen zu anderen, was viele als schockierend und bedrohlich empfinden. Diese Erkenntnis, die nun in die Köpfe und Herzen von Direktoren und Pädagogen Eingang findet, führt langsam zu einer Umorientierung hinsichtlich mehr Eigeninitiative, Flexibilität und Selbstverantwortung, zur Bereitschaft, herkömmliche Gleise zu verlassen. Im Zuge dieser Umorientierung wird nach Möglichkeiten gesucht, die den Umgang mit den geänderten Bedingungen erleichtern. Den Blick auf die Methoden der Marktwirtschaft zu richten ist zweckmäßig und notwendig, denn „Wettbewerb" und „freie Marktwirtschaft" sind unabdingbar miteinander verbunden. Allerdings – nicht jedes Instrument und jede Methode von erfolgreichen Wirtschaftsbetrieben sind auch für Schulen geeignet!

Es wird diejenige Schule erfolgreich sein, der es gelingt, die passenden Strategien und Instrumente richtig adaptiert ein- und umzusetzen.

An dieser Stelle sei davor gewarnt, unreflektiert betriebs- und marktwirtschaftliche Begriffe zu verwenden oder wahllos ebensolche Strategien einzusetzen. Der Begriff „Marketing" taucht in Leitertagungen, Schulkonferenzen und bereits in der Schulberichterstattung der Medien auf und wird u. a. als Wunderwaffe gegen sinkende Schülerzahlen gehandelt. Um der Gefahr des falschen Einsatzes eines an sich richtigen Instrumentes vorzubeugen, werden in den folgenden Kapiteln alle marketingrelevanten Begriffe erklärt und mit Beispielen unterlegt, sodass auch Nicht-Fachleute einen Einblick in die Materie bekommen.

2 Marketing und Markt

Wird „Marketing für Schulen" erwähnt, so erntet man oft Unverständnis oder trifft auf massive Ablehnung. Eine der möglichen Ursachen liegt wahrscheinlich in der im alltäglichen Sprachgebrauch zu engen Auffassung von Marketing – als reines „Verkaufen". Und zwar nicht im positiven Sinn, mit kompetenter und freundlicher Beratung, sondern eher negativ besetzt. Sehr oft wird Marketing auch mit Werbung gleichgesetzt. Und hier wieder nicht mit Werbung, die unterhält, die informiert, sondern mit Werbung, die unsere Postkästen überfüllt und unsere Lieblingssendungen im Fernsehen unterbricht. Beide Vorstellungen greifen zu kurz: Natürlich beschäftigt sich Marketing mit Verkaufen, natürlich ist Werbung ein Teil der Marketinginstrumente – aber Marketing ist mehr.

2.1. Was ist Marketing?

„Marketing" stammt aus dem anglo-amerikanischen Sprachraum. Im Zentrum des Begriffes steht „market" – der Markt. Die Endung „ing" ist im Sinn von „auf den Markt bringen/vermarkten" zu verstehen.

Allein mit den unterschiedlichen Definitionsversuchen könnte man ein ganzes Buch füllen. Manche Autoren von Marketinghandbüchern umgehen das Problem, indem sie einfach annehmen, ihre LeserInnen wissen über die Definition von Marketing Bescheid.

Im Zentrum der meisten Definitionen stehen die Begriffe **Markt, Kunden** und **Unternehmensaktivitäten,** aber auch die **langfristige Dimension der Planung** und **Kontrolle:**

„Marketing ist die bewusst marktorientierte Führung des gesamten Unternehmens, die sich in Planung, Koordination und Kontrolle aller auf die aktuellen und potenziellen Märkte ausgerichteten Unternehmensaktivitäten niederschlägt" (Meffert, 1998).

„Alle auf Märkte gerichteten Unternehmensaktivitäten, deren Planung, Koordination und Kontrolle unter Beachtung der Beziehungen und Rahmenbedingungen im betrachteten Markt und gesellschaftlichen Umfeld sind" (Scheuch, 1999).

Kotler/Bliemel (1999) sehen „*Marketing als einen Prozess im Wirtschafts- und Sozialgefüge, durch den Einzelpersonen und Gruppen ihre Bedürfnisse befriedigen, indem sie Produkte und andere Dinge von Wert erzeugen, anbieten und miteinander austauschen.*"

Wie so oft, wenn keine einheitliche Definition existiert, ist es hilfreich, die Punkte aufzulisten, die für die meisten Experten außer Streit stehen. Marketing kann durch folgende Merkmale beschrieben werden (vgl. Weis 1999):

- Marketing ist eine **Führungsphilosophie.** Die Unternehmensleitung muss davon überzeugt sein, dass die Marketingorientierung des Unternehmens langfristig den Unternehmenserfolg sicherstellt. Diese Überzeugung darf nicht nur ein Lippenbekenntnis sein, sondern muss für die MitarbeiterInnen spürbar sein. Marketing als Führungsphilosophie bedeutet, dass die Managementebene die Umsetzung der formulierten Unternehmensziele und Visionen als wesentlichen Punkt der Führungstätigkeit ansieht. Somit bedeutet Marketing auch die Anpassung der Organisation des Unternehmens an die Ziele der Aktivitäten. Für ein Unternehmen, das Marketing ernst nimmt, gilt in Bezug auf organisatorische Aufgaben und Verteilung von Kompetenzen, dass „sie das Unternehmen und Abläufe im Unternehmen so organisieren können, dass sie erfolgreich am Markt agieren und die Bedürfnisse der Kunden kennen und befriedigen können".
- Marketing bedeutet **Absatz-** und **Kundenorientierung aller Unternehmensbereiche.** Marketing ist mehr als nur eine Abteilung, als ein Schlagwort. Denken Sie an ein Unternehmen, in dem erst beim zehnten Anruf jemand das Telefon abhebt, wo man Sie x-mal verbindet, bis Sie einen kompetenten Ansprechpartner finden. An ein Unternehmen, dessen nagelneues Qualitätsprodukt beim ersten Gebrauch kaputt geht und Sie unzählige Briefe und Telefonate benötigen, bis Sie endlich die Zusicherung erhalten, dass die Reparatur auf Kosten der Firma erfolgt. Auch wenn dieses fiktive Unternehmen eine Marketingabteilung hätte, könnte es nie langfristig erfolgreich sein, da die anderen MitarbeiterInnen nicht kundenorientiert handeln.
- Marketing bedeutet die Berücksichtigung **ökologischer** und **gesellschaftlicher Rahmenbedingungen.** Unternehmen, die Werte verletzen, die in einer Gesellschaft allgemein akzeptiert sind, riskieren zumindestens einen Imageschaden – aber sehr oft auch ihre Existenz, indem sie ihre Produkte nicht absetzen oder keine qualifizierten Mitarbeiter gewinnen können. Diese Werte sind in einzelnen Ländern aber auch bei verschiedenen Konsumentengruppen unterschiedlich ausgeprägt. In Österreich würde ein Unternehmen, das verlauten lässt, dass ihm eine gesunde Umwelt egal ist, langfristig nicht überleben. Damit ist nicht gesagt, dass alle österreichischen Unternehmen so umweltfreundlich agieren, wie es wirtschaftlich möglich wäre. Falls der Öffentlichkeit dies jedoch bekannt wird, hat dieses Unternehmen einen Erklärungsbedarf.

Marketing ist ein Instrument zur **Bedürfnisbefriedigung** aller Beteiligten, also Kunden, Mitarbeiter, Eigentümer oder Lieferanten. Marketing muss sich auch nach innen an die eigenen Mitarbeiter **(= Internes Marketing)** wenden. Selbst mit dem tollsten Produkt, dem besten Preis, dafür aber mit Mitarbeitern, die nicht engagiert, kompetent und freundlich sind, würde ein Unternehmen Schiffbruch erleiden. Um eine Dienstleistung, ein Produkt zu erstellen, benötigt man aber auch die geeigneten Lieferanten. Der Preis, den Lieferanten für ihre Produkte oder Leistungen verlangen, ist sicher ein Kriterium für die Auswahl, aber Zuverlässigkeit in Bezug auf Qualität und Verfügbarkeit sind ebenso wichtig.

Marketing ist die **systematische** und **kreative Suche** nach **Märkten** und die Erschließung dieser Märkte. Unterstützt wird dies durch den systematischen Einsatz von Marktforschung. Viele Produkte und Dienstleistungen entstehen und entstanden aus der Suche nach bisher noch unbefriedigten Kundenbedürfnissen und Marktnischen. Denken Sie an Geräte wie Fotokopierer, Walkman, Fax, Handy, Mikrowelle usw. Hier haben sich Unternehmen auf die Suche nach Bedürfnissen und nach Märkten gemacht, die neue Produkte erfüllen können.

Marketing ist gekennzeichnet durch **differenzierte Marktbearbeitung,** d. h. Märkte werden aufgrund verschiedener Kriterien unterteilt (= segmentiert) und unterschiedlich bearbeitet. Egal, ob ein Unternehmen Apfelsaft, Turnschuhe oder ein Auto produziert oder Dienstleistungen (z. B. Reisebüro oder Softwarefirma) anbietet, es benötigt Informationen über seine Märkte und seine Kunden. Unternehmen benötigen Informationen über die Bedürfnisse und die Kaufgewohnheiten der Kunden sowie darüber, welchen Preis Kunden für ein Produkt oder eine Leistung als angemessen betrachten. Erst aufgrund all dieser Informationen können die Marketingaktivitäten geplant werden.

> **Zusammenfassend lässt sich „Marketing" als Ausdruck für eine umfassende Philosophie und Konzeption des Handelns sehen, bei der – ausgehend von den systematisch gewonnen Informationen – alle Aktivitäten eines Unternehmens konsequent auf die gegenwärtigen und künftigen Erfordernisse der Märkte ausgerichtet werden, mit dem Ziel der Befriedigung von Bedürfnissen des Marktes und der individuellen Ziele (Weis, 1999a).**

2.2. Ziele des Marketings

Den meisten gängigen Marketingdefinitionen ist gemeinsam, dass zwar beschrieben wird, was Unternehmen tun, wenn sie Marketing betreiben, aber das

Ziel und der Nutzen, wenn sie Marketing einsetzen, fehlt. Für diese Lücke gibt es eine einfache Erklärung: Privatwirtschaftlich organisierte Unternehmen können langfristig nur existieren, wenn Gewinne erwirtschaftet werden. Für alle scheint dieses Ziel so eindeutig zu sein, dass sie es bei der Definition des Begriffes oftmals durch den Rost fallen lassen.

Schwieriger wird es, wenn Unternehmen der öffentlichen Verwaltung, Vereine, Parteien oder Krankenhäuser Marketing einsetzen wollen. Ihr wichtigstes Ziel ist nicht immer der Gewinn: Der örtliche Fußballverein z. B. braucht genügend Mitglieder, Parteien brauchen Wähler, ein Krankenhaus braucht Patienten, die der Meinung sind, dass sie genau hier die beste Behandlung erhalten oder ein Theater ausreichend zahlende Besucher.

Die konkreten Marketingziele leiten sich von den Unternehmenszielen ab und müssen in Abstimmung mit diesen formuliert und vereinbart werden.

Abbildung 1 zeigt stark vereinfacht den Zusammenhang zwischen Unternehmens- und Marketingzielen eines Unternehmens. Unternehmensziele können in Beschaffungs-, Produktions-, Marketing- und Finanzziele untergliedert werden:

Abb. 1: Unternehmens- und Marketingziele

Marketingziele beziehen sich auf die Bereiche Distribution, Produkt, Kontrahierung und Kommunikation, die im Folgenden kurz beschrieben werden:

Distributionsziele

umfassen Formulierungen, die sich auf die Art und Weise beziehen, wie ein Produkt oder eine Leistung zu den Kunden kommt. Beispiel Apfelsaft: Ein Landwirt, der Apfelsaft erzeugt, kann den Apfelsaft selbst verkaufen, in eines oder mehrere Geschäfte der Umgebung liefern oder ihn nur an Gastronomiebetriebe zustellen. Als Unternehmen, das Apfelsaft erzeugt, kann man bestimmte Geschäfte direkt oder einen Getränkegroßhändler beliefern, der sie wiederum an die Lebensmittelgeschäfte oder die Gastronomie weitergibt.

Produktziele

beziehen sich darauf, welche und wie viele Produkte bzw. in welchen Ausführungen angeboten werden. Ein Autohersteller muss entscheiden, ob er PKWs, LKWs oder beides anbietet und ob das Kleinwagen- oder Luxussegment bedient werden soll. Im Bereich der einzelnen Modelle sind natürlich auch noch verschiedene Versionen möglich (Motoren mit Benzin- oder Dieselantrieb, verschiedene Leistungsstufen, Stufenheck oder Kombi etc.). Aber damit noch nicht genug: Produktziele befassen sich auch damit, wie das einzelne Produkt gestaltet ist bzw. wie es weiterentwickelt werden soll. Auch Nebenleistungen wie Service, Garantie, Beratung und Einschulung finden hier ihren Eingang.

Kontrahierungsziele

beschäftigen sich mit den zwei Themenbereichen Preis und Konditionen (Rabatte, Liefer- und Zahlungsbedingungen). Im engeren Sinn ist der Preis das Entgelt für die betriebliche Leistung, also jener Betrag, der für ein Produkt zu bezahlen ist. Die Bedeutung der Preispolitik ist auch abhängig von den Produkten. Massenprodukte werden sehr oft nur über den Preis verkauft („Bestpreis", „Tiefpreis", „das Angebot der Woche").

Die Möglichkeit von Ratenzahlungen, Zustellung ohne zusätzliche Kosten oder Sonderrabatte sind Teile der Konditionenpolitik. Um ein Produkt zu erwerben, fallen aber noch zusätzliche Kosten an, wie zum Beispiel die Fahrtkosten oder der Zeitaufwand. Besucht ein Schüler eine öffentliche Schule, würde er bzw. seine Eltern auf den ersten Blick keinen Preis für die Leistung „Bildung" zu bezahlen haben, denn der Schulbesuch ist kostenlos. Dem ist aber nicht so: Ausgaben für Schulmaterialen, Selbstbehalte für Schulbücher und Fahrten zur Schule, Arbeitskleidung, Kopierbeiträge, Ausflüge, Exkursionen oder Schikurse sind zu finanzieren. Liegt die Schule nicht innerhalb einer kurzen Distanz zum Wohnort, kommen noch Kosten für einen Internatsplatz oder eine sonstige Wohnmöglichkeit dazu.

Wie stark ein Unternehmen auf die Gestaltung von Preisen Einfluss nehmen kann, ist unter anderem vom Verhältnis von Angebot und Nachfrage, den Marktformen, dem Informationsstand der Marktteilnehmer und einigen weiteren Faktoren abhängig (Näheres dazu im Kapitel 2. 3.: „Der Markt").

Kommunikationsziele

leiten sich aus den Aufgaben, das Angebot bekannt zu machen sowie ein Produkt- und Unternehmensimage aufzubauen, ab. Im Zentrum der Überlegungen stehen die grundsätzlichen Möglichkeiten, mit Kunden in Kontakt zu treten:

- **persönlicher Kontakt** über Verkäufer und Außendienstmitarbeiter;
- die Ansprache der Kunden erfolgt **indirekt** über diverse **Medien** (Werbung: Inserate, Radio- und TV-Spots, Plakate);

durch eine **Kombination** aus **persönlichem** und **indirektem Kontakt** (Öffentlichkeitsarbeit: Presseaussendungen und Veranstaltungen mit wichtigen Zielgruppen; Verkaufsförderung: Produktverkostungen und Preisausschreiben).

Bei der Festlegung von Marketingzielen sind die Abhängigkeiten mit den anderen vom Unternehmen verfolgten Ziele zu berücksichtigen, um etwaige Konflikte zu vermeiden. Ein Beispiel für einen Zielkonflikt zwischen Beschaffungs- und Produktzielen wäre zum Beispiel, wenn der Rohstoff Leder nur in mittelmäßiger Qualität in ausreichender Menge verfügbar ist, dass Produktziel aber hochwertige Schuhe sind.

Unternehmensziele und Marketingziele können nach weiteren Kriterien unterschieden werden:
- quantitative und qualitative Ziele
- kurz- mittel- und langfristige Ziele
- monetäre und nichtmonetäre Ziele

Quantitative und qualitative Marketingziele:

Abb. 2: Quantitative und qualitative Marketingziele (Weis, 1999a)

Unter den derzeitigen Rahmenbedingungen können quantitative Marketingziele für Schulen Wachstumsziele, Marktanteilsziele oder das Ziel der Marktführerschaft sein. Geänderte Rahmenbedingungen wie beispielsweise die Einführung eines „Bildungsschecks" würden die Aufnahme von Umsatz-, Gewinn- und Kostenziele in den Zielkatalog erfordern. Ziele sollten möglichst operational sein, d. h. überprüfbar. Besonders bei qualitativen Zielen wie Image, Qualität oder Vertrauen ist die Formulierung von überprüfbaren Zielen keine leichte Aufgabe.

Als **kurzfristige Marketingziele** werden solche Ziele bezeichnet, die innerhalb eines Zeitraums von bis zu einem Jahr erreicht werden sollen. **Mittelfristige Ziele** sollen innerhalb eines Zeitraums von ein bis fünf Jahren erreicht werden und stellen die Fortschreibung der kurzfristigen Ziele unter Berücksichtigung zukünftiger Entwicklungen dar. Als **langfristige Marketingziele** werden solche bezeichnet, deren Zeithorizont einen Zeitraum von fünf Jahren übersteigt.

Beispiele für **monetäre Ziele** sind Gewinn-, Umsatz-, Deckungsbeitrags- und Kostenreduktionsziele. **Nicht-monetäre Ziele** sind zum Beispiel der Bekanntheitsgrad bei bestimmten Zielgruppen, die Anzahl der Reaktionen (= Response) auf ein Mailing oder Erinnerungswerte an einen Werbespot.

Für jedes Unternehmen, das seine Marketingziele formulieren will, ist die Erstellung eines **Zielkatalogs** wichtig. Die Auflistung der Ziele muss nach dem Zeitraum, in dem Ziele erreicht werden sollen, gegliedert sein und andererseits eine auf die Organisationsziele abgestimmte Mischung von qualitativen und quantitativen Zielen, monetären und nicht-monetären Zielen enthalten.

2.3. Der Markt

Ursprünglich war alles viel einfacher. Der Markt war ein bestimmter Platz, an dem Verkäufer ihre Produkte angeboten haben und den all jene, die ein bestimmtes Produkt wollten, aufsuchten. Wenn Käufer und Verkäufer sich über den Preis einig geworden sind, wurden sie handelseins. Mittlerweile hat sich der Begriff „Markt" jedoch erweitert: Man spricht von Beschaffungsmärkten oder Personalmärkten und die persönliche Anwesenheit ist nicht mehr unbedingt erforderlich (z. B. im E-Business).

Sprechen Fachleute über Märkte, können sie darunter Kunden und Kundengruppen oder Umsätze und Marktanteile verstehen. Märkte können aber auch über verwendete Vertriebswege oder Produkte definiert werden: z. B. der Einzelhandelsmarkt oder der Sportartikelmarkt (Scheuch, 1999).

Setzt man Marketingaktivitäten, so tut man dies auf dem Markt und der dem Markt umgebenden Umwelt. Diese wird durch **soziokulturelle, technologische, politische-rechtliche, demografische, ökologische und ökonomische Faktoren** bestimmt – wie auch die folgende Abbildung zeigt:

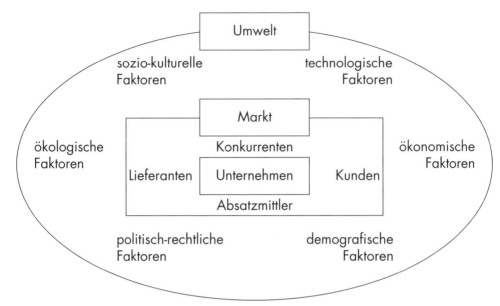

Abb. 3: Unternehmen, Umwelt, Markt

Der Markt eines Unternehmens wird durch Kunden, Konkurrenten, Lieferanten und „Absatzmittlern" (z. B. Zwischenhändlern oder Maklern) bestimmt. **Umweltfaktoren** in ihren unterschiedlichen Ausprägungen beeinflussen die Rahmenbedingungen auf Märkten. Massive Veränderungen in der politisch-rechtlichen Umwelt konnten wir nach dem Fall des Eisernen Vorhangs in unseren Nachbarländern durch das Verschwinden der Planwirtschaft miterleben. **Technologische Veränderungen** wie die zunehmende Verbreitung der mobilen Telekommunikation beeinflussen Märkte insofern, als sie die Basis für neue Produkte (z. B. Freisprecheinrichtungen oder mobile Internetdienste) darstellen. **Demografische Faktoren** wie die steigende Lebenserwartung in den Industrieländern schaffen neue zahlungskräftige Zielgruppen, wie die Angebote für die Gruppe der über Fünfzigjährigen zeigen.

Es macht einen Unterschied, ob sich eine Schule in einem reichen Industrieland oder einem Entwicklungsland befindet, ob seit vielen Jahren öffentliche Schulen und Privatschulen existieren, ob Schulen überwiegend vom Staat oder von den Kunden finanziert werden, ob ein Land dicht oder dünn besiedelt und den SchülerInnen der Schulweg überhaupt zumutbar ist.

Die Umweltfaktoren sind von einem Unternehmen oder einer Organisation kaum beeinflussbar (vgl. Evans, 1995) und können sich auch sehr schnell verändern. Aufgabe des Marketings ist es, diese Umweltfaktoren permanent zu beobachten und zu überprüfen, ob Veränderungen positive oder negative Auswirkungen auf den Markt und das Unternehmen haben bzw. haben werden.

„Aus betriebswirtschaftlicher Sicht kann man also den Markt als die wirtschaftlich relevante Umwelt bezeichnen, in der die Austauschbeziehungen zwischen Anbietern und allen potenziellen und tatsächlichen Abnehmern erfolgt" (Weis, 1999a).

Jedes Unternehmen muss entscheiden, welchen Teil der Umwelt es als „seinen Markt" definiert.

Märkte lassen sich anhand mehrerer **Kriterien** unterteilen – und zwar nach

- **geografischen Gesichtspunkten:** lokale, regionale, nationale, internationale Märkte;
- **Bedürfniskomplexen:** Ernährung, Unterhaltung, Bildung;
- **Käufergruppen:** Haushalte, Senioren, Jugendliche, Familien;
- **der Anzahl der Marktteilnehmer:** Monopole, Oligopole, Polypole;
- **Produkt und Leistungsarten:** Konsumgüter, Investitionsgüter, Dienstleistungen;
- **den Wettbewerbsverhältnissen:** geregelte und ungeregelte Wettbewerbsverhältnisse;
- **den Zugangsbeschränkungen:** geschlossene, offene und beschränkt offene Märkte.

Das heißt, wann immer jemand vom Markt spricht, tut man gut daran nachzufragen, welcher Markt eigentlich gemeint ist. Jeder Unternehmer sollte sich darüber im Klaren sein, welche Kriterien für seine Marktdefinition von Bedeutung sind. Nur wer seinen Markt genau definieren kann, wird seine Marketingaktivitäten auch zielgenau ausrichten können.

Von besonderer Bedeutung für das Marketing ist die Struktur der Märkte. Handelt es sich um

- wachsende, schrumpfende oder stagnierende Märkte?
- gesättigte oder ungesättigte Märkte?
- Märkte mit wenigen oder vielen Anbietern/Nachfragern?
- Märkte mit starkem oder schwachem Wettbewerb?

Nachdem sich die Aktivitäten des Marketings auf den Absatzmarkt richten, sind einige weitere Begriffe zu erläutern, die einen Markt charakterisieren – nämlich die **Marktform** und das **Verhalten von Anbietern und Nachfragern:**

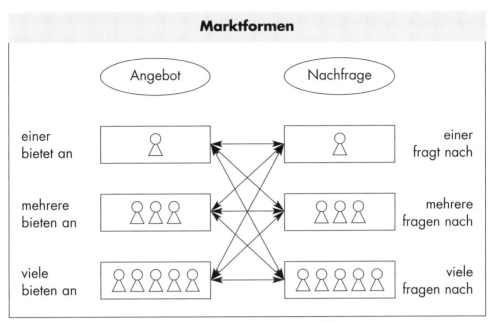

Marktformen

Abb. 4: Das Verhältnis von Angebot und Nachfrage

Je nach Schultyp und Standort befinden sich Schulen in verschiedenen Situationen: Der Markt einer Volksschule im ländlichen Raum wird durch eine monopolähnliche Stellung gekennzeichnet sein, während sich eine Volksschule im städtischen Bereich mit mehreren Konkurrenten auseinander setzen muss. Übersteigt das Angebot eines bestimmten Schultyps die Nachfrage, müssen Maßnahmen gesetzt werden (z. B. neue Ausrichtungen, um die Nachfrage zu erhöhen). Das Verhältnis von Angebot und Nachfrage übt einen wesentlichen Einfluss auf die Marketingaktivitäten aus.

Das **Verhalten der Marktteilnehmer** wird durch folgende Faktoren beeinflusst:
- Informationsstand der Marktteilnehmer,
- Vorlieben der Marktteilnehmer,
- Preisbindungen,
- die so genannte „Preiselastizität" von Produkten (die Auswirkung von Preisänderungen auf die angebotene und nachgefragte Menge eines Produkts),
- Kosten.

Auch für Schulen ist es wichtig, diese Faktoren zu kennen und in ihrem Marketing zu berücksichtigen!

Weitere wichtige Begriffe sind Marktpotenzial, Absatzpotenzial, Marktvolumen und Marktanteil.

Als **Marktpotenzial** bezeichnet man die überhaupt mögliche Aufnahmefähigkeit eines Marktes für ein Produkt oder eine Dienstleistung. Das Marktpotenzial wird durch folgende Faktoren bestimmt:
- die Zahl potenzieller Nachfrager,
- die Bedarfsintensität,
- die Markttransparenz,
- die Marktsättigung und
- die Marketingaktivitäten der Anbieter.

Das **Absatzpotenzial** gibt jenen Anteil am Marktpotenzial an, den ein Unternehmen für ein Produkt maximal zu erreichen glaubt.

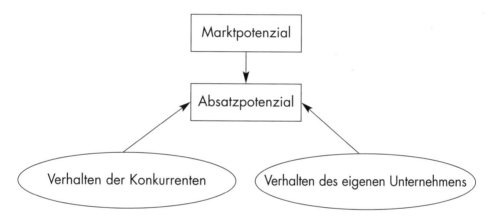

Abb. 5: Beeinflussung des Absatzpotenzials

Die Höhe des Absatzpotenzials wird vor allem durch das Verhalten des eigenen Unternehmens sowie durch das Verhalten der Konkurrenten bestimmt. Das Absatzpotenzial wird durch die folgenden Faktoren beeinflusst:
- das bisherige Absatzvolumen;
- die marketingpolitischen Maßnahmen des Unternehmens in Vergangenheit und Gegenwart;
- den Preis und die Produktqualität im Vergleich zu Konkurrenzprodukten;
- die potenziellen Abnehmer;
- die Substitutionsbeziehungen zwischen Märkten (die Möglichkeit, ein Produkt durch ein anderes zu ersetzen) und
- das Verhalten der Konkurrenten auf dem Markt.

Um das mögliche Absatzpotenzial eines Unternehmens zu ermitteln, sind aber noch zwei weitere Kennzahlen nötig – der Marktanteil und das Marktvolumen.

Unter dem **Marktanteil** eines Unternehmens versteht man den prozentuellen Anteil des in Mengen oder Werteinheiten gemessenen Marktabsatzes eines Unternehmens am gesamten Marktvolumen eines Marktes. Durch die Ermittlung des Marktanteils lässt sich feststellen, wie stark die Position eines Unternehmens im Vergleich zu anderen Unternehmen auf einem bestimmten Markt ist.

Die Veränderung des Marktanteils im Zeitablauf zeigt die Entwicklung der Stellung des Unternehmens auf dem Markt an. Wird der Marktanteil zusammen mit dem Markt- und Absatzvolumen betrachtet, wird er noch aussagefähiger, da dann die gesamte Marktentwicklung berücksichtigt wird.

Für alle hier dargestellten, etwas abstrakten Begriffe und Zusammenhänge gilt: Nicht jeder Lehrer/jede Lehrerin jeder Schule muss in Zukunft zum Marketingexperten avancieren und mit fachspezifischen Ausdrücken jonglieren können. Die für Schulen wichtigen Begriffe werden in den folgenden Kapiteln noch genau erörtert und mit Beispielen unterlegt. Die Darstellung des Theoriengebäudes dient zur besseren Orientierung und ist aus Gründen der Vollständigkeit notwendig.

2.4. Aufgaben des Marketings

Im Rahmen des Marketings sind verschiedene Aufgaben wahrzunehmen: Einerseits die Beschaffung der nötigen Informationen, der **„Marktinformationsbeschaffung",** andererseits der Einsatz der zur Zielerreichung erforderlichen Mittel, der **„marketingpolitischen Instrumente".**

Marktinformationsbeschaffung

Systematische Informationen über den Markt sind nötig, um die marketingpolitischen Instrumente so einsetzen zu können, dass die Marketingziele erreicht werden können. Für das Marketing erforderlich sind all jene Informationen, die für die Problemerkennung, Analyse, Zielsetzung und für den Mitteleinsatz bedeutsam sind.

Man verwendet für die Informationsbeschaffung verschiedene Methoden aus der Marktforschung. Leider wird dieser wichtige Teil des Marketings gerne übersehen! Marktforschung ist zeit- und kostenintensiv, man überlässt sie gerne externen Spezialisten oder lässt sie ganz weg – schließlich „weiß man ohnehin, was die Kunden meinen und kennt ihre Interessen" (siehe Kapitel 3, „Marktinformationsbeschaffung").

Einsatz und Koordination der marketingpolitischen Instrumente

Als „marketingpolitische Instrumente" werden **Produktpolitik, Preispolitik, Distributionspolitik** und **Kommunikationspolitik** bezeichnet. Sehr oft werden sie auch als die „vier P´s" gehandelt: **P**roduct, **P**rice, **P**lace und **P**romotion.

Zusammen ergeben sie den so genannten „Marketing-Mix", der die Kombination der marketingpolitischen Instrumente darstellt. Dieser Mix entscheidet, ob ein Unternehmen seine strategischen Ziele erreicht. Auch wenn bestimmte Bücher und Marketing-Gurus dies immer wieder suggerieren – für die richtige Mischung gibt es keine einfachen Rezepte. Jedes Unternehmen muss seine ganz spezifische Marketinghausaufgabe lösen.

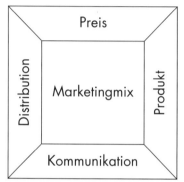

Abb. 6: Marketing-Mix (Luthe, 1994)

Die organisationsspezifische Ausgestaltung des Marketing-Mixes ist an den Unternehmenszielen und der Unternehmensstrategie auszurichten.

1. Produktpolitik

Die Produktpolitik umfasst alle Entscheidungen, die sich auf die erstmalige und laufende Gestaltung von Produkten und Dienstleistungen bezieht. Dazu gehören die Produktpolitik im engeren Sinn, die Programmpolitik, die Servicepolitik und die Garantieleistungspolitik.

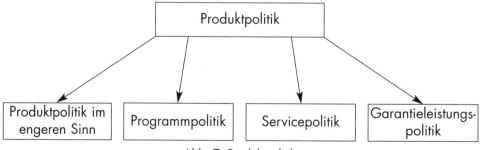

Abb. 7: Produktpolitik

Die **Produktpolitik im engeren Sinn** umfasst Themen wie Qualität, Nutzen (allgemeiner Nutzen, Grundnutzen, Zusatznutzen), Produktimage, Design und Verpackung. Sie muss die folgenden Aufgaben erfüllen:

- Entwicklung und Einführung neuer Produkte,
- Gestaltung von Produkten,
- Veränderung von Produkten (z. B. in Bezug auf Gestaltung und Qualität),
- Überwachung eingeführter Produkte,
- Elimination von Produkten.

Zu diesen Punkten sind wichtige Grundsatzentscheidungen zu treffen, z. B. in Bezug auf **Produktinnovation.** Darunter wird zweierlei verstanden: Einerseits die Aufnahme eines komplett neuen Produkts, andererseits die Übernahme eines in vergleichbarer Weise bereits auf dem Markt vorhandenen Produkts in das Angebot eines Unternehmens. Beispiele für die Aufnahme eines komplett neuen Produkts – also echte Innovationen – sind Klebebänder, die Einführung des Walkmans oder der Wegwerfwindeln. Sehr oft werden diese „Pionierprodukte" mit dem Unternehmen in Verbindung gebracht: z. B. „Tixo" für Klebebänder oder „Pampers" für Wegwerfwindeln. Echte Pionierprodukte oder Dienstleistungen bieten enorme Chancen, bergen aber auch sehr hohe Risken.

Man spricht aber auch von Produktinnovation, wenn Produkte, die Abwandlungen bereits bestehender Produkte darstellen, angeboten werden (z. B. Flüssigwaschmittel oder tragbare PCs). Diese „Me-too"-Produkte stellen also eine Nachahmung bereits vorhandener Produkte dar.

Wenn ein bereits bestehendes Produkt, eine bereits existierende Leistung erstmals in einer bestimmten Region oder für eine bestimmte Branche angeboten wird, spricht man aber ebenfalls von Produktinnovation. Diese ist mit weitaus weniger Risiko behaftet, denn man kann aus den Erfahrungen anderer bereits risikominimierende Schlüsse ziehen. So kann beispielsweise die Etablierung einer EDV-Hauptschule sehr wohl eine Produktinnovation sein, wenn im Bezirk oder der Region noch keine existiert.

Produktvariation: Bereits vorhandene und auf dem Markt eingeführte Produkte werden den Bedürfnissen des Marktes angepasst. Z. B. neue Farben für Küchen, Kaffeemaschinen mit integrierten Thermoskannen oder andere Produkte, die im Design, den Funktionen oder der Technik angepasst werden.

Produktelimination: Nicht mehr erfolgreiche Produkte stellen eine Belastung dar und müssen aus dem Angebot des Unternehmens genommen werden.

Zur Unterstützung bei diesen Aufgaben kann das Modell des so genannten **Produktlebenszyklus** eingesetzt werden. Jedes Produkt – sei es ein Konsumgut oder eben bestimmte Schwerpunkte und Angebote an Aktivitäten einer Schule – durchläuft von der Einführung bis zur Eliminierung bestimmte Phasen. Der Zeitraum, den ein Produkt benötigt, um diese Phasen zu durchlaufen, ist unterschiedlich lang und abhängig vom Produkt: Handies oder Software-Programme durchlaufen immer kürzere Produktlebenszyklen, während diese bei Musikinstrumenten oder hochpreisigen Uhren weitaus größer sind. Informationen über die gegenwärtige Phase im Produktlebenszyklus sind wichtig, um qualifizierte Entscheidungen in Bereichen wie Ausstattung oder Personalplanung treffen zu können.

Abbildung 8 zeigt den Produktlebenszyklus mit vier Phasen: **Einführung, Wachstum, Reife** und **Rückgang:**

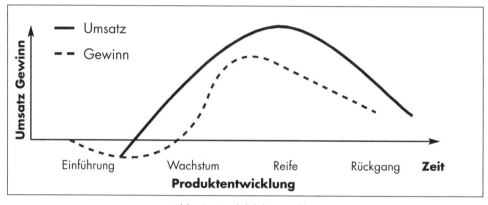

Abb. 8: Produktlebenszyklus

In der **Produktentwicklungsphase** gibt es noch keine Kunden und die Gewinne – sowohl monetäre als auch nichtmonetäre (z. B. Arbeitszufriedenheit oder Kundenzufriedenheit) – sind noch nicht vorhanden. In Schulen betreffen die in dieser Phase auftretenden Kosten vor allem die Arbeitszeit, die in den meisten Fällen jedoch unentgeltlich geleistet wird. Diese Quelle ist nicht unerschöpflich, was von den Verantwortlichen unbedingt berücksichtigt werden sollte.

Die **Einführungsphase** ist durch ein langsames Wachstum gekennzeichnet, bei einem völlig neuen Produkt hat der Anbieter eine monopolähnliche Stellung. Auch die Einführungsphase in Schulen ist noch immer durch höhere Kosten als erzielte Erträge gekennzeichnet, da der Zeitaufwand noch immer hoch ist, weil die Produktentwicklung noch nicht abgeschlossen ist. Sehr oft ist auch der emotionale Gewinn von Lehrern noch eher gering. Kunden, die sich in dieser frühen Phase für ein Produkt entscheiden, werden als „Innovatoren" bezeichnet. Wettbewerber sind kaum vorhanden.

In der **Wachstumsphase** entscheiden sich immer mehr Kunden für das Produkt und profitieren davon. Diese Phase ist durch das steigende Interesse bei den Kunden und die zunehmende Zufriedenheit bei den Produktentwicklern gekennzeichnet, da die Hauptbelastungen der Produktentwicklung vorüber sind. Das

Angebot wird einer größeren Gruppen von Kunden und potenziellen Kunden bekannt. Es treten bereits mehrere Wettbewerber auf.

In der **Reifephase** steigt zunächst das Wachstum bis zum Maximum an. Die Wachstumsrate sinkt aber am Ende dieser Phase auf null, da die meisten potenziellen Kunden das Produkt bereits nutzen. Das Interesse der Mitarbeiter stagniert und kann bereits sinken. Durch verschiedene Marketingmaßnahmen wie Produktmodifikation oder verstärkte Werbung kann diese Phase verlängert werden, manchmal um einige Jahre.

In der **Rückgangsphase** haben sich bereits etliche Wettbewerber zurückgezogen, da die erzielten Gewinne zu niedrig sind. In Schulen sinkt die Anzahl der SchülerInnen, die sich für das Produkt entscheiden. Letztendlich wird das „Produkt" vom Markt genommen. Produkte, die sich in der Rückgangsphase befinden, im Angebot zu behalten, kann sehr kostenintensiv für ein Unternehmen werden, da niedrige Erträge und versteckte Kosten anfallen. Produkte in diesem Stadium benötigen taktische Anpassungen, die zeit- und kräfteintensiv sind und für andere erfolgsversprechendere Produkte eingesetzt werden sollten. Aber auch der Imageverlust, der sich aus Produkten in der Rückgangsphase ergeben kann, muss berücksichtigt werden. Die Entscheidung, ein Produkt zu eliminieren, zieht weitere Entscheidungen nach sich: Soll das Produkt schnell oder langsam vom Markt genommen werden, sollen die vorhandenen Kunden ein hohes oder geringes Maß an Service erhalten?

Der ideale **Produkt-Mix** enthält Produkte, die sich in verschiedenen Stadien ihres Lebenszyklus befinden. Schulen sollten ein Produktportfolio entwickeln, das die besonderen Stärken der Schule nützt und gleichzeitig an die Bedürfnisse des Marktes angepasst ist. Aber auch einzelne Schultypen unterliegen einem Lebenszyklus und können aus der Schullandschaft nahezu verschwinden (z. B. Hauswirtschaftsschulen).

Zur Produktpolitik gehört auch die Entwicklung von **Produktstrategien:** Der Produkt-Mix eines Unternehmens umfasst alle Produkte, die angeboten werden. Produktstrategische Entscheidungen müssen in Hinblick auf
- die Anzahl der angebotenen Produkte,
- die Breite und Tiefe des Produktangebots,
- die Beibehaltung des bisherigen Produktangebots und
- die Erweiterung des bisherigen Produktangebots

getroffen werden. Auch Schulen müssen eine Produktstrategie entwickeln und diese in ihr Marketingkonzept integrieren.

Produktprogramm

Die schnellen technologischen und sonstigen Veränderungen in der Umwelt führen dazu, dass Produkte schnell veralten und an Bedeutung verlieren. Will ein

Unternehmen in dieser Situation seine Kunden nicht verlieren, so muss es sicherstellen, dass die Produkte angepasst werden und selbst auch zum Träger von Fortschritt werden. Diese Aussage gilt auch für Schulen, wie in Kapitel 4, „Schulmarketing" näher erläutert wird.

Kundendienst oder Servicepolitik

Beim Kundendienst oder Service handelt es sich um eine Dienstleistung, die neben dem eigentlichen Produkt einem Kunden oder potenziellen Kunden angeboten wird. Die wachsende Bedeutung des Kundendienstes beruht auf folgenden Ursachen:

- steigender Wettbewerb auf immer gesättigteren Märkten
- Profilierung und Schaffung von Wettbewerbsvorteilen durch Kundendienst

Gerade hier besteht in Schulen oft ein großer Nachholbedarf. Es darf jedoch nicht vergessen werden, dass viele LehrerInnen oder Schulen sich intensiv um Kontakte zu den Eltern und der Öffentlichkeit bemühen. In den meisten Fällen passiert hier genau das, was mit Kundendienst und Servicepolitik gemeint ist – nur nicht unter diesem Namen. Solche gut funktionierenden Mechanismen gilt es in das Schulmarketing zu integrieren.

2. Die Preispolitik

„Die Preispolitik beinhaltet alle marktbezogenen Maßnahmen und Entscheidungen, die durch Preisfestsetzung das Erreichen bestimmter Ziele fördern sollen" (Weis, 1999a). Die Entscheidungen, die ein Unternehmen im Rahmen der Preispolitik zu treffen hat, beziehen sich auf:

- Preishöhe, Preisdifferenzierung, Rabatte und Preisnachlässe
- Zahlungsbedingungen und Finanzierungsleistungen

Die Preispolitik im klassischen Sinn hat derzeit eine etwas geringere Bedeutung für die einzelne Schule. Dafür gibt es mehrere Gründe:

- Schulen sind nicht gewinnorientiert, somit fallen Gewinn und Umsatz als Unternehmensziele weg.
- Die Kosten, die bei der Erstellung des Produkts Schulbildung bei den einzelnen Schulen entstehen, sind nur zu einem geringen Teil von der Schule selbst beeinflussbar. Der überwiegende Teil der finanziellen Kosten wird von Bund, Ländern und Gemeinden getragen, während die Lohnkosten von der öffentlichen Hand finanziert werden.

Für eine öffentliche Schule besteht also kaum Notwendigkeit, sich mit dem Thema Lohnkosten zu beschäftigen, da sie dadurch keinen höheren Gewinn erzielen kann. Eine öffentliche Schule könnte aber auch die Lohnkosten nicht beeinflussen, da sie ja keine Personalhoheit hat. In Österreich ist der Anteil der öffentlichen Schulen am Schulsystem sehr hoch und liegt bei ca. 94%. Da derzeit diesbezüglich kaum mit Änderungen zu rechnen ist, scheint aus zeitökonomischen Gründen die Konzentration auf die beiden am stärksten von einer Schule zu beeinflussenden Aufgaben – Produkt- und Kommunikationspolitik – sinnvoll.

Dennoch sind einige Grundkenntnisse zum Thema Preispolitik nötig, da ja Schulen in der Praxis sehr wohl Preise festlegen – auch wenn dies selten bewusst und geplant geschieht. Diese Preise haben sowohl monetäre als auch nichtmonetäre Bestandteile (z. B. Zeit oder Einfluss auf das Familienklima).

Betrachten wir also die Einflussfaktoren auf die Preisbildung und die wichtigsten Methoden der Preisbildung. Legt ein Unternehmen Preise fest, so muss es
- die unternehmensspezifischen Kosten,
- die Nachfragesituation,
- die Konkurrenzsituation,
- die Zielsetzungen und
- die gesetzlichen Preisvorschriften

beachten. Das gilt auch für Schulen. Privatschulen und öffentliche Schulen weisen unterschiedliche Kostenstrukturen auf, die den Preis beeinflussen. Besteht eine große Nachfrage nach einem bestimmten Schultyp oder einem bestimmten Schwerpunkt, so kann auch eine öffentliche Schule de facto die Preise sehr wohl erhöhen, indem sie etwa nicht alle SchülerInnen aufnimmt oder höhere Preise in Bezug auf den Zeitaufwand verlangt.

Privatschulen verlangen zusätzlich zu jenen Preisen, die öffentliche Schulen verlangen, Schulgebühren. Solange Produktvorteile der Privatschulbildung wie Image, Betreuung in der unterrichtsfreien Zeit oder bestimmte pädagogische Schwerpunkte für eine große Anzahl der Kunden attraktiv genug sind, werden Privatschulen ihre Preise so festlegen können, dass dadurch die spezifischen Kosten zumindestens annähernd gedeckt sind.

Schulen, die aufgrund diverser Produktvorteile wie zukunftsträchtigen Schwerpunkten, gutem Schulklima oder hoher Qualität der Ausbildung ihrer Konkurrenz überlegen sind, sind in der Preisbildung freier als Schulen, die starker Konkurrenz ausgesetzt sind.

Unternehmensspezifische Zielsetzungen sind ein weiterer, wesentlicher Einflussfaktor auf die Preisbildung. Luxusgüter erzielen höhere Preise als Massengüter, das Erringen der Marktführerschaft verlangt andere Preise als der Rückzug auf kleine, aber feine Marktnischen. Für das Produkt „Schulbildung" existieren auf den ersten Blick keine gesetzlichen Preisvorschriften, diese Aufgabe erfüllen andere Gesetze wie das Schulorganisationsgesetz.

3. Distributionspolitik

Die Distributionspolitik legt fest, auf welchem Weg das Produkt oder die Dienstleistung den Kunden erreicht. Dabei geht es um

- die Gestaltung des Vertriebssystems,
- die Gestaltung der Absatzwege sowie
- die Wahl des Standortes im Hinblick auf Kundengewinnung.

Die Distributionspolitik ist aufgrund der Ziele und Besonderheiten der Dienstleistung „Schulbildung" ebenfalls von untergeordneter Bedeutung. Schulbildung kann nicht auf Vorrat an einem Ort für ein ganzes Land produziert werden und somit sind auch die Fragen des Vertriebs und der Logistik obsolet.

Standortspezifische Vor- und Nachteile bedürfen einer näheren Betrachtung. In fast allen Fällen erfolgte die Wahl des Standorts bereits, der im Hinblick auf Kundengewinnung Vor- und Nachteile aufweisen kann. Sichere und kurze Schulwege oder gute Anbindungen an das öffentliche Verkehrsnetz können die Stärken eines Standorts sein. Die einzelne Schule kann bei einem unvorteilhaften Standort höchstens versuchen, standortspezifische Nachteile auszugleichen (z. B. Schulwege sicherer machen oder ein Internat einrichten).

Bei der Neuerrichtung eines Schulgebäudes sollte die Standortwahl jedoch auch unbedingt unter dem Gesichtspunkt der Kundengewinnung betrachtet werden.

4. Kommunikationspolitik

Die Kommunikationspolitik beschäftigt sich mit den gestaltbaren Kommunikationsmaßnahmen einer Organisation. Zweck der Kommunikationspolitik ist es, bei den Empfängern Reaktionen auszulösen, die die Zielerreichung der Organisation fördern. Empfänger können Gruppen von Menschen sein, die das Produkt nachfragen (= Kunden) oder andere Gruppen, die für die Zielerreichung der Organisation von Bedeutung sind.

Anhand der eingesetzten Instrumente kann die **Kommunikationspolitik** unterteilt werden in:

- klassische Werbung
- Direktmarketing
- Verkaufsförderung
- persönlicher Verkauf
- Öffentlichkeitsarbeit einschließlich der Corporate-Identity-Politik
- Sponsoring

Klassische Werbung verwendet Plakate, TV-Spots, Rundfunkspots und Inserate in Printmedien. Klassische Werbekampagnen sind teuer in der Produktion und Durchführung, denn es reicht nicht, ein Plakat zu kleben oder einen Spot einmal zu senden, sondern die verschiedenen Instrumente müssen koordiniert und längerfristig eingesetzt werden, um ins Bewusstsein der Kunden vorzudringen. Somit haben klassische Werbekampagnen allein aus Kostengründen eine eher untergeordnete Bedeutung für eine einzelne Schule. Das Kosten-Nutzen-Verhältnis ist für die doch eher kleineren Zielgruppen zu schlecht. Finanziell möglich wäre eine Gemeinschaftswerbung für bestimmte Schultypen – nach dem Motto „Backen wir größere Torten, von denen sich jede Schule dann größere Stücke = mehr Schüler abschneiden kann".

Direktmarketing wendet sich an namentlich bekannte Empfänger, die nach bestimmten Kriterien definiert und selektiert werden. Die steigende Bedeutung von Direktmarketing-Aktivitäten ist durch die „Immunisierung" der Konsumenten gegenüber klassischen Werbemaßnahmen bedingt. Zur Dialogeröffnung werden sehr oft Massenmedien benutzt, wie zum Beispiel Inserate mit Kupons oder Antwortkarten. Auch Streusendungen „An einen Haushalt" dienen der Dialogeröffnung und Adressengewinnung. Sehr oft werden Gewinnspiele nur im Hinblick auf den Aufbau oder der Verbesserung von Kundendaten veranstaltet.

Verkaufsförderung soll helfen, den Absatz zu steigern und weist zwei große Zielrichtungen auf. Einerseits soll sie die am Absatz eines Produktes beteiligten Personengruppen unterstützen, informieren und motivieren. Andererseits soll sie dazu beitragen, dass Endverbraucher markt- und absatzbezogen im Sinne des herstellenden Unternehmens informiert werden.

Eingesetzt werden dazu auf Handelsebene Händlerschulungen, Wettbewerbe, Preisaktionen, Produktpräsentationen, besondere Warenplatzierungen, Werbegeschenke und vieles mehr. Auch auf Verkäuferebene sind Wettbewerbe und Schulungen im Einsatz, darüber hinaus werden Kataloge, Verkaufshandbücher oder Folder zur Verfügung gestellt sowie Prämien oder Incentives für besondere Verkaufsleistungen vergeben.

Die möglichen Maßnahmen auf **Kundenebene** sind ebenfalls sehr umfangreich. Produktproben oder Produktverkostungen direkt im Geschäft, Preisausschreiben, Kundenkarten, Werbegeschenke, Zugaben, Verlosungen oder Sonderangebote zählen zu den so genannten Verbraucherpromotions.

Persönlicher Verkauf wird von den Verkäufern eines Unternehmens, der Geschäftsleitung oder anderen damit beauftragten Personen durchgeführt. Marktpartner, insbesondere Käufer, sollen über ein Angebot informiert, von seiner Qualität überzeugt und hinsichtlich Auswahl und Verwendung beraten werden.

Öffentlichkeitsarbeit oder Public Relations (PR)
Öffentlichkeitsarbeit als *„das Management der Kommunikation zwischen einer Organisation und ihren Zielgruppen"* (Grunig/Hunt, 1984) verfolgt das Ziel,

durch bewusstes, geplantes und dauerndes Handeln Verständnis und Vertrauen in der Öffentlichkeit aufzubauen und zu erhalten. Zielgruppen sind diejenigen Teile der Öffentlichkeit, mit denen die Organisation bei der Verfolgung ihrer Ziele in Kontakt tritt bzw. treten soll oder in Konflikt gerät bzw. geraten könnte.

Öffentlichkeitsarbeit soll die folgenden **vier Funktionen** erfüllen:

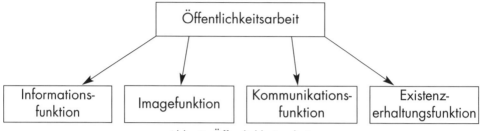

Abb. 9: Öffentlichkeitsarbeit

- **Informationsfunktion:** Öffentlichkeitsarbeit soll Informationen über die Organisation an wichtige Zielgruppen übermitteln. Damit soll bei diesen Zielgruppen eine verständnisvolle Einstellung gegenüber der Organisation und ihrer Situation erreicht werden.
- **Imagefunktion:** Durch Öffentlichkeitsarbeit soll der Aufbau, die Änderung oder auch die Beibehaltung des Vorstellungsbildes, das eine Zielgruppe von der Organisation hat, unterstützt werden.
- **Kommunikationsfunktion:** Öffentlichkeitsarbeit soll die Kommunikation zwischen der Organisation und den relevanten Zielgruppen ermöglichen.
- **Existenzerhaltungsfunktion:** Öffentlichkeitsarbeit muss glaubwürdig den Nutzen und die Notwendigkeit der Organisation für die Öffentlichkeit vermitteln.

Die Instrumente, die in der Öffentlichkeitsarbeit eingesetzt werden, sind teilweise bereits aus Werbung und Verkaufsförderung bekannt (Plakate, Inserate, Folder oder Wettbewerbe). Andere Instrumente wie Presseaussendungen oder Pressekonferenzen sind bekannte Werkzeuge der Öffentlichkeitsarbeit.

Es ist wichtig, die Öffentlichkeitsarbeit mit den anderen kommunikativen Instrumenten des Unternehmens abzustimmen, denn PR hat auch eine werbliche und verkaufsfördernde Wirkung.

In den meisten Schulen gibt es bereits LehrerInnen, die Öffentlichkeitsarbeit und PR machen. Sie sollten in den Marketingprozess mit einbezogen werden – in der Praxis wird es sich ohnehin oft um diejenigen LehrerInnen handeln, die an Schulmarketing interessiert sind.

Sponsoring

Der Begriff „Sponsoring" wird im alltäglichen Sprachgebrauch sehr oft mit „Spenden oder Mäzenatentum" vermengt. Sponsoring lässt sich am einfachsten anhand der wichtigsten Merkmale definieren:

- Der Sponsor erwartet für seine Leistung gegenüber dem Sponsoringnehmer eine **Gegenleistung.**
- Das Engagement des Sponsors kann in **Geld- oder Sachzuwendungen** sowie in **Dienstleistungen** bestehen.
- Der Sponsoringnehmer macht diese Unterstützung in der **Öffentlichkeit** publik oder er duldet, dass der Sponsor mit seinem Engagement wirbt.

Die vom Sponsor erwartete Gegenleistung des Sponsoringnehmers kann verschiedene Formen aufweisen, wie das Anbringen des Logos auf Drucksorten, Dressen, Plakaten oder Transparenten, das Ermöglichen von persönlichen Kontakten, Lautsprecherdurchsagen bei Veranstaltungen etc. Sponsor und Sponsoringnehmer benötigen Öffentlichkeit und somit Öffentlichkeitsarbeit, wie das so genannte „Magische Dreieck" am Beispiel Schulsponsoring in Abbildung 10 verdeutlicht. Schule, Wirtschaft und Public Relations sind eng miteinander verbunden: Die Schule kann nur durch Öffentlichkeitsarbeit dem Unternehmen, das sie sponsert, eine Gegenleistung bieten. Das jeweilige Unternehmen seinerseits kann Öffentlichkeitsarbeit mit relativ geringem finanziellen Aufwand erreichen.

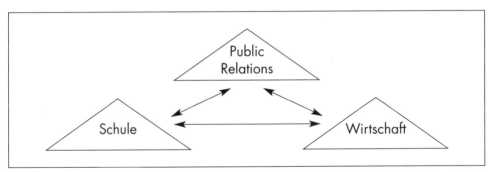

Abb. 10: Das Magische Dreieck des Sponsorings

Die Ziele, die ein Sponsor mit seinem Engagement erreichen will, können Imagegewinn, Zielgruppenansprache, Bekanntheitsgrad, Medienpräsenz oder Mitarbeitermotivation sein. Die Kenntnisse von Motiven und Zielen von Sponsoren sind wesentlich für Organisationen, die für die Finanzierung ihres Angebots ganz oder teilweise auf Sponsoringmittel angewiesen sind. Auch wenn Schulen selbst kaum als Sponsoren auftreten werden, sind Fachkenntnisse zum Thema sehr wichtig, um Chancen des Sponsoring nützen zu können und Risiken zu minimieren (weitere Details dazu siehe Kapitel 6, „Das Grundgerüst des Schulmarketingkonzeptes").

Wesentlich für das Verständnis der Kommunikationspolitik ist, dass durch sie Produkte und Leistungen weder funktionell noch substanziell beeinflusst werden können. Ein schlechtes Produkt kann auf Dauer auch durch die kreativsten und ausgeklügeltsten Kommunikationskampagnen nicht erfolgreich gemacht werden. Kommunikationspolitik kann „nur" die Einstellung von Abnehmern und deren Vorstellung und Beurteilung des Angebots des jeweiligen Anbieters beeinflussen. „Nur" deswegen unter Anführungszeichen, weil dies eine anspruchsvolle Arbeit ist, die Geduld, Konzeption und Zeit erfordert.

2.5. Strategisches und operatives Marketing

Organisationen, seien es gewinnorientierte Unternehmen, private Vereine oder Schulen, müssen sich zur langfristigen Sicherung ihrer Existenz auf dem Markt systematisch und zielorientiert verhalten.

Sämtliche Aufgaben und Aktivitäten des Marketing können auch als Managementprozess definiert werden, der Planung, Koordination, Kontrolle und Umsetzung umfasst. Dieser Marketingprozess läuft in mehreren Phasen mit Rückkopplungsschleifen ab:

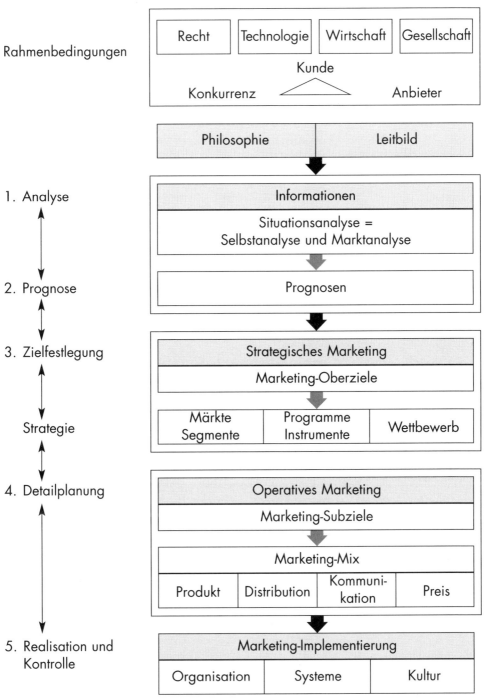

Rahmenbedingungen

| Recht | Technologie | Wirtschaft | Gesellschaft |

Kunde

Konkurrenz   Anbieter

| Philosophie | Leitbild |

1. Analyse

Informationen

Situationsanalyse =
Selbstanalyse und Marktanalyse

2. Prognose

Prognosen

3. Zielfestlegung

Strategisches Marketing

Marketing-Oberziele

Strategie

| Märkte Segmente | Programme Instrumente | Wettbewerb |

4. Detailplanung

Operatives Marketing

Marketing-Subziele

Marketing-Mix

| Produkt | Distribution | Kommuni-kation | Preis |

5. Realisation und Kontrolle

Marketing-Implementierung

| Organisation | Systeme | Kultur |

Abb. 11: Aufgaben des Marketings als Managementprozess (nach Meffert, 1999)

Marketing findet unter bestimmten **Rahmenbedingungen** wie **Recht, Technologie, Wirtschaft** und **Gesellschaft** statt. Diese Rahmenbedingungen beeinflussen alle weiteren Schritte. Zu den Rahmenbedingungen zählt aber auch das **Dreieck** aus **Kunden, Konkurrenz** und dem **Anbieter** selbst.

Für jedes Unternehmen, jede Organisation existieren bei genauer Betrachtung unterschiedliche Rahmenbedingungen, daher ist eine genaue Analyse von großer Bedeutung. Basis aller Marketingüberlegungen muss die **Unternehmensphiloso-phie** und die **Corporate Identity** inklusive dem **Leitbild** sein (vgl. Kapitel 4.3).

Die **Analysephase (1)** ist von der Aufgabe geprägt, die wesentlichen strategischen und operativen Probleme zu erkennen. Dazu sind die Elemente „Kunden – Konkurrenz – eigene Organisation" im Hinblick auf Stärken und Schwächen zu untersuchen. Die zentrale Fragestellung lautet: „Wo stehen wir?" In dieser Phase wird man sich auch der Methoden und Möglichkeiten der Markt- und Motivforschung bedienen (Details dazu siehe Kapitel 3).

In der **Prognosephase (2)** sind für das Unternehmen relevante Faktoren zu untersuchen und zu prognostizieren, die die Basis für Marketingchancen bieten können. Im Wesentlichen geht es dabei um Trends im Verhalten von Kunden und Konkurrenz, um Entwicklungen in der relevanten Umwelt sowie die Vorhersage von Markt und Absatzentwicklung. Die Prognosephase soll die Frage beantworten: „Wohin geht die Entwicklung?"

Im dritten Schritt sind die **langfristigen Unternehmens- und Marke-tingziele (3)** sowie die **Strategien** festzulegen. Zentrale Aufgabenstellung ist die Bestimmung des Marktes und die Wahl der zu bearbeitenden Marktsegmente. Weiters sind Schwerpunkte bei der Programmgestaltung und dem Einsatz der Marketinginstrumente zu setzen. Die grundlegenden Verhaltensweisen gegenüber Kunden und anderen Anspruchstellern werden ebenfalls in dieser Phase festgelegt. Das alles geschieht unter Berücksichtigung der Unternehmensphilosophie und der Werte des Unternehmens. In dieser Phase steht die Beantwortung der Fragen „Was wollen wir erreichen?" und „Welche grundlegenden Stoßrichtungen sind bei der Marktbearbeitung zu verfolgen?" im Mittelpunkt.

Das strategische Marketing bildet den Rahmen für das **operative Marke-ting,** das heißt für die kurzfristigen bzw. taktischen Marketingentscheidungen. In dieser Phase der **Detailplanung (4)** ist der Marketing-Mix zu entwerfen und somit steht die Frage „Welche Maßnahmen ergreifen wir im Produkt-, Distributions-, Kommunikations- und Preis-Mix?" im Zentrum des operativen Marketing.

In der letzten Phase ist die **Realisation und Kontrolle (5)** der Strategien und des Marketing-Mixes sicherzustellen. Es muss eine Aufbau- und Ablauforganisation bestimmt werden, die effizientes Marketing ermöglicht. Ebenso müssen die Führungskonzepte dahingehend durchleuchtet werden, ob sie Marketingstrategien und operatives Marketing fördern oder behindern. Und zuletzt muss auch klargestellt werden, wann welche Kontrollmaßnahmen gesetzt werden.

Marketing-Management ist dann am wirksamsten, wenn es
sich konsequent am Kunden und der Umwelt orientiert,
nach einer koordinierten strategischen und operativen Planung vorgeht sowie
organisatorisch über entsprechende Kompetenzen bei der Durchsetzung der
Maßnahmen verfügt (Meffert, 1998).

Strategisches und **operatives Marketing** sind zentrale Begriffe, die
noch einer genaueren Durchleuchtung bedürfen.

1. Strategisches Marketing

Langfristiger Unternehmenserfolg ist nur durch zweck- bzw. zielorientierte
Unternehmensführung sicherzustellen. Am schnellsten und einfachsten erreicht ein
Unternehmen seine Ziele, wenn es seine gewählte strategische Route konsequent
verfolgt, wie in folgender Abbildung dargestellt:

Abb. 12: Unternehmen mit und ohne Strategie

**Marketingstrategien kann man als zeitlich festgelegte Verhaltens-
grundsätze zur Erreichung der kurz, mittel- und langfristigen
Organisationsziele bezeichnen (Meffert, 1998).**

Die zentrale Lenkungsaufgabe der Marketingstrategien verdeutlicht die so genannte „Konzeptionspyramide":

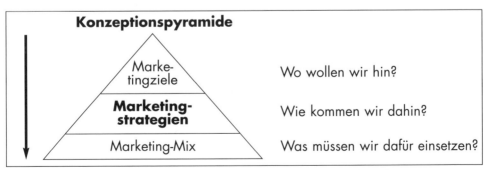

Abb. 13: Die Konzeptionspyramide und ihre Bausteine (nach Becker, 2000)

Die Konzeptionspyramide zeigt die zentrale Rolle des strategischen Marketings. Das **Marketingziel** als „Wunschort" kann auf verschiedenen Wegen erreicht werden. Die Marketingstrategie legt die „Route" fest. Der **Marketing-Mix** – das operative Marketing – entspricht der Wahl der „Beförderungsmittel". Man kann ein Flugzeug, den Zug, ein Auto oder ein Fahrrad benützen – jedes Verkehrsmittel hat Vor- und Nachteile. Die Wahl meines Beförderungsmittels wird davon abhängig sein, wie weit der Weg ist, wie hoch die zur Verfügung stehenden finanziellen Mittel sind und in welchem Zeitraum man das Ziel erreichen will.

Somit sind auch, abhängig von den zu erreichenden Organisationszielen, unterschiedliche Strategien in Bezug auf das Gesamtmarketing, die Entwicklungsrichtung des Marketing, das Marktverhalten, die Produkt-Marktbeziehungen sowie die Wettbewerbsvorteile einzuschlagen.

Im Rahmen der **Gesamtmarketingstrategien** ist die grundsätzliche Entscheidung zu treffen, ob Differenzierung von der oder Anpassung an die Konkurrenz der beste Weg zur Zielerreichung ist. Existieren in einem bestimmten Bereich gängige Standards, so kann die Anpassungsstrategie am sinnvollsten sein. Am Beispiel der Produktion von Videokassetten: Hier ist die Anpassung an den gängigen Standard, nämlich das VHS-System, höchstwahrscheinlich die Erfolg versprechende Strategie. Weiters muss im Zusammenhang mit Gesamtmarketingstrategien unterschieden werden, ob der Gesamtmarkt oder Marktsegmente mit der Marketingstrategie erreicht werden sollen. Sehr oft ist es aus ökonomischen Gründen nötig, mit einer Marketingstrategie den Gesamtmarkt oder zumindestens große Teile des Marktes zu erreichen, man spricht dann von einer **undifferenzierten** Marketingstrategie:

Abb. 14: Undifferenzierte Marketingstrategie

Beim Einsatz einer **differenzierten Marketingstrategie** wird der Markt in verschiedene Marktsegmente unterteilt, die mit jeweils spezifischen Strategien angesprochen werden. Für die einzelnen Marktsegmente werden dann jeweils spezifische Marketingstrategien entwickelt und unterschiedliche Marktsegmente werden mit unterschiedlichen Produkten beliefert.

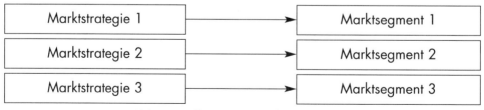

Abb. 15: Differenzierte Marketingstrategie

Die **konzentrierte Marketingstrategie** unterteilt den Gesamtmarkt ebenfalls in Segmente, konzentriert sich aber auf ein oder nur wenige Segmente, die ebenfalls mit spezifischen Strategien bearbeitet werden. Dieses Vorgehen ist dann von Vorteil, wenn aus Kapazitätsgründen, aus personellen oder im Produkt liegenden Gründen die Bearbeitung des Gesamtmarktes nicht möglich ist.

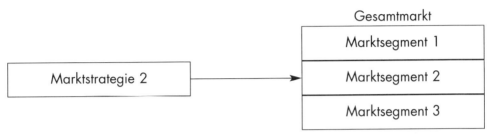

Abb. 16: Konzentrierte Marketingstrategie

Will sich ein Unternehmen erfolgreich am Markt behaupten, muss es aber nicht nur in Bezug auf die Kriterien „Anpassung" oder „Unterscheidung" eine grundsätzliche Entscheidung treffen, sondern es müssen auch strategische Überlegungen betreffend folgender Punkte getroffen werden:
- Marktsegmentierung
- Wettbewerb
- Produkte

Marktsegmentierungsstrategien
Die Aufteilung des Gesamtmarktes in abgrenzbare, möglichst homogene Teilmärkte hat den Vorteil, Zielgruppen besser erfassen zu können. Die Zielgruppen in Teilmärkten sind homogener in Bezug auf ihre Wünsche und Bedürfnisse und können somit von einem Unternehmen gezielter bearbeitet werden. Kriterien zur Marktsegmentierung sind:
- geografische,
- demografische und
- psychografische Merkmale.

Geografische Marktsegmentierung liegt vor, wenn der Gesamtmarkt nach Bundesländern, Bezirken oder Orten unterteilt wird. Als **demografische** Marktsegmentierung bezeichnet man eine Marktsegmentierung nach Kriterien wie Alter, Geschlecht, Einkommen, Ausbildung oder Beruf. Von **psychografischer** Marktsegmentierung spricht man, wenn bestimmte Persönlichkeitsmerkmale, Einstellungen, Verhaltensmerkmale oder Lebensstile Basis der Segmentierung sind.

Die Marktsegmentierung und Erarbeitung von Marktstrategien kann Unternehmen bei der Erreichung sehr vieler Ziele unterstützen. Relevante Teilmärkte können bestimmt werden, vernachlässigte Teilmärkte aufgefunden oder Marktnischen entdeckt werden. Damit kann der langfristige Unternehmenserfolg gesichert werden. Fundierte Prognosen der Marktentwicklung werden ebenso ermöglicht wie ein gezielter Einsatz der Marketinginstrumente und die richtige Positionierung von Teilprodukten.

Wettbewerbsstrategien

Die Aufgabe von Wettbewerbsstrategien ist es, das Unternehmen so am Markt zu positionieren, dass es bestmöglich auf den Wettbewerb vorbereitet ist, sowie die Position des Unternehmens am Markt zu verbessern.

Veränderungen am Markt müssen frühzeitig erkannt werden und Unternehmen müssen schneller als die Konkurrenz an geänderte Rahmenbedingungen angepasste Wettbewerbsstrategien entwickeln.

Grundsätzlich kann man fünf Einflussfaktoren auf die Wettbewerbssituation unterscheiden:
- Markteintritt von Bewerbern
- Gefahr durch Ersatzprodukte
- Verhandlungsstärke von Lieferanten
- Verhandlungsstärke von Abnehmern
- Rivalität unter den vorhandenen Wettbewerbern

Ausgehend von der spezifischen Wettbewerbssituation stehen drei strategische Ausrichtungen zur Wahl:
- Strategie der umfassenden Kostenführerschaft
- Differenzierungsstrategie
- Konzentrationsstrategie

Strategie der umfassenden Kostenführerschaft bedeutet, niedrigere Kosten als die Konkurrenz zu verursachen. Diese Strategie ist in der Regel nur möglich, wenn in großen Mengen produziert wird und ein großer Marktanteil vorhanden ist. Voraussetzungen für die Durchführung dieser Strategie sind hohe Investitionen und Zugang zu finanziellen Mitteln, Verfahrensinnovationen und -verbesserungen, eine intensive Kostenkontrolle und eine klar gegliederte Organisation mit definierten Verantwortlichkeiten.

Bei der **Differenzierungsstrategie** versucht man die eigenen Leistungen so zu gestalten, dass sie als einzigartig für die betreffende Branche angesehen werden. Bei Einsatz der Differenzierungsstrategie sind gute Marketingfähigkeiten, Kreativität, ein guter Ruf in Bezug auf Qualität und Stärken bzw. der Zugang zur Grundlagenforschung nötig. Solche Organisationen müssen Anreizsysteme bieten, um attraktiv für hoch qualifizierte Arbeitskräfte zu sein.

Die **Konzentrationsstrategie** will den langfristigen Unternehmenserfolg durch Konzentration auf eine begrenzte Anzahl von Abnehmern und/oder bestimmte Leistungen sichern. Unter Umständen wird auf maximal erreichbare Ziele wie Umsatz oder Marktanteil verzichtet.

Produktstrategien

Zentrale Aufgabenstellung bei der Entwicklung von Produktstrategien ist die Beantwortung der Frage, welche Produkte in Gegenwart und Zukunft den Unternehmenserfolg sichern werden.

Hilfestellung kann dabei eine vereinfachte Markt-Produktmatrix bieten, die als Maßstab die Markt- und Produktattraktivität aufweist.

Abb. 17: Verhältnis Markt- und Produktattraktivität (Kapfer, 1992)

Wenn die Markt- sowie die Produktattraktivität gering sind, empfiehlt es sich auszusteigen. Wenn beide hoch sind, sollte man investieren, denn das sichert in Folge auch den langfristigen Unternehmenserfolg. Wenn jeweils nur eine hoch ist, bereitet man entweder den Einstieg oder den Ausstieg vor.

Folgende Faktoren können als **Bewertungsmaßstab** für die **Markt-attraktivität** dienen:
- Finanzkennzahlen
- hohe Nachfrage nach einem Produkt
- wenige Mitbewerber
- Marktwachstum
- zukünftige Bedeutung
- Marktqualität (hohes Qualitätsbewusstsein von Kunden)
- Stabilität (Unabhängigkeit von Modeströmungen)

Bewertungsmaßstäbe für **Produktattraktivität** können folgende Faktoren sein:

- bessere Qualität als die Produkte der Mitbewerber
- gute Produktionsbedingungen
- Standort
- Kostenvorteile
- gute Organisation
- hohes Image
- ausgezeichnete und motivierte Mitarbeiter

2. Operatives Marketing

Die Aufgabe des operativen Marketings ist die Planung und der konkrete Einsatz der marketingpolitischen Instrumente und deren Abstimmung – der Marketing-Mix. Wie bereits im vorigen Kapitel „Strategisches Marketing" ausgeführt, muss sich der Marketing-Mix immer an den Marketingzielen und der gewählten Marketingstrategie orientieren.

„Bei der Planung des Marketing-Mixes geht es um die Frage, welche Marketinginstrumente wie auszugestalten sind und mit welcher Intensität einzusetzen sind, um die Marketingziele zu erreichen" (Meffert, 1998).

Die einzelnen Marketinginstrumente können nicht isoliert betrachtet werden, zwischen ihnen bestehen vielfältige Wirkungsbeziehungen. So kann der Mehreinsatz eines Bereichs den Mindereinsatz eines anderen Bereichs ermöglichen. Zum Beispiel ermöglicht mehr klassische Werbung eine Reduktion der Verkaufsförderung. Andererseits lässt sich ein überdurchschnittlicher Preis am Markt auf Dauer nur durch hohe Produktqualität erzielen.

Auch in zeitlicher Hinsicht existieren Wechselbeziehungen, sehr oft reicht die Wirkung eines Instruments längere Zeit über seinen Einsatz hinaus, ein Beispiel sind Werbeslogans, die in den täglichen Sprachgebrauch übergehen, obwohl die Spots seit Jahren nicht mehr gesendet werden oder der Slogan längst durch einen anderen ersetzt wurde.

Einfache Rezepte sind nicht möglich. Jedes Unternehmen muss anhand seiner Marketingziele, der gewählten Strategie und der finanziellen Möglichkeiten darangehen, den optimalen Einsatz der marketingpolitischen Instrumente sicherzustellen. Für nähere Details siehe Kapitel 2.4, „Aufgaben des Marketing".

Marktinformations- beschaffung

Definition

Informationsbeschaffung dient dazu,
- den Markt besser kennen zu lernen,
- das Risiko von Fehlentscheidungen zu verringern,
- etwaige Marketingprobleme zu erkennen,
- Marketingziele richtig formulieren zu helfen,
- die „richtigen" Marketinginstrumente auszuwählen und einzusetzen,
- eine Erfolgskontrolle durchzuführen (Weis, 1999b).

Für das Marketing erforderlich sind all jene Informationen, die für die Problemerkennung, Analyse, Zielsetzung und für den Mitteleinsatz bedeutsam sind.

Formen der Marktinformationsbeschaffung

Weis (1999b) unterscheidet die Marktuntersuchung in Marktforschung und Markterkennung, erstere wiederum in Marktanalyse, Marktbeobachtung und Marktprognose, diese drei wiederum in einmalige oder mehrmalige. Weiters unterscheidet er in Marktforschung und Marketingforschung, wobei letztere auch die internen Informationen erhebt und sich dadurch von ersterer unterscheidet, außerdem betreibt sie keine Beschaffungsmarktforschung.

Die verschiedenen Formen der Unterscheidung – in jedem Marktforschungs- bzw. Marketingbuch finden wir andere – können leicht zur Verwirrung führen. Wir haben daher diejenigen herausgesucht, die für den Schulbereich am sinnvollsten sind. Die von uns gewählten **vier Unterscheidungen** werden in Folge herausgearbeitet und beschrieben:

Die **erste Unterscheidung,** die wir treffen müssen, betrifft die **Bereiche,** aus denen man die Informationen braucht:

Abb. 18: Bereiche der Marktinformationsbeschaffung

Für Schulen sind natürlich alle drei Bereiche von grundlegender Bedeutung. Wir unterscheiden zwischen „kalten" und „warmen" Daten, d. h. solchen, die man quasi als „objektive" Daten statistisch, quantitativ erheben kann und solchen, bei denen Emotionalität eine Rolle spielen. Dieser Bereich wird in der Literatur oft nicht in seiner Bedeutung erkannt: Überall dort, wo es Sinn macht, den Menschen als Individuum zu betrachten – und das ist immer dann der Fall, wenn es um seine Handlungen geht –, braucht man methodisch andere Ansätze, als wenn man mit naturwissenschaftlichen Methoden Messungen durchführt. Wir haben daher diese erste Unterscheidung aufgestellt, die ein wenig außerhalb der Linie des allgemeinen Marketings läuft. Dies ist jedoch nicht schulspezifisch zu sehen, sondern rührt daher, dass die Sozialwissenschaften sich im Laufe der letzten Jahrzehnte an die Naturwissenschaften angelehnt haben und in einer Art selbstverstärkender Rückkoppelung selbst annehmen, dass nur naturwissenschaftliche Methoden (logische Messkriterien etc.) relevante Aussagen liefern. Wir werden im Laufe der folgenden Kapitel noch näher erläutern, weshalb man mit dieser Ansicht schon sehr früh an Grenzen in der Analyse und Datensammlung stößt und sich manchmal selbst den Weg verbaut. Es wird daher auch notwendig sein, genauer auf die Sammlung relativer Motive einzugehen und dort Abstecher in die Motivforschung zu machen.

Die **zweite Unterscheidung** betrifft die **Erhebungsart** und kommt auch aus dem klassischen Marketing:

Abb. 19: Erhebungsarten in der Marktforschung

Für den Schulbereich sind beide von Bedeutung: Man kann im Statistischen Zentralamt anfragen, welche Bevölkerungsschichtung in der Umgebung der Schule vorhanden ist bzw. wie es mit den Wachstums- oder Rückgangsprognosen aussieht. Man kann aber auch notwendige Informationen selbst erheben, etwa indem man eine Umfrage bei den Eltern startet. Diese Unterscheidung ist für die weiteren Kapitel grundlegend.

Die **dritte Unterscheidung** – in der Abb. 18 bereits angedeutet – betrifft die **Methodik.**

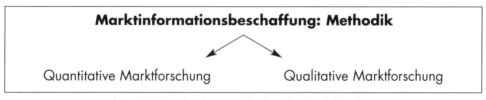

Abb. 20: Verschiedene Methoden der Marktforschung

Ziel der **quantitativen Marktforschung** ist es, numerische Werte zu ermitteln wie z. B. Marktanteile oder Kunden im Einzugsgebiet.

Die **qualitative Marktforschung** beschäftigt sich damit, Motive für bestimmte Verhaltensweisen im Markt aufzuzeigen und Erwartungen und Einstellungen zu ermitteln. Das wichtigste qualitative Marktforschungsverfahren ist die Motivforschung. Sie soll Anhaltspunkte über tieferliegende Ursachen des Verbraucher(Kunden-)verhaltens liefern. Dies erweist sich in der Praxis meist als schwierig, da Motive oft unbewusst, manche Themen mit Tabus belegt oder nur schwer in Worte zu fassen sind.

Wir werden uns mit dieser Thematik noch ausführlich beschäftigen, da für uns vor allem die Motive der Menschen die Basis für ihre Handlungen sind – und diese wollen wir verstehen lernen.

Wir machen daher die **vierte Unterscheidung** in der **Art der Tätigkeit:**

Abb. 21: Verschiedene Tätigkeiten der Marktforschung

Marktanalyse: Ermittlung (möglichst) aller einen Markt kennzeichnenden Faktoren – entweder einmalig oder in bestimmten Abständen.

Marktbeobachtung: Beobachtung eines Marktes im Zeitablauf.

Marktprognose: Aufbauend auf der Marktanalyse und der Marktbeobachtung wird versucht, Aussagen darüber zu treffen, wie der Markt in Zukunft aussehen wird.

In all diesen Fällen betreiben wir **Marktforschung,** d. h. wir erforschen etwas, das wir noch nicht kennen, aber kennen müssen, damit wir am Markt erfolgreich agieren können:

„Marktforschung dient der Gewinnung von Informationen als Grundlage für unternehmerische Entscheidungen, insbesonders Marketingentscheidungen" (Scheuch, 1999).

Marktforschung kann die Marketingverantwortlichen dabei unterstützen, ein Marketingproblem zu erkennen und zu analysieren, alternative Maßnahmen zu suchen und zu entwickeln sowie verschiedene Maßnahmen abzuwägen und die günstigste Alternative auszuwählen.

Ziel der Marktforschung ist die Bereitstellung von Daten, die für die Marktanalyse, die Marktbeobachtung und die Marktprognose von großer Bedeutung sind.

Welche Formen der Marktinformationsbeschaffung sind für Schulen nun sinnvoll und wie sollen sie angewandt werden?

Wir werden in den folgenden Abschnitten versuchen, einen Überblick der methodischen Grundlagen vorzunehmen und dann praxisnah die Möglichkeiten für ein effizientes Schulmarketing aufzuzeigen.

Dazu werden wir zuerst die Sekundärinformation erörtern und dann zum eigentlichen Hauptteil, der Primärinformation, kommen. Dort finden sich auch mehrere Exkurse, die spezielle Themen behandeln.

Sekundärinformation

Darunter verstehen wir Informationen, die von Externen bereits erhoben und aufbereitet wurden. Zur Beschaffung ist keine „Forschungsleistung" notwendig, sehr wohl aber die Aufgabe, die Daten zu selektieren und zu interpretieren.

Für Schulen geht es in erster Linie darum, sich spezielle Informationen zu besorgen, die sie für eine Marketingstrategie bzw. deren Umsetzung benötigen. Daten des Statistischen Zentralamtes können beispielsweise dazu dienen, Größenordnungen festzulegen oder bestimmte Zielgruppen in ihrer Verteilung und Stärke zu erkennen.

Aber welche **Zielgruppen und Teilöffentlichkeiten** sind für die Schule und deren Marketing interessant?

Gerhard Hopfgartner und Karl Nessmann (2000) schlagen mehrere Fragen vor, deren Beantwortung eine Orientierung ermöglichen soll:

- Wer ist für unsere Schule, unsere Ziele und/oder unsere Interessen von Bedeutung?
- Wer kann uns in unseren Anliegen unterstützen?
- Wer kann unsere Ideen am besten transportieren und/oder dabei helfen?

Zusätzlich sollte man noch folgende Fragen stellen:

- Wer könnte andere Interessen haben und die angestrebten Ergebnisse behindern oder gar verhindern wollen?
- Wer sind unsere Konkurrenten oder Mitbewerber?
- Gibt es Möglichkeiten, Kritiker in Projekte einzubinden?

Weiters bieten die Autoren noch eine Liste der **Bezugsgruppen schulischer Öffentlichkeitsarbeit,** die sie in „Interne" und „Externe" trennen:

Interne:
- DirektorInnen, Abteilungsvorstände
- LehrerInnen: Klassenvorstände, Kustoden
- SchülerInnen: KlassensprecherInnen, SchulsprecherInnen
- Eltern: KlassenelternvertreterInnen, SchulelternvertreterInnen
- Schulwart
- SekretärInnen
- Reinigungspersonal
- Schularzt, Schulärztin

Externe:
- Schulbehörden
- Lieferanten
- Anrainer

- AbsolventInnen
- Partnerschulen
- Konkurrenzschulen, Mitbewerber
- Potenzielle SchülerInnen und deren Eltern
- LeiterInnen und LehrerInnen anderer Schulen
- SchülerInnen und Eltern anderer Schulen
- Bildungseinrichtungen: Akademien, Universitäten
- Öffentliche Institutionen
- Politische Behörden: Beamte, Politiker
- Künstler, Wissenschafter
- Experten, Berater
- Schulvereine
- Absolventenvereine
- Andere Vereine
- Wirtschaftsunternehmen
- Sponsoren
- Potenzielle Sponsoren
- Ehemalige Sponsoren
- Spender
- Potenzielle Spender
- Ehemalige Spender
- Potenzielle MitarbeiterInnen
- Ehemalige MitarbeiterInnen, Pensionisten
- Verwandte, Angehörige
- Interessensvertretungen
- Initiativgruppen, Bürgerinitiativen
- Kritiker, Gegner
- Opinionleader
- Medieninstitutionen, JournalistInnen

All diese Gruppierungen können für Marketingmaßnahmen von Interesse sein – das hängt sehr vom Typ, dem Standort und der Größe der Schule ab. In jedem Fall ist es notwendig, die relevanten Gruppen in ihrer Zusammensetzung und auch in ihrer Größe zu kennen. Diese Fakten (Sekundärdatenerhebung) sind entweder aus Schularchiven zu eruieren oder aber in den Datenbanken unterschiedlichster öffentlicher Institutionen und Verwaltungen (Ministerium, Landesschulrat oder Bürgermeisterbüro) vorhanden.

Wir empfehlen allen Schulen eine eigene Datenbank anzulegen, mittels derer man schnell und unbürokratisch auf die jeweils für bestimmte Aktionen notwendigen Daten zurückgreifen kann. Moderne Computerdatenbankprogramme (z. B. Filemaker oder Access) bieten alle notwendigen Features, um die Informationen zu speichern, zu sortieren und in Folge jederzeit abrufbereit zu haben. Das erhöht auch die Motivation, sich mit der eher langweiligen Aufgabe wie beispielsweise dem Suchen aller Adressen ehemaliger AbsolventInnen zu beschäftigen, denn wenn die Programme gut gewartet sind, ist das oft eine Aufgabe von nur wenigen Minuten.

Generell sieht die Vorgangsweise bei der **Sekundärdatenerhebung** wie folgt aus:
- Prüfung: welches Datenmaterial brauchen wir für welchen Informationsgewinn?
- Wo bekommen wir diese Daten her (Quellen)?
- In welcher Form bekommen wir die Daten (als Datei, als Tabellenpaket etc.)?
- Wie filtern wir die für uns relevanten Daten heraus?
- Wie bauen wir sie in unsere Datenbank ein?
- Wie verwenden wir sie in Verbindung mit Primärforschung (in welcher Relation stehen sie zu eigenen erhobenen Daten)?

3.4. Primärinformation

Mit diesem Bereich müssen wir uns am ausführlichsten beschäftigen – hier liegt das größte Potenzial, hier können aber auch die meisten Fehler gemacht werden.

Primärinformation bedeutet, dass die Schule die Informationen selbst erhebt, dass die LehrerInnen **(Motiv-)Forschung** betreiben. Diese sind zwar meistens nicht dafür ausgebildet, sie können die Grundlagen dieses Handwerks jedoch bis zu einem bestimmten Punkt erlernen, da es vor allem in der qualitativen Motivforschung um Methoden geht, die auf sehr einfachen Merkmalen der Kommunikation beruhen: Fragen und Zuhören. Es gilt also, die für die Marktforschung speziellen Formen des Fragens sowie des Zuhörens herauszuarbeiten und die sich daraus ergebenden Regeln zu beachten.

Wir wollen in den folgenden Abschnitten diese notwendigen Grundlagen erarbeiten und den an Schulmarketing und Marktinformationsbeschaffung Interessierten möglichst praktische Anleitungen zur Verfügung stellen.

Zu diesem Zweck werden wir uns auf folgende Schwerpunkte konzentrieren:

- Welche Formen der Erhebung gibt es? (siehe Kapitel 3.5)
- Motivforschung und Marketing (siehe Kapitel 3.6)
- Qualitative und quantitative Forschung – eine Gegenüberstellung (siehe Kapitel 3.7)
- Fragen stellen und zuhören (siehe Kapitel 3.8)
- Wie erstellt man einen Fragebogen? (siehe Kapitel 3.9)
- Wie wertet man Fragebögen und Interviews aus? (siehe Kapitel 3.14)

3.5. Formen der Erhebung

Im klassischen Marketing finden wir vier Formen der Erhebung (Weis, Kompakt-Training Marketing, S. 52ff):

- Befragung
- Beobachtung
- Experiment
- Panel

Für den Schulbereich ist nur die **Befragung** ein sinnvolles Instrument. Die **Beobachtung** des Marktes (der Eltern, Betriebe etc.) geschieht in gewisser Weise ohnehin ständig, da der Lehrkörper mit seinen „Kunden" mehr oder weniger in ständigem Kontakt ist. Durch diese Beobachtung lassen sich Ansätze für Probleme bzw. gewisse Trends erkennen.

Das **Experiment** macht als systematisches Verfahren keinen Sinn. Es kann jedoch vorkommen, dass eine Gruppe von Lehrern einen „Test" durchführt – etwa im Rahmen des Tages der offenen Tür – und z. B. neue Lehrmethoden einer Anzahl von Eltern vorstellt. Das wäre auch ein Experiment, wird aber als Methode der Ausnahmefall bleiben.

Das **Panel** lässt sich nur mit großem Aufwand durchführen. Dabei wird eine ständig gleich bleibende Gruppe von Menschen (als Teil des Marktes) immer wieder mit Erhebungen konfrontiert. Ziel ist es, Veränderungen über einen langen Zeitraum zu erkennen und eventuell prognostizieren zu können. Diese Form der Erhebung ist jedoch für Schulen zu aufwendig. Wir werden aber auf reduzierte Formen dieser Methode später noch eingehen.

Bei der **Befragung** ergeben sich verschiedene Möglichkeiten, die wir hier in einer kleinen Tabelle samt ihren Vor- und Nachteilen auflisten (Weis, Kompakt-Training Marketing, S. 52f).

Ergänzungen in den Tabellen haben wir fett markiert und im Anschluss an jede

Tabelle erfolgt ein Kommentar, der vor allem die Tauglichkeit in Bezug auf Schulmarketing analysiert und kommentiert:

Mündliche Befragung

Vorteile	Nachteile
auch schwierige Bereiche zu erfragen	zeitaufwendig
umfangreiche Befragung möglich	relativ hohe Kosten je Befragung
geringere Verweigerungsrate im Vergleich zu anderen Methoden	„Intervieweinfluss"
relativ hohe Zuverlässigkeit	relativ langsame Ergebnisermittlung
keine Beeinflussung durch Dritte	Erreichbarkeit des zu Befragenden unter Umständen schwierig
auch intime Bereiche erfragbar	
flexible Reaktion des Interviewers	
Motive können aus den Antworten ausgearbeitet werden	

Kommentar:

Die einzige Form, mit der wirklich ausführliche Befragungen möglich sind – bis hin zur aufwendigsten Form, dem Tiefeninterview. Die Face-to-Face-Situation ermöglicht es, auch in tiefere Bereiche vorzudringen. Allen anderen Erhebungsformen sind hier Grenzen gesetzt.

Die mündliche Befragung ist sicher die am besten für den Schulbereich geeignete Form. Sie wird in einfacher Form ständig durchgeführt (indem es Kommunikation zw. LehrerInnen und Eltern gibt) und eignet sich zur Erforschung von Motiven. Ihr größter Nachteil: sie ist relativ aufwendig und somit kosten- und zeitintensiv. In der Mehrzahl der Fälle wird sie daher hinter die schriftliche Befragung zu reihen sein.

Schriftliche Befragung

Vorteile

räumlich weit entfernte Personen können befragt werden

eine große Anzahl von Personen kann befragt werden

relativ niedrige Kosten je Befragung

kein Interviewereinfluss vorhanden

Anonymität kann gewahrt werden

Nachteile

oft niedrige Rücklaufquote

keine komplizierten Sachverhalte erfragbar

Umfang der Befragung begrenzt

Beeinflussung durch Dritte möglich

oft geringe Genauigkeit der Ergebnisse

Verzerrungen möglich, weil sich Beantworter anders als Nichtbeantworter verhalten

Motive sind nur sehr schwer zu erheben – meist nur unter Zuhilfenahme eines Experten

Kommentar:

Diejenige Form, die (zumindest noch die nächsten paar Jahre) die am häufigsten verwendete sein wird. Sie kann sowohl qualitativ wie auch quantitativ erfolgen und lässt sich somit für die meisten Bedürfnisse adaptieren.

Motive zu erfragen ist mittels spezieller offener Fragebögen möglich, sie können jedoch erst unter Zuhilfenahme von Auswertungsmethoden herausgearbeitet werden. Mit standardisierten Fragebögen lassen sich Motive hingegen nicht erforschen. Die Frage der Rücklaufquote sowie weitere Details werden im Folgenden noch abgehandelt.

Telefonische Befragung

Vorteile	Nachteile
geringe Kosten	Befragungen dürfen nicht zu lange dauern
schnelle Durchführbarkeit (Blitzumfragen)	Nur akustische Kommunikation (außer in Zukunft bei Bildtelefonen) möglich
Massenbefragung möglich (TED)	
keine Verständnisfragen (Feedback)	geringe Auskunftsbereitschaft
Reihenfolge der Beantwortung wird gewährleistet	Gefahr von Interviewerbeeinflussung
	schwierige Erreichbarkeit einiger Berufsgruppen
	Telefonbesitzer ohne allgemein zugängliche Telefonnummer nicht erreichbar

Kommentar:

Nur selten wird die telefonische Befragung im Schulbereich zur Anwendung kommen. Erstens sind hier meist Spezialisten von eigens dafür zuständigen Call-Centers gefragt, die spezielle Techniken beherrschen. Zweitens ist die telefonische Befragung aus der Sichtweise der „Befragungspsychologie" als sehr anonym einzustufen und daher für die meist tiefergehenden, manchmal auch etwas heiklen Fragen ungeeignet.

Computergenerierte Befragung

Vorteile

keine Beeinflussung durch Interviewer

Reihenfolge der Beantwortung gewährleistet

schnell durchführbar

hohe Datensicherheit

kostengünstige Datengewinnung

Messung der Beantwortungszeit möglich

sofortige Weiterverarbeitung und Analyse

Nachteile

nicht alle Gruppen zur Befragung bereit (z. B. Senioren)

Kosten für Installation und Software

Probleme bei offener Fragestellung (nachträgliche Kodierung)

höhere Kosten für Interviewerschulung

nicht alle Computer sind geeignet

Kommentar:

Computergenerierte Befragung bedeutet z. B., dass ein Interviewer mitsamt seinem Laptop bei der Interviewperson erscheint und die Antworten direkt in den Computer eingibt. Dabei werden spezielle Programme verwendet (z. B. TopGrid – ein Programm einer deutschen Unternehmensberatung), die dem Interviewten sofort einen Blick auf die Antwortstrukturen ermöglichen. Eine andere Möglichkeit besteht darin, dass die zu befragenden Personen eine Diskette zugeschickt bekommen und die darauf befindlichen Dokumente oder Programme bearbeiten. Die fertige Diskette wird dann wieder an den Auswerter zurückgeschickt.

Mangels technischer Ausrüstung wird diese Form der Befragung nur sehr selten von Schulen durchgeführt werden. Externe Firmen verlangen wiederum sehr viel Geld und so bleibt diese Form anderen Bereichen oder der Zukunft vorbehalten.

Oftmals stören auch technische Probleme die Verbreitung computerunterstützter Methoden: die meisten Programme sind nur für DOS (Windows-)Benützer programmiert – ein Apple-User kann diese Dateien nicht verwenden oder es fehlen die entsprechenden Programme zum Öffnen der Dateien. Diese Art der Befragung ist außerdem für einen anderen Typ von Fragen geeignet als sie in Schulen üblicherweise von Interesse sind.

Internet-Befragung

Vorteile

keine geografische Begrenzung der Befragung

schnelle Realisierung einer Befragung

gezielte Befragung über E-Mail möglich

einfache und kostengünstige Befragungsform für die Zukunft

Nachteile

keine repräsentativen Erhebungen wegen Struktur der Internetnutzer möglich

nicht für alle Befragungsthemen geeignet

nur für Befragungen von Internetnutzern möglich

kein vollständiges E-Mail-Verzeichnis vorhanden

Kommentar:

Damit ist gemeint, dass die zu befragenden Personen ein Programm per E-Mail zugeschickt bekommen, das sie bearbeiten und per Diskette oder wiederum per E-Mail zurückschicken. Eine andere Form besteht darin, dass Personen sich auf eine bestimmte Homepage einloggen und dort vorgefertigte Formulare ausfüllen und abschicken. Die Ergebnisse gelangen dann per automatisch generierter E-Mail direkt an den Auswerter.

Diese Art der Befragung kann keine mündliche Befragung ersetzten, sondern ist eine technisch modernere Form des herkömmlichen Fragebogens. Die Vorteile werden in Zukunft die Nachteile überwiegen: Fast jeder wird E-Mail haben und mit dem Computer umgehen können (Befrager und Befragte, LehrerInnen und Eltern), ganz abgesehen davon, dass die Computer in Zukunft voraussichtlich noch bedienungsfreundlicher werden. Die enormen Kostenersparnisse puncto Papier, Porto- bzw. Telefonkosten werden dieser Form sehr schnell zum Durchbruch verhelfen. Die Schulen werden auf diesen Zug aufspringen müssen.

3.6. Motivforschung und Marketing

Die Motivforschung ist das Herz der qualitativen Marktforschung. Menschen werden in ihren Handlungen von Motiven geleitet. Will man erkennen bzw. voraussagen, wie bzw. warum Menschen ihre Handlungen setzen, so muss man sich über deren Motive im Klaren sein. Entweder kennt man sie oder man muss sie erforschen. Aber weshalb sollte man die Motivforschung gerade im Schulmarketing einsetzen? Wir wollen die Besonderheiten anhand der Motivforschung erörtern.

Von einigen Seiten sind wir schon des Öfteren kritisiert worden: Forschung sei eigentlich Zeitverschwendung. Die Motive kenne man ohnehin bzw. diejenigen, die man nicht kennt, wären nicht relevant genug. Außerdem kostet Forschung Zeit (die man nicht hat) und man müsse diese den entsprechenden Fachleuten überlassen (und die wären zu teuer). All diese Einwände und Vorbehalte haben wir nicht nur im Schulbereich gehört – Wirtschaftsbetriebe argumentieren ähnlich, sie haben oft ebenfalls wenig Geld zur Verfügung bzw. dieses schon entsprechend verplant und das Marketing funktioniert auch ohne Forschung – schließlich lebe man ja noch.

Wir halten diese Argumente für nicht besonders stichhältig. Forschung zu betreiben ist ein Zeichen des Interesses an einem bestimmten Thema und ist somit nicht prinzipiell den Fachleuten zu überlassen. Diese sollten nur hinzugezogen werden, wenn man selbst entweder die Möglichkeiten nicht hat, Arbeiten auslagern will oder bei komplexen Forschungsfragen.

Aus der Praxis der Zusammenarbeit mit vielen Schulen wissen wir, dass die Notwendigkeit einer Forschung dem Lehrkörper auf den ersten Blick nur selten einleuchtend erscheint. Das liegt daran, dass die meisten Menschen, die in Organisationen tätig sind, der Illusion erliegen, dass die relevanten Motive, von denen Menschen in ihrem Umfeld geleitet werden, ohnehin bekannt sind („Ich weiß doch, was diese und jene KollegInnen wollen und warum sie dies und jenes tun …").
Um diesem Problem zu entgehen, setzen wir vor jeden Prozess – egal ob Schulentwicklung oder Marketing – eine Ist-Analyse. Dabei werden mittels offener Fragen die relevanten Motive abgefragt und anschließend an das Kollegium zurückgespiegelt und bearbeitet.
Nach erfolgter Ist-Analyse stellt sich immer heraus, dass es mehr verdrängte und unbekannte Motive gibt als bekannte und besprochene. Das Echo ist nach erfolgter Abgabe und Präsentation eines Endberichts stets positiv, die Ausnahme bilden in jeder Schule jene LehrerInnen, die der Meinung sind, dass Veränderungen generell nicht notwendig sind. Diejenigen, die für Weiterentwicklung eintreten, stehen der Herausforderung im Normalfall positiv gegenüber.

In Schulen gibt es oft nur ein sehr eingeschränktes Budget für Forschungs- und Marketingmaßnahmen. Darüber hinaus gab es auch nie die Notwendigkeit zu forschen oder sich mit mühsamen Marketingkonzepten herumzuschlagen, denn die Schülerzahlen blieben über Jahre weitgehend konstant. Da es in Österreich so wie in der gesamten Europäischen Union in Zukunft sicher gesellschaftliche und wirtschaftliche Veränderungen geben wird, kommt auf die Schulen die Notwendigkeit zu, sich komplexeren Aufgaben zu stellen – eine davon wird das Schulmarketing sein. Die Eltern (als „Kunden") werden ebenfalls von allen Seiten mit Marketingmaßnahmen konfrontiert werden, denn sie werden bei der Auswahl der entsprechenden Schule wählerisch sein.

Was kann Schule nun tun, um eine gute Grundlage für Marketing zu schaffen?
Die Basis allen Marketings ist die Kenntnis des Marktes. Dieser Markt besteht vor allem aus Eltern und Schülern samt deren Motiven. Es hängt nahezu ausschließlich von den entsprechenden Motiven ab, welche Schule Kinder oder Jugendliche besuchen werden (sofern es keine Sprengelbindung gibt). Diese Motive sind von verschiedenen Faktoren abhängig, wie u. a.:
- Nähe zum Wohnort,
- Ruf der Schule,
- Prestige gegenüber den Nachbarn und Bekannten,
- verschiedene Schwerpunkte, die von Schulen angeboten werden und dem Schüler später eine spezielle Ausbildung ermöglichen oder erleichtern, d. h. das Motiv ist die erfolgreiche Zukunft der Kinder.

Welche Rolle die oben genannten Faktoren spielen, hängt von den jeweils relevanten Motiven ab. Dabei kann die „Nähe zum Wohnort" durchaus unterschiedlich bewertet werden, nämlich entweder als räumliche Nähe oder als emotionale Nähe: Die Mutter eines Sohnes ist in dem Ort, in dem die Schule steht, aufgewachsen und tendiert dorthin, obwohl eine andere Schule rein räumlich näher wäre. Sie wird das Kind aus diesem Grund nach Möglichkeit trotzdem in die weiter entfernte Schule schicken.
Der „Ruf der Schule" ist ein anderes Beispiel: Nur wenn man die Motive kennt, die den Ruf der Schule, ihr Image mitbestimmen, kann man seine Wirkung entsprechend einschätzen. Vater A. ist politisch eher links orientiert und steht dem Ruf einer „unkonventionellen" Schule, die auch gesellschaftskritisch agiert, sehr positiv gegenüber. Vater B. ist konservativ eingestellt, vertraut auf die gleichmäßige Stabilität bestimmter Werte und sieht diese auch für seine Kinder als erstrebenswertes Gut an. Nur wenn man die **entsprechenden Motive** kennt, kann man die Entscheidungen, welche Eltern welches Kind in welche Schule geben, verstehen. Ähnlich sieht dies mit dem „Prestige gegenüber den Nachbarn" aus: in manchen Gemeinden wird dies eine größere Rolle spielen, in anderen weniger. Die Schule muss für eine Imagekorrektur die Motive der Menschen kennen, die die Schule zu einer „prestigeträchtigen" machen.
Diese Motive sind die Grundlage für jedes Marketing, denn jede zu setzende Maßnahme muss vorher an den Maßstab der Ergebnisse der Motivforschung ge-

legt werden. Das ist die einzig verlässliche Methode, denn die Grundmotive der Menschen verändern sich nicht sehr schnell und lassen daher Prognosen auf die Verhaltensweisen in der Zukunft zu.

Um die Motive kennen zu lernen, muss man sie erforschen, d. h. erfragen, und zwar mit den richtigen Methoden. Diese wollen wir uns nun näher ansehen.

3.7. Qualitative vs. quantitative Motivforschung

Die Auswahl der richtigen Methode ist entscheidend für den Erfolg einer Untersuchung. Im Falle der Motivforschung etwa als Mittel zur Ist-Analyse müssen wir zwischen quantitativen und qualitativen Ansätzen unterscheiden. Beide haben ihre Berechtigung und Notwendigkeit, allerdings in unterschiedlichen Forschungsbereichen.

Wir definieren den **grundlegenden Unterschied** so:

- **Quantitative Methoden** kommen zum Einsatz, wenn man die Motive der Beteiligten, der zu untersuchenden Gruppe schon kennt, aber noch nicht ihre zahlenmäßige Verteilung.
- **Qualitative Methoden** werden verwendet, wenn man die Motive noch nicht oder nur zum Teil kennt.

Was bringt jedoch die Erforschung der Motivwelt, man könnte ja auch nur die Handlungen der Menschen beobachten – so die Frage vieler Kritiker. Ungeachtet des enormen Aufwands für so eine Beobachtung kann man keine Prognosen von Veränderungen machen bzw. nicht erklären, denn diese beruhen meist auf Entscheidungen, bei denen der emotionale Faktor eine wichtige Rolle spielt. Gefühle und daraus entstehende Motive sind nur durch reine Beobachtung jedoch nicht zu erkennen. Man braucht dazu den Dialog, der in Form des offenen Interviews ein Eindringen in die Gefühlswelt des Subjekts ermöglicht.

Um zu einem brauchbaren Ergebnis zu kommen, muss man die verschiedenen Methoden differenziert anwenden:

- **Qualitativ** erforscht man die **Motive** des Handelns;
- **quantitativ** klärt man deren **Gewichtung**;
- durch **Beobachtung des Marktes** überprüft man die **tatsächlichen Handlungen.**

Um die methodischen Unterschiede genauer erkennen zu können, müssen wir uns mit den wissenschaftlichen Grundlagen der verschiedenen Ansätze näher beschäftigen. Wir werden zu diesem Zweck zuerst auf die qualitativen, dann auf die quantitativen Methoden eingehen und anschließend beide einander gegenüberstellen. Danach können wir klären, wie im Schulbereich sinnvoll vorgegangen werden kann.

Qualitative Methoden

In der qualitativen Motivforschung geht es – wie der Name schon sagt – um die Erforschung von Motiven, also von Bedürfnissen, letztlich von emotionalen Auslösern von Handlungen.

Durch die Erforschung der Motive und Grundbedürfnisse der Menschen zu einem bestimmten Thema kann man Richtungen erkennen und Schwerpunkte herausarbeiten, die eine zukünftige Orientierung ermöglichen.

Exkurs: Was ist ein Motiv?

Worin unterscheidet sich ein Motiv z. B. von einer Meinung? Ein Motiv ist ein Gefühl, das ein Bedürfnis widerspiegelt. Wenn dieses Gefühl zu einem Auslöser von Handlungen wird, die das Ziel haben, ein Bedürfnis zu befriedigen, dann spricht man von einem Motiv. Es ist real und kann sich in verschiedensten Ausformungen in den Handlungen des Menschen zeigen.

Woraus entstehen eigentlich Motive? Wir können uns an dieser Stelle von Ernest Dichter helfen lassen, der z. B. zum Unterschied von männlich und weiblich meinte: „Es ist durchaus möglich, dass letzten Endes dieser biologische Unterschied der Ausgangspunkt aller Motivationen in der Welt der Dinge ist" (Ernest Dichter, 1964, S. 308).

Dichter meint damit u. a., dass unsere Bedürfnisse in vielen Fällen archaischen Grundmustern folgen, die es zu kennen gilt, wenn man die Motive und die daraus folgenden Handlungen der Menschen erkennen und vielleicht sogar prognostizieren oder beeinflussen will.

Für die Motivforschung im Bereich Schulmarketing müssen wir nicht ganz bis zu den Wurzeln der Bedürfnisse zurückgehen, die Möglichkeit und Wahrscheinlichkeit, dass hinter einem Motiv noch ein relevantes verborgen sein kann, sollte uns jedoch ständig in Erinnerung bleiben.

Sehen wir uns die qualitativen Methoden näher an und analysieren wir dabei auch die Unterschiede zu den herkömmlichen und gebräuchlicheren, quantitativen Methoden.

Welche Bereiche können die Methoden der qualitativen Motivforschung abdecken, wo werden sie verwendet? Wir teilen sie in drei unterschiedliche Anwendungsgebiete ein:

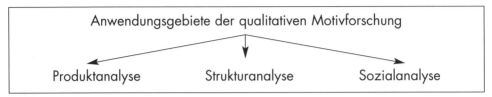

Abb. 22: Anwendungsgebiete der qualitativen Motivforschung

In der **Produktanalyse** werden die Motivstrukturen der Menschen eine bestimmte Produktform betreffend analysiert. Organisationen, die sich und ihre Produkte weiterentwickeln wollen, brauchen diese Art der Forschung, wenn sie im 21. Jahrhundert einen Konkurrenzvorsprung erarbeiten wollen. Fragebögen zum Ankreuzen oder Telefoninterviews genügen oft nicht mehr. Im Schulmarketing spielt diese Form der Analyse eine wichtige Rolle, denn das „Produkt" einer Schule ist ein sehr komplexes und es ist daher notwendig, die relevanten Motive genau zu kennen.

Die **Strukturanalyse** – ein Unternehmen hat Probleme mit seiner Sozialstruktur, zwei Abteilungen können nicht miteinander oder es gibt ständig Konflikte zwischen dem Verkauf und der Produktion etc. In diesem Fall kann eine Motivanalyse helfen, die Schwachstellen zu finden und Lösungsansätze zu entwickeln. Diese Form der Forschung hat schon oft Ruhe, Ordnung und Erfolg in krisengeschüttelte Unternehmen gebracht. Sie dient in der Schulentwicklung vor allem zur Analyse der Ist-Situation in einem Lehrerkollegium.

Die **Sozialanalyse** – welche gesellschaftlichen Grundströmungen verändern sich wie? Mittels Tiefeninterviews können etwa Motive zum „Euro" erkannt und dargestellt werden. Ein unverzichtbares Mittel für PR-Agenturen, die ihre Aufgabe ernst nehmen, aber auch für das Schulsystem, um möglichst am Puls der gesellschaftlichen Entwicklung zu bleiben.

Im **Bereich Schulmarketing** interessieren uns alle drei Anwendungsgebiete: Die Produktanalyse, denn eine Schule, die sich selbst entsprechend vermarkten will, erzeugt auch ein Produkt, nämlich ihr Leistungsangebot für die SchülerInnen. Man könnte sogar sagen, die SchülerInnen selbst sind, wenn sie die Schule mit oder ohne erfolgreichen Abschluss verlassen, in gewisser Weise „Produkte". Das dazugehörige Marketing betreibt die Schule allerdings, um für ihr Leistungsangebot zu werben, d. h. im Endeffekt gegenüber den Eltern, aber auch der Gesellschaft in Form der umliegenden Gemeinden und letztlich auch gegenüber dem Staat selbst, um etwa im Ministerium einen guten Ruf zu haben und hinsichtlich Zuteilungen bei dessen Gunst nicht an letzter Stelle zu stehen.

Die Strukturanalyse ist notwendig, um interne Probleme erkennen und lösen zu können. Missstimmung und Streit im Kollegium, ein schlechtes Klima zwischen Lehrern und Direktion und dergleichen mehr lassen sich mit einer entsprechenden Ist-Analyse einer Bearbeitung zugänglich machen – viele österreichische Schulen haben damit schon beachtliche Erfolge erzielt.

Die Sozialanalyse hat für einzelne Schulen ebenfalls eine nicht zu unterschätzende Bedeutung – hier könnten eher übergeordnete Stellen wie ein Landesschulrat oder das Ministerium einhaken. Es wäre sicher spannend, sich etwa das Image des Schulsystems oder die Beziehung zwischen der gesellschaftlichen Entwicklung und der Entwicklung des Schulsystems näher anzusehen. Möglicherweise könnte man hier ebenfalls Fehlentwicklungen rechtzeitig gegensteuern.

Die nächste wichtige Frage ist die der **wissenschaftlichen Einbettung** der qualitativen Motivforschung. Sie funktioniert über philosophische Denkmodelle, die den Vorzug haben, dass sie den Menschen als Individuum, also als unteilbares Ganzes, aber auch als Teil einer gesellschaftlichen Gesamtheit betrachten können. Dies bleibt den Einzelwissenschaften wie der Psychologie, der Soziologie oder den Wirtschaftswissenschaften verwehrt. Die zentrale Frage ist die nach den Widersprüchen in der Motivstruktur der Menschen. Die Antwort darauf gibt die **Dialektik,** mittels deren Methoden die zentrale Frage des Widerspruchs von Qualität und Quantität abgehandelt wird – eingebettet in die Erkenntnisse von Platon bis Hegel.

Die **Dialogphilosophie** wiederum ist notwendig, um die zentrale Methode der Datenerhebung in der qualitativen Motivforschung verstehen zu können: das offene bzw. das Tiefeninterview. Bei der Auswertung erhält die qualitative Motivforschung Schützenhilfe von der **Hermeneutik** (Lehre der Auslegung und Interpretation von Texten) sowie von der Möglichkeit interdisziplinärer Zusammenarbeit mittels **gruppendynamischer Methoden** (nähere Informationen siehe Schwarz, Qualität statt Quantität, 2000).

Quantitative Methoden

Mittels eines repräsentativen Samples wird ein Querschnitt der Meinungen einer Zielgruppe erhoben. Die Auswertung erfolgt mittels statistischer Methoden und kann maschinell unterstützt werden. Das Ergebnis sind Zahlen, die in verschiedener Aufbereitung das Ergebnis darstellen – manchmal ergänzt durch eine Interpretation, die den Versuch unternimmt, aus den Quantitäten wiederum auf Qualitäten zu schließen.

Spezielle Beispiele sind hier nicht notwendig, da jeder Lehrer bereits mit quantitativen Methoden zu tun hatte: Fragebögen, mit denen Studenten auf der Straße Erhebungen machen, gehören ebenso dazu wie die nicht immer erwünschten Anrufe von Meinungsforschungsinstituten. Im schulischen Bereich hat fast jede Schule schon einmal eine Umfrage mittels Fragebogen gemacht, für Interessierte bietet sich der Blick in www.qis.at an, dort finden sich eine ganze Menge quantitativer Fragebögen. Quantitative Methoden sind wesentlich häufiger anzutreffen als qualitative, die quantitative Forschung hat zurzeit eindeutig in allen Bereichen der Forschung die Nase vorn: Nahezu alle Studien werden mit quantitativen Methoden durchgeführt, obwohl dies nicht immer sinnvoll oder Erfolg versprechend ist.

Die Gegenüberstellung quantitativer und qualitativer Methoden

Da die Methoden und deren wissenschaftstheoretische Grundlagen so verschieden sind, werden die beiden grundlegenden Formen näher erörtert.

Man versucht in erster Linie, die Methoden der Naturwissenschaften auf alle Probleme und Forschungsfragen anzuwenden und stößt dabei auf Grenzen, denn nicht alle Sachverhalte sind mit naturwissenschaftlichen Methoden erfassbar. Bei Präsentationen von Ist-Analysen hören wir aus dem Auditorium immer wieder die Frage: „Wieviele Schüler (Eltern, Lehrer etc.) hatten diese Meinung?" oder auch „Wieviele Fragebögen sind zurückgekommen?"

Diese Fragen nach der Quantität sind typisch für unser Weltbild: alles soll messbar gemacht werden. Eines der Maße, das man gerne als „Über-Maß" verwendet, ist das der „Mehrheit", die aber gerne mit „Wahrheit" verwechselt wird: 51% haben die Meinung (oder das Interesse) A und 49% haben die Meinung (oder das Interesse) B. Daher haben die Anhänger von A Recht und die Anhänger von B Unrecht.

Mit dieser Methodik kommt man in der Motivforschung nicht weit, zumindest dann nicht, wenn es um komplexe Motiv- und Sozialstrukturen geht. Diese müssen im Lauf der Forschungsarbeit (die daher auch induktiv verlaufen muss) erst gefunden werden: „Maß" ist nämlich eine Form gesellschaftlicher oder gemeinschaftlicher Übereinstimmung (vgl. Schwarz, Qualität statt Quantität, 2000).

Das Problem, das sich heutzutage stellt, ist die unverhältnismäßig häufige Verwendung quantitativer Methoden. Sie werden auch dort eingesetzt, wo sie nichts verloren haben, nämlich dort, wo man die eigentlichen, handlungsrelevanten Motive oder Zusammenhänge einer Sozialstruktur noch nicht kennt. Wenn man dann mit quantitativen Methoden ans Werk geht, erhält man falsche Ergebnisse. Die Gründe dafür sind vielfältig, wir wollen uns nur die wichtigsten ansehen:

Viele Forscher versuchen die **Komplexität** des menschlichen Wesens zu reduzieren, indem sie eine Reduktion auf eine Einzelwissenschaft versuchen, d. h.

die Erklärung des Menschen durch die Psychologie, die Soziologie oder die Humanbiologie.

Diese Komplexitätsreduktion ist wiederum ein **Vorteil der quantitativen Methoden,** da Ergebnisse durch die Vereinfachung operationalisiert werden können. So ist Vorhersage möglich – in der Naturwissenschaft kann durch die Erforschung der Planetenbewegungen etwa eine Sonnenfinsternis vorhergesagt werden. Die Forschung steht also im Konflikt, dass sie mit einem Faktor operieren muss, der zugleich Vor- und Nachteil ist. Der **Nachteil** besteht vor allem darin, dass die Reduktion wichtige Bereiche ausblenden muss, die aber möglicherweise die notwendigen Antworten enthalten würden. Man gelangt also an eine Grenze der Erklärung, die etwa dann erreicht wird, wenn man Kommunikationsprobleme als quantitative Probleme definiert und entsprechend behandeln will. Um dies zu erreichen, werden die dem Problem anhaftenden „Qualitäten" ausgeklammert bzw. auf quantitative reduziert. Dies passiert oft der quantitativen Meinungs- und Motivforschung: komplexe Probleme werden eindimensional dargestellt, was meistens in Form von Zahlen, Grafiken, Diagrammen etc. geschieht.

Das Problem ist dabei folgendes: Noch nicht bekannte Zusammenhänge sind quantitativ nicht messbar. Dahinter steht die einfache Aussage, dass nur etwas eruierbar ist, was auch als Frage formuliert wurde. Nicht formulierte Fragen bleiben somit unbeantwortet. An dieser Stelle darf aber auch eine Lanze für die quantitative Forschung gebrochen werden: Inzwischen verwendet man von Zeit zu Zeit Fragebögen, bei denen man mittels Querkorrelationen Zusammenhänge erfassen kann, die nur durch die Betrachtung von Fragen und Antworten nicht erkennbar wären.

Der quantitativen Forschung sind überall dort klare Grenzen gesetzt, wo eine Trennung von Qualität (dem „was") und Quantität (dem „wie viel") nicht möglich oder nicht sinnvoll ist. Viele noch nicht erkannte Zusammenhänge (Qualitäten) lassen sich nur mit qualitativen Untersuchungsmethoden erheben. Die Auswertungen in Form von Zahlen und Diagrammen bieten dem Betrachter oftmals ein scheinbar klares Bild, erfassen aber meist nicht die Komplexität eines schwierigen Themas. Man hat scheinbar die Ganzheit erfasst, da man auf 100% von einer konstruierten Ganzheit kommt, die man mittels statistischer Daten errechnet. Gegen diese Methode ist im Prinzip nichts zu sagen, wenn sie richtig angewendet wird. Wenn man mit statistischen Methoden einen Motivbereich erforscht, so findet man einen Teil dessen, was man – vorsichtig gesprochen – „Wahrheit" nennen kann. In manchen Fällen ist dies bereits ausreichend, um wichtige Aussagen ableiten zu können. Meistens wird aber eben nur ein Bruchteil dessen erfasst, was zur Darstellung des Motivbereiches notwendig wäre. Fehler sind hier fatal, denn **wenn man nur einen Teil des Ganzen kennt, so kann man keine Aussagen darüber machen, wie das Ganze reagiert.** Oft werden die äußerst komplexen Zusammenhänge, die hinter diesen Zahlen stehen, nicht erkannt oder gesehen. Für Wirtschaftsunternehmen, die auf möglichst realitätsnahe Informationen des Marktes angewiesen sind, stellt diese Tatsache eine große Gefahr dar – ebenso wie die Wahlprognosen in der Politik. Auch Schulen laborieren in so einem Fall an den Nachwirkungen: Eine fehlerhafte Studie kann beispielsweise dazu führen, dass falsche strategische Entscheidungen (Standort, Marketinglinie) getroffen werden.

In Folge dessen werden quantitative Marktanalysen häufig nur mehr als Entscheidungslegitimation verwendet. Dies stellt eine enorme Verschwendung von Ressourcen dar, denn solche Forschungen kosten Geld und erschweren, sofern sie nicht erfolgreich waren, weitere Forschungen.

Als weiterer Punkt der Kritik und ebenfalls von großer Wichtigkeit muss das Problem der **fehlenden Zusatzinformation** angeführt werden: Jene Personen, deren Gedanken und Gefühle man mit quantitativen Methoden untersucht, werden aus ihrem Lebenskontext herausgerissen. Dies ist vielleicht der schwerwiegendste Kritikpunkt an der Methode der standardisierten Befragung.

Beide Forschungsansätze, quantitativ und qualitativ, werfen einander vor, dass die Methoden der Wirklichkeit nicht angemessen sind, dass mit einem falschen Maß gemessen wird. Die quantitative Forschung wirft der qualitativen vor, dass sie unwissenschaftlich arbeitet, weil sie ohne einem repräsentativen Sample in ihren Untersuchungen trotzdem Aussagen macht, die allgemein gültig sein sollen. Umgekehrt wirft die qualitative Forschung der quantitativen vor, dass sie die eigentliche Lebenswelt der Beteiligten ignoriert.

Ein Beispiel: In einem Fragebogen wird die Frage „Finden Sie es gut, dass der Obmann XY Bezüge für eine Leistung erhält, die er gar nicht erbracht hat?" gestellt. Die Antwortmöglichkeiten sind „Ja", „Nein" und „Weiß nicht".

Das Ergebnis wird aus drei Zahlen bestehen, die zusammen 100% ergeben. Man weiß dann etwa, dass 35% auf die Frage mit „Ja", weitere 55% mit „Nein" und 10% mit „Weiß nicht" geantwortet haben. Sonst weiß man nichts. Jede Interpretation ist eigentlich unzulässig, da man nichts weiter von den Menschen weiß, die man befragt hat.

Selbst wenn man sehr vorsichtig an die zu untersuchenden Personen herangeht und eine Vielzahl an Zusatzfragen stellt, ignoriert man trotzdem den Lebenskontext der Interviewpersonen. Sie werden auf drei oder auch auf zehn Antwortmöglichkeiten reduziert.

In der qualitativen Forschung geht man mit Methoden an die zu befragenden Personen heran, die eben diesen Lebenskontext berücksichtigen. Man darf allerdings nicht vergessen, dass auch hier die Gefahr besteht, dass der Forscher auf den Lebenskontext nicht entsprechend eingeht. Dies kann etwa passieren, wenn Interviews oder offene Fragebögen nicht gut durchgeführt oder schlampig ausgewertet werden. Auch hier gilt: manche Fehlerquellen können auch in der qualitativen Forschung auftreten.

Für die Forschung im Schulbereich heißt das, dass die mit der Befragung Beauftragten genug Zeit und Energie investieren müssen. Gleichzeitig eröffnet sich jedoch eine interessante Chance, Neuigkeiten zu entdecken und Weiterentwicklungen steuernd begleiten zu können.
Wir müssen an dieser Stelle betonen, dass aus unseren Erörterungen nicht hervorgeht, dass quantitative Untersuchungen schlecht sind und qualitative möglicherweise den Ausweg bedeuten. Es ist wichtig, genau zu unterscheiden, wann welche Methode anwendbar ist und welche Informationen eruiert werden sollen.
Der Kern quantitativer Methoden besteht darin, von einer bestimmten Auswahl an Personen auf die Gesamtheit zu schließen: Bei seriöser Planung und Durchführung können quantitative Methoden oft ein sehr genaues Bild der zu untersuchenden Gruppe geben – sie ist meßbar.
Die qualitative Forschung hingegen kann auf die Frage nach dem „wie viel" keine Antwort geben.
Weder die qualitativen noch die quantitativen Methoden können einen Absolutheitsanspruch erheben, sie sind jeweils für unterschiedliche Anwendungen besser oder schlechter geeignet.

Wir müssen den Unterschied noch einmal herausstreichen: In der quantitativen Forschung erfolgt die Messung relevanter Merkmale, während in der qualitativen Forschung die Exploration von Sachverhalten sowie die Ermittlung der Bezugssysteme der Befragten im Vordergrund stehen. Nur wenn man die Bezugssysteme kennt, kann man die Aussagen einer befragten Person richtig interpretieren, nur so kann man sie in einen Zusammenhang stellen, der über die rein subjektive Ebene hinausreicht. Es geht in der quantitativen wie auch in der qualitativen Forschung darum, vom Einzelnen zum Allgemeinen zu gelangen. Die Grundlage dafür ist die Erfassung der subjektiven Zusammenhänge und Bezugssysteme des Individuums. Man versucht bestimmte Muster zu erkennen, um dann aufgrund der Struktur dieser Muster Denkmodelle zu entwickeln, die die Handlungsformen der Menschen einem bestimmten Problemfeld gegenüber erklären.

Viele der genannten Kritikpunkte treffen auf die quantitative Motivforschung nur dann zu, wenn sie unprofessionell durchgeführt wird. Manche sind jedoch für den gesamten Bereich der quantitativen Motivforschung zutreffend und den Methoden immanent (vgl. Schwarz, Qualität statt Quantität, 2000).

Exkurs: Was bewirkt der Einsatz einer falschen Methode?

Die Fotokette „herlango" ließ vor einigen Jahren quantitativ erheben, was die Kunden von einem Fotofachgeschäft erwarten. Die Antwort – in Prozentzahlen gut dokumentiert und untermauert – war eindeutig: Die Kunden gaben als häufigste Antwort, dass das Fotogeschäft „in meiner Nähe sein soll." Der leicht zu ziehende Schluss: Filialen bauen, am besten so viele wie möglich. Daran ist die Fotokette fast zugrunde gegangen. Man konnte sich das nicht erklären, die Kunden hatten sich doch klar geäußert!

In einem weiteren Schritt wurden dann Forscher mit qualitativen Methoden hinzugezogen. Sie stellten den Kunden die gleiche Frage und bekamen auch die gleiche Antwort: „Das Geschäft soll in meiner Nähe sein!" Dann wurde jedoch nachgeforscht, was sie mit ihrer Aussage meinten. Das Ergebnis war interessant: So mancher war bereit, weite Strecken zurückzulegen, weil eine gute Bekannte in einem dieser Fotogeschäfte arbeitete. Bei anderen wiederum lag das Fotogeschäft auf ihrem Weg zur Arbeitsstätte oder sie fanden den Weg zu ihrem Fotogeschäft so interessant, dass sie gar nicht bemerkten, wie weit das Geschäft rein räumlich gesehen von ihrer Wohnung entfernt war. Fazit: Mit „Nähe" ist nicht unbedingt die räumliche Nähe – sie kann auch etwas anderes bedeuten – zu verstehen.

Viele Forscher, die mit quantitativen Methoden arbeiten oder der Mystik der Zahlen verhaftet sind, glauben das Gesamtgebilde, also die Motivlage der Menschen einem bestimmten Thema gegenüber, zu kennen. Manchmal liegen sie richtig und die Menschen reagieren wirklich so, wie die Meinungsforscher voraussagen. Wenn es aber in den unerforschten Gebieten der menschlichen Motivlandschaft Bereiche gibt, die den bereits erwähnten Maßnahmen widersprechen oder davon beeinflusst werden, liegen sie falsch.

Ein großer Autokonzern hat die Motive der Menschen – quantitativ – erforschen lassen, weshalb sie einer Marke treu bleiben oder auch nicht. Mit Hilfe eines Fragebogens wurden 16 Motive abgefragt. Das Ergebnis war ein Ranking von 1 bis 16 und man wusste scheinbar, wie die Motivlage der Menschen aussieht.

Dann hat man einen qualitativen Motivforscher beauftragt, die Motive herauszufinden. Dies geschah mittels Tiefeninterviews, in denen die Leute offen nach ihren Motiven zum Thema Markentreue befragt wurden. Das Ergebnis waren 25 Motivbereiche – und der wichtigste Motivbereich war in der quantitativen Studie nicht vorgesehen, denn den hatte man im Briefing, als man die 16 Motive erarbeitet hat, völlig vergessen: das Clanverhalten – man ist Mercedes-Fahrer, Golf-Fahrer etc.

Solche prinzipiellen Fehler passieren häufig dann, wenn sich eine Organisation zu sehr auf sich selbst konzentriert – Marketing kann diese Haltung aufbrechen und das Unternehmen bzw. die Schule wieder auf den Markt „ausrichten". Auch die Marktinformationsbeschaffung durch Forschung gehört hier eingereiht – sie entspringt der Grundhaltung, die eigene Organisation am Markt zu orientieren, dessen Gesetze in der eigenen Struktur widerzuspiegeln. Schulen haben die Aufgabe, sich im Rahmen der Schulentwicklung neu zu orientieren und einen Blick in die mögliche Zukunft zu werfen. Mittels der Erforschung der Umwelt lässt sich eine gute Basis schaffen, damit Schulen „am Puls" der gesellschaftlichen Entwicklung bleiben können.

Aus der genannten Geschichte können wir lernen, dass niemand perfekt ist – man hätte von einem großen Autokonzern eigentlich erwartet, dass er alle Motive kennt – ein Irrtum! Ein Beispiel aus dem Bereich der politischen Forschung lässt die Problematik aus einer anderen Perspektive erscheinen:

Exkurs: Die Werbekampagne für die EU-Abstimmung

Im Rahmen der Vorbereitungen auf dieses Ereignis wurde eine namhafte Werbeagentur von der Bundesregierung damit beauftragt, den EU-Beitritt zu bewerben. Die Agentur erstellte ein Konzept und startete eine Kampagne, um die Vorteile des Produktes „Europäische Union" zu bewerben. Die Menschen, denen diese Werbekampagne galt, wurden jedoch nicht miteinbezogen, sondern man glaubte zu wissen, was sie wollen. Eine aufgrund des mäßigen Erfolgs der Werbekampagne gestartete qualitative Motivforschung fand heraus, dass es in der Bevölkerung auch Ängste gab, ebenso die Hoffnung und andere Gefühle – die Kriterien der Abstimmung fanden auf der Gefühlsebene statt, nicht im Bereich der Vernunft. Die Menschen fühlten sich mit ihren Ängsten alleine gelassen – überall gab es nur Werbung für die Vorteile, dabei sah man auch beträchtliche Nachteile. Aufgrund dieser Ergebnisse der qualitativen Studie musste die Werbeagentur ihre Linie ändern und sich einer neuen Herausforderung stellen ...

Man kann wesentlich besser auf die Wünsche, Hoffnungen und Ängste der Menschen eingehen, wenn man sie bis ins letzte Detail kennt. Und daher muss man mit ihnen kommunizieren („Nicht denken, Leut' fragen!). Übrigens ein weiterer Grund, warum Feldforschung durch Beobachtung am Menschen selten die gewünschten Erfolge bringt – wenn die persönliche Kommunikation ausgeklammert wird. Im Bereich schulinterner Fragen und Entscheidungen, aber auch in der Beziehung der Schule zu ihrer Umwelt, also zu den Eltern, zur Gemeinde etc. spielen emotionale Faktoren, die für oder gegen eine Weiterentwicklung ausschlaggebend sind, oft eine entscheidende Rolle. Diese Faktoren gilt es zu kennen und zu erforschen, denn nicht besprochene Ängste wirken sich weit stärker aus als beworbene Hoffnungen. Emotionale Faktoren – das soll hier noch einmal betont werden – spielen in allen Bereichen der Marktinformationsbeschaffung eine wesentliche Rolle (mit Ausnahme der Sekundärforschung, wenn man statistische Daten über Bevölkerungszahlen erhebt).

Welche Methoden sind nun für den Schulbereich sinnvoll?

Sowohl in der Schulentwicklung als auch im Schulmarketing können beide Methoden verwendet werden. Man sollte jedoch im Vorfeld einer Forschung stets die Vor- und Nachteile der einzelnen Methoden im Auge behalten und versuchen, die jeweils passende zu wählen.

Beispiel: Wenn man einige konkrete Fragen an die SchülerInnen hat, wird man sich quantitative Methoden überlegen. Eine Schule will beispielsweise wissen, welche Fächer die SchülerInnen als wichtig bewerten. Sie erstellt dazu einen Fragebogen, wo die einzelnen Fächer aufgelistet sind und daneben die Möglichkeit, sie in ihrer Wichtigkeit zu bewerten. Die Skala reicht von 1 bis 5, alle SchülerInnen der Schule werden befragt. Die Ergebnisse dienen als Grundlage für eine Diskussion, die von den Klassenvorständen in der Woche nach der Erhebung in jeder Klasse durchgeführt wird. So eine Umfrage kann als Orientierung sehr nützlich sein, auch um die Schüler mit ihrer eigenen Bewertung zu konfrontieren. Man kann damit allerdings nicht erheben, **warum** die Befragten diese Bewertung abgegeben haben. Wenn man die **Motive** auch erfragen will, muss man sich qualitativer Methoden bedienen und mit einer ausgewählten Anzahl von SchülerInnen Gespräche führen – möglicherweise sogar mit Unterstützung eines externen Experten, der auch das zu hören bekommt, was den LehrerInnen nicht gesagt wird.

Gerade im Bereich des Schulwesens ist eine Kombination von qualitativen und quantitativen Methoden sinnvoll. Im Idealfall folgen sie aufeinander: Nach der gründlichen Erforschung der Motive hat man die richtigen Fragen für eine quantitative Untersuchung, die dann genau und zielgerecht durchgeführt werden kann.

Sowohl in der qualitativen wie auch in der quantitativen Forschung steht die „Frage" im Vordergrund, wir wollen uns daher näher mit diesem zentralen Punkt beschäftigen.

3.8. Die Frage

Der wichtigste Teil der Kommunikation – sei es beruflich oder privat – besteht aus Fragen und Zuhören. Wir wollen uns mit der Frage genauer beschäftigen, und zwar aus einem bereits erwähnten Grund: Im Laufe der letzten Jahre hat sich immer wieder herausgestellt, dass LehrerInnen keine Motivforscher sind. Das ist auch nicht notwendig, nicht jeder Lehrer kann nebenbei noch andere Berufe ausüben, schon gar nicht den des Motivforschers, denn dazu wäre eine spezielle Ausbildung notwendig.

Von offizieller Seite wird immer wieder an die LehrerInnen herangetragen, dass sie sich um die Markt- bzw. Motivforschung kümmern sollten. Leider scheitern viele Schulen, da sich die Aufgabe meist doch als recht schwierig herausstellt. Da Schulen nur in seltenen Fällen das Budget haben, um externe Experten anzuheuern, bleibt ihnen gar nichts anderes übrig, als selbst – mehr oder weniger professionell – an die Befragung heranzugehen (vgl. www.qis.at). Wir wollen daher in den folgenden Abschnitten eine kleine Unterstützung bieten. Interessierte können sich an die vorgeschlagenen Checklisten halten, sie wurden in der Praxis bereits erfolgreich erprobt. Die Erkenntnisse, Regeln und Gesetzmäßigkeiten gelten meist für quantitative und qualitative Forschungsmethoden.

Es gibt verschiedene Formen der Frage, die jeweils einem unterschiedlichen Zweck dienen: die **offenen** und **geschlossenen Fragen.** Alle anderen Unterscheidungen kann man entweder der offenen oder der geschlossenen Frage zuordnen.

Offene Fragen

Offene Fragen dienen dazu,
- andere aktiv an der Lösung von Problemen zu beteiligen,
- neue Gedanken, Meinungen, Informationen zu erhalten,
- Begründungen herauszuarbeiten („nachzufragen"),
- eine defensive Haltung abzubauen,
- eine Offenheit für gezielte Fragen zu erzeugen – sie eignen sich daher besonders gut für den Gesprächsanfang.

Beispiel: *„Welche Meinung haben Sie zu diesem Vorschlag?"*
Es ist besonders wichtig, nach einer offenen Frage genau und konzentriert zuzuhören sowie den Interviewpartner ausreden zu lassen – hier offenbaren sich Motive (Bedürfnisse, Ängste, Hoffnungen, Ideen etc.). Die offene Frage bringt den Frager in die Position des Gesprächsleiters, er „führt" durch seine aktive Rolle das Gespräch, der Befragte kann sich Zeit lassen und muss nicht einfach mit „Ja" oder „Nein" antworten.

Ein weiterer Vorteil der offenen Frage darf ebenfalls nicht übersehen werden: der Gefragte fühlt sich ernst genommen – man möchte schließlich seine persönliche Meinung hören. Als zusätzlichen Effekt wirkt die offene Frage somit vertrauensbildend.

Der Gebrauch offener Fragen ist in der Motivforschung nicht so beliebt wie der Gebrauch geschlossener Fragen. Offene sind schwieriger zu formulieren und noch schwieriger auszuwerten, da man induktiv vorgehen muss. Der Grund liegt darin, dass auf offene Fragen unterschiedliche Antworten gegeben werden, die oft in kein Schema passen oder zumindest in kein sofort ersichtliches. Das erfordert einen erhöhten Arbeitsaufwand, da man zuerst die richtige Methode für die Auswertung des Datenmaterials erarbeiten muss.

Geschlossene Fragen

Geschlossene Fragen können nur mit „Ja" oder „Nein" beantwortet werden. Geschlossene Fragen dienen dazu,
- Sachverhalte präzise zu klären (z. B. bei Reklamationen),
- das Gespräch zu straffen.

Beispiel: *„Sind Sie in 5 Minuten noch telefonisch erreichbar?"*
Die folgenden Fragegruppen gehören zu den geschlossenen Fragen. Alle Frageformen detailliert durchzuarbeiten, würde den Rahmen dieses Werkes sprengen. Genauere Informationen können in der Fachliteratur nachgelesen werden (Anmerkung: Nicht alle Unterscheidungen bzw. Fragetypen spielen für die Erstellung eines Fragebogens eine Rolle).

Ablenkungsfragen
Alternativfragen
Filterfragen
Formalfragen
Gezielte Fragen
Kontaktfragen
Kontrollfragen
Lenkende Fragen
Motivationsfragen
Rangierfragen
Rhetorische Fragen
Suggestivfragen
Umschreibende Fragen
Zusammenfassende Fragen

Etwas näher wollen wir uns mit der **Suggestivfrage** beschäftigen:
Beispiel: *„Sie glauben doch sicher auch, dass wir mit dem großen Reisebus und nicht mit dem Auto auf Skikurs fahren sollten?"*
In diesen Fragen wird die erwünschte Antwort bereits vorgegeben. Fast alle geschlossenen Fragen können einen suggestiven Teil enthalten. Diese Fragen

werden besonders gerne von Reportern gestellt – das Fragezeichen erübrigt sich bei genauerer Betrachtung meistens, der Frager fasst seine Eindrücke zusammen und lässt sie dann vom Interviewpartner bestätigen. Suggestivfragen betrachten den Befragten als Objekt, von dem man auf eine Frage eine ganz bestimmte Antwort erwartet. Personen, die sich nicht gerne als reines Mittel zum Zweck benützen lassen, sind nach Suggestivfragen meistens verstimmt und brechen das Gespräch ab.

Der wichtigste Unterschied zwischen den beiden großen Fragegruppen wird jetzt deutlich: Die geschlossenen Fragen behandeln den Befragten stets als „Objekt" (bei Suggestivfragen wird diese Tatsache besonders deutlich, dies gilt jedoch für alle geschlossenen Fragen), die offenen Fragen hingegen erlauben dem Befragten auch „Subjekt" zu sein, also ein Mensch mit einer eigenen Meinung und mit individuellen Motiven.

3.9. Wie betreibt man Marktforschung in der Praxis?

Zuerst stellt sich immer die Frage, welche Art der Fragestellung, welche Methode gewählt werden soll. Das folgende Kapitel bietet eine Checkliste für die verschiedensten Formen der Marktinformationsbeschaffung. Diese Erörterung gilt sowohl für die Vorbereitung eines Fragebogens als auch für ein persönliches Gespräch oder ein Tiefeninterview.

Dieses Kapitel
▶ soll einen Leitfaden zur Fragebogenerstellung (qualitativ und quantitativ) bieten,
▶ soll anhand praktischer Beispiele die Gründe klären, warum und wann bestimmte Forschungsmethoden für bestimmte Fragen nützlich sind oder nicht,
▶ soll motivieren, einen Fragebogen selbst zu erstellen.

Die Grundfrage: Qualitativ oder quantitativ?
Der Unterschied, auf den wir besonderes Augenmerk legen müssen, liegt im Grundproblem der methodischen Frage: Will ich individuelle Sichtweisen berücksichtigen oder zählt für mich nur der Durchschnittswert? Das führt uns zu einer grundlegenden Entscheidung in methodischer Sicht, die von folgender Grundsatzentscheidung abhängt:

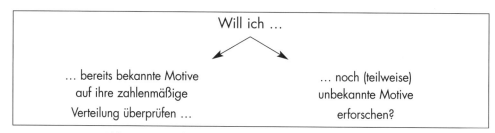

Abb. 23: Grundsatzentscheidung über das Forschungsziel

Will ich die **Motive der befragten Personen kennen lernen** oder **meine eigenen Ideen überprüfen?**

Wenn dieser Punkt noch unklar ist, so kann man auch die Frage stellen: „Kenne ich schon alle Qualitäten, also alle Differenzierungsmöglichkeiten? Kenne ich schon alle möglichen bzw. relevanten Motive?" (z. B. die Motive der Eltern, ihre Kinder in eine bestimmte Schule zu schicken, oder auch die Motive potenzieller Sponsoren).

Sobald diese Frage mit „nein" beantwortet wird, müssen **qualitative Methoden** zur Anwendung kommen. Denn wenn es Motive gibt, die man selber (noch) nicht kennt, so sind sie in der Antwortskala nicht vorgesehen und können somit auch nicht erfasst werden. In solchen Fällen ist es besser, gleich mit offenen Fragen zu forschen.

Um zur adäquaten Forschungsmethode bzw. zu einem sinnvollen Fragebogen zu kommen, muss man die richtigen Fragen stellen. Das Ergebnis sollte immer induktiv entstehen, also nach der „Trichtermethode": Ich schütte meine Anforderungen und Erkenntniswünsche oben in den Trichter hinein, dieser schränkt Schritt für Schritt auf bestimmte Fragen bzw. Methoden ein und „unten" kommt ein brauchbarer Fragebogen heraus.

In vielen Fällen wird dies ein qualitativer Fragebogen sein, in anderen eine Mischform und manchmal auch ein rein quantitativer Bogen.

Selbst erstellen oder übernehmen?

Auf der QIS-Homepage wird davor gewarnt, selber einen Fragebogen zu erstellen:

„Einen Feedback-Fragebogen (inkl. Auswertungsvorschrift und Präsentationsvorlagen) selbst zu erstellen, der Informationen in einer Form sammelt, die begründbare und quantifizierbare Hinweise auf Stärken und Schwächen der Schule, der Lehrer bzw. die Befindlichkeit der Schüler/Eltern gibt und der den pädagogischen und sozialwissenschaftlichen Qualitätsanforderungen bzw. Mindeststandards entspricht, ist keine ganz einfache Aufgabe. Im Allgemeinen erwerben Lehrer diese Kompetenz weder in der Ausbildung noch in der Fortbildung. Daher sollten Sie vorsichtig sein, wenn Sie diese Kompetenz nicht speziell erworben haben und sich besser an einem fertigen Modell orientieren. Es hilft Ihnen

nämlich nicht weiter, wenn Sie mit einem untauglichen Fragebogen mit viel Auf-wand Daten erheben, die aber wegen eines theoretischen oder methodischen Instrumentenfehlers kaum sinnvoll interpretiert werden können." (www.qis.at – Homepage des Bundesministeriums)

Wir können uns im Prinzip dieser Warnung anschließen, müssen jedoch noch ein wenig differenzieren. Auch ein vorgefertigter Fragebogen birgt Gefahren in sich, die den Erfolg zunichte machen können: Wenn er nicht auf die spezielle Kultur der Schule abgestimmt ist, fehlt möglicherweise die Identifikation mit den einzelnen Fragen, und zwar sowohl die der Befragten wie auch die der Fragesteller.

Die vorgefertigten Fragebögen vom Ministerium enthalten einige Punkte, die unsere Aufmerksamkeit verdienen, denn man sollte sich, sofern man die Musterfragebögen verwendet oder auch abändert, über deren Stärken und Schwächen im Klaren sein:

Ein eindeutiger Vorteil ist die klare Strukturierung: Jeder kann einen Fragebogen zum Ankreuzen ausfüllen, niemand wird überfordert und die Auswertung, die jeder vornehmen kann, erfolgt statistisch. Wie das Ministerium anmerkt, trifft dies auf LehrerInnen im Regelfall auch zu. Das Problem ist jedoch Folgendes:

Welche Antwortmöglichkeiten werden vorgegeben?

Wir finden auf allen quantitativen Fragebögen den Versuch der Klassifizierung: Zu jeder Frage gibt es vorgefertigte Antworten, aus denen man sich eine aussucht. Die quantitativen Methodiker streiten bis heute um die richtige oder falsche Form der Klassifizierung, manche sind der Ansicht, dass man eine 5-er Teilung verwenden sollte, andere wiederum wollen die Möglichkeit der „neutralen" Antwort in der „Mitte" ausschalten und finden eine 4-er Einteilung besser. In den QIS-Bögen konnte oder wollte man keine Entscheidung treffen und daher findet sich dort ein Mix aus 5-er und 4-er Einteilungen.

Bei all diesen Einteilungen stellt sich nun die Frage, welche Bedeutung hinter der Klassifizierung steckt.

Beispiel: *„An unserer Schule sind die Räume individuell, freundlich und hell gestaltet".*
Antwortmöglichkeiten:
völlig richtig / eher richtig / eher falsch / völlig falsch

Erstens lässt sich die Frage stellen, was „individuell gestaltete Räume" sind, darüber hinaus ist die Aufteilung der Antwortmöglichkeiten interessant: was bedeutet es, wenn „eher richtig" angekreuzt wird? Das kann heißen, dass alle Räume in der Schule „eher" individuell, freundlich und hell befunden werden, das kann aber auch heißen, dass manche Räume sehr individuell, freundlich und hell eingestuft werden, andere dagegen dunkel und unfreundlich.

Um aus den Antworten ein Ergebnis ableiten zu können, muss ich die Gedanken kennen, die der Schüler beim Ankreuzen hatte, denn sonst kann ich unmöglich wissen, was er damit gemeint hat. Ich muss ihn also eigentlich danach oder während des Ausfüllens fragen, was er mit der angekreuzten Antwort meint.

In der Praxis ist das natürlich nicht möglich, denn das ist ja gerade der Sinn von quantitativen Fragebögen. Sonst könnte man ja gleich einen qualitativen Fragebogen ausgeben oder Interviews führen.

Ein weiteres Problem stellt sich dadurch, dass die Klassifizierungen nicht erklärt werden. Der Schüler muss selbst herausfinden, welche Bedeutung er den Kategorien „völlig richtig" und „eher richtig" zumisst. Das Problem liegt darin, dass jeder Schüler diesen Unterschied anders definiert und somit ein für die Auswertung unbedingt notwendiges, gemeinsames, einheitliches Maß nicht vorhanden ist.

Wenn es jedoch kein gemeinsames Maß gibt, sind die Antworten wertlos, weil sie nicht sinnvoll ausgewertet werden können!

Wie kann man es besser machen? Wir empfehlen zuerst Fragebögen zu entwerfen, sie dann durch die aufgelistete Checkliste zu prüfen und eine Probephase zwischen zu schalten. Dabei werden einige Probanden befragt und deren Antworten dann kritisch analysiert. Manchmal werden problematische Fragen dann von selbst sichtbar, manchmal muss man auch ein paar offene Interviews zusätzlich führen, um auftretende Unklarheiten zu eruieren.

Individualität berücksichtigen oder nicht?

Es ist nicht immer von Vorteil, wenn man als Ergebnis Zahlen bekommt. An ihnen ist nicht zu rütteln, und wenn eine gewisse Anzahl von Personen „trifft zu" angekreuzt hat, kennt man ihre Meinung zu dieser speziellen Frage – oder auch nicht. Man kann nämlich nicht nachfragen und somit weiß man auch nicht, in welchen Kontext die befragte Person ihre Antwort stellt bzw. was sie zu dieser Antwort bewogen hat.

Beispiel: *„Die Schulleitung achtet streng auf die Einhaltung der Schulordnung."*
Antwortmöglichkeiten:
Trifft überhaupt nicht zu / Trifft eher nicht zu / Trifft eher zu / Trifft völlig zu

Der selbstständige Lehrer A ist ein eher legerer Typ, Regeln sind ihm nicht so wichtig. Die Schulordnung ist für ihn ein notwendiges Korsett, dem er sich fügt. Er ist jedoch der Ansicht, dass zu viele Verordnungen die Freiheit des Einzelnen zu sehr einschränken und dass man nicht immer alles mit Ver- und Geboten regeln muss. Er hält die halbjährlichen Predigten des Direktors für etwas übertrieben und ist der Meinung, dass sie entbehrlich sind. Er wählt daher die Antwort „trifft völlig zu".

Für den Lehrer B sind Regeln und Normen die Grundlagen des gesellschaftlichen Zusammenlebens. Er selbst kommt mit Ordnung und Regelwerken gut zurecht und ist auf deren Einhaltung bedacht. Dies vermittelt ihm ein Gefühl der Sicherheit und Strukturierung seines eigenen Lebens sowie seines Umfeldes. Der Direktor kümmert sich eindeutig zu wenig um die Einhaltung der Schulordnung. Zweimal im Jahr eine Predigt – das ist eindeutig zu wenig! Lehrer B wählt daher die Antwort „trifft überhaupt nicht zu".

Wenn man die Hintergründe der beiden Meinungen nicht kennt, die zu unterschiedlichen Antworten geführt haben, so ist es unzulässig, daraus eine objektive „Wahrheit" ableiten zu wollen („Der Direktor achtet nicht genügend auf die Schulordnung"). Man verwechselt in so einem Fall Quantität mit Qualität und leitet aus Zahlen Wahrheiten ab, die in ihnen nicht enthalten sind.

Wir empfehlen für solche Bereiche offene Fragen, die dem Befragten die Möglichkeit geben, die Gründe für seine Antwort zu erklären, die Interpretationsgrundlage gleich mitzuliefern.

Die Konsequenzen aus den Antworten

Welche Konsequenzen sollten aus dem Ergebnis eines Fragebogens – egal ob quantitativ oder qualitativ – abgeleitet werden? Man kann die Auswertung
- als Hinweis verstehen, in eine bestimmte Richtung nachzuforschen,
- oder bereits Konsequenzen für eine Diskussion oder irgendeine Form der Veränderung ableiten.

Beides ist problematisch: Will man nur Schwerpunkte herauskristallisieren, die man in einer zweiten Welle genauer zu erforschen gedenkt, dann steht man vor dem Problem, dass man eine Erhebung an die andere reiht. Das bedeutet einen beträchtlichen Zeit- und Finanzierungsaufwand. Wenn man hingegen Konsequenzen ableiten will, so stellt sich die Frage, welche das sein sollen.

Beispiel: Auf der QIS-Seite findet man einen Musterfragebogen für eine Schülererhebung:
„Wenn ich einen Fehler mache oder mich schlecht benehme, werde ich vor der ganzen Klasse beschimpft oder lächerlich gemacht."
Antwortmöglichkeiten:

Trifft auf alle zu	/	Trifft auf die meisten zu	/	Trifft auf einige zu	/	Trifft nur auf einen zu	/	Trifft auf keinen zu

Angenommen in einer Klasse kreuzen die meisten SchülerInnen „trifft auf einige zu" an; der einzige Schluss, den man daraus ableiten kann – es sei denn, man stellt Querkorrelationen zu Antworten auf andere Fragen her, was aber ein schwieriges Unterfangen ist – besteht darin, dass die meisten SchülerInnen wahrnehmen, dass einige LehrerInnen (oder auch nur eine/r) sie vor der ganzen Klasse beschimpfen oder lächerlich machen, wenn sie einen Fehler machen.

Für den Direktor kann es bedeuten, dass es in dieser Klasse LehrerInnen gibt, die ihre SchülerInnen beschimpfen oder lächerlich machen. Dies kann nun in der Konferenz angesprochen werden oder der Direktor begibt sich gleich auf die Suche nach den Schuldigen.

Das Szenario ist hier ein wenig überzeichnet dargestellt, zeigt uns aber recht eindringlich den Kern des Problems – dass man versucht, die „Wahrheit" (das „Objektive") auf Papier zu bringen, ein Kommunikationsproblem von der Beziehungsebene auf die Sachebene zu stellen und zugleich die in einem derart komplexen Problem versteckten Widersprüche aufzulösen. Das hat in der Praxis noch nie funktioniert, denn es bleibt niemandem erspart, die Probleme auf der Ebene zu lösen, auf der sie existieren.

Die andere Möglichkeit besteht darin, dass der Direktor die Ergebnisse nicht zu ernst nimmt, jedoch in manchen Bereichen Überprüfungen anstellt. Dahinter steckt dann die Grundhaltung: „Ich bin mir nicht sicher, ob die Antworten XY wirklich auf einen Missstand hindeuten, aber ich werde der Sache nachgehen und sie im Auge behalten."

Hier stehen wir vor dem Versuch, die Ergebnisse eines solchen Fragebogens nicht für bare Münze zu nehmen, sondern kritisch zu hinterfragen. Das Ergebnis besteht dann aber nur mehr aus zarten Andeutungen, denen man nachgehen kann und die wiederum zu direkter Kommunikation führen müssen. Wir streifen mit dieser Kritik aber nur an der gleichen Schnittstelle zwischen Beziehungs- und Sachebene, denn wenn es Unstimmigkeiten oder Konflikte gibt, muss darüber gesprochen werden. Die Ergebnisse aus einem Fragebogen können immer nur der berühmte Wink mit dem Zaunpfahl sein.

Das gilt übrigens auch für qualitative Fragebögen – die Kritik muss auch in diese Richtung ausgedehnt werden: Durch die Verwendung offener Fragen bekommt man völlig andere Ergebnisse, die kommuniziert werden müssen, sonst bleiben auch qualitative Ergebnisse bedeutungslos.

Bereits vorhandene Musterfragebögen des QIS sollten nicht unkritisch übernommen werden. Der bereits angeführte Hinweis, dass man besser vorgefertigte Fragebögen verwenden sollte, trifft natürlich nur ins Schwarze, wenn diese Fragebögen auch möglicher Kritik standhalten können. Man sollte also zumindest die hier angeführten Kritikpunkte kennen, bevor man Fragebögen jeglicher Art zur Anwendung bringt.

Vor der Untersuchung sollte in gemeinsamer Arbeit geklärt werden, welche Interpretationsmöglichkeiten es bei den gewählten Fragen gibt und wie man das Ergebnis weiter bearbeiten will. Vor allem die gemeinsame Aufbereitung mit den Befragten (z. B. Diskussionsrunden oder Präsentationsabende) ist notwendig, damit der Prozess in die richtige Richtung gelenkt werden kann.

Die Interpretation

Auf der QIS-Seite wird auch auf die Problematik der Interpretation eingegangen:

„Bitte beachten Sie stets, dass es sich bei einem SchülerInnen-Feedback nicht um eine strenge, objektive und quantitativ genaue Messung von Eigenschaften oder Qualifikationen der Lehrpersonen handelt! Die meisten Eigenschaften oder Zustände können ja nur über ein Bündel von Indikatoren (indirekt) erfasst werden, sodass auch die Auswahl der Fragen in jedem Qualitätsbereich einen erheblichen Einfluss hat (ein gutes Beispiel dafür ist der Bereich Unterricht). Die Urteile der SchülerInnen sind ungefähre und subjektive Bewertungen, die auch auf sehr unterschiedlichen Erwartungen beruhen und meist nicht durch systematische Beobachtung gewonnen wurden."

Die Hauptschwierigkeit wird zwar angesprochen („beruht auf unterschiedlichen Erwartungen"), die notwendige Konsequenz wurde aber nicht gezogen, nämlich dass man diese unterschiedlichen Erwartungen berücksichtigen muss, wenn man brauchbare Ergebnisse erhalten will!

Die SchülerInnen haben eine eigene Meinung zu bestimmten Themen. Diese ist erst dann sinnvoll interpretierbar, wenn man die Umstände kennt, die zu dieser Meinung geführt haben. Auch die Erfassung über ein Bündel von Indikatoren ist nur dann erfolgreich, wenn die einzelnen Indikatoren sinnvoll erhoben wurden.

Noch ein wichtiger Punkt sollte nicht unkommentiert bleiben:

„Manchmal werden bei solchen Untersuchungen Alterseffekte beobachtet, und zwar in der Form, dass ältere SchülerInnen grundsätzlich kritischer sind und tendenziell schlechtere Bewertungen abgeben – dies sollte beim Vergleich der Klassenwerte beachtet werden." (ebd.)

Der Alterseffekt rührt in erster Linie aus dem Problem der Konterdependenz her. Die Einstufung „ältere Schüler" sollte sich beziehen auf „Schüler in der Pubertät und danach" – besonders im Alter von 12 bis 18 Jahren sind junge Menschen in einer Entwicklungsphase, die sie in vielen Bereichen konterdependent handeln lässt, denn sie lehnen Autoritäten und deren Entscheidungen ab, gerade weil es Entscheidungen von Autoritäten sind – egal, ob diese gut oder schlecht sind. Diese Tatsache sollte daher generell berücksichtigt werden. Auch Erwachsene

bleiben in manchen Bereichen ihres Lebens dependent oder konterdependent –
daher gilt diese Kritik auch für Befragungen unter Erwachsenen (vgl. Schwarz,
Die heilige Ordnung, 2000).

Betreffend der **Auswertung** wird von der QIS Folgendes festgehalten:
*„An einem Beispiel soll die Auswahl eines möglichen theoretischen Referenz-
werts gezeigt werden: Im Schülerfragebogen wird (im Teil D) auf einer vierstufi-
gen Skala erhoben, wie zufrieden die SchülerInnen mit der Schule sind. Dafür
werden pro Frage zwischen 0 und 3 Punkte vergeben.*
*Der Optimalwert von 100% in Zeile ‚%' der Auswertungstabelle ergäbe sich,
wenn alle SchülerInnen hier ‚sehr zufrieden' (bzw. ‚völlig richtig' bei den positiven Items) ankreuzten.*
*Referenzwert 83%: Jeder Prozentwert in der letzten Zeile ‚%' der Auswertungs-
tabelle, der größer ist als 83%, würde bedeuten, dass eine Mehrheit der SchülerInnen ‚völlig zufrieden' angekreuzt hat.*
*Referenzwert 67%: Ein Prozentwert in der letzten Zeile ‚%' der Auswertungs-
tabelle, der größer ist als 67%, würde bedeuten, dass die SchülerInnen im Durchschnitt überwiegend (‚eher') zufrieden sind.*
*Referenzwert 50%: Ein Prozentwert in der letzten Zeile ‚%' der Auswertungs-
tabelle, der kleiner ist als 50%, bedeutet, dass eine Mehrheit der SchülerInnen mit
den Ergebnissen des Unterrichts ‚unzufrieden' ist."* (www.qis.at)

Hier versucht man wieder, aus Quantitäten Qualitäten, also aus einem „wie
viel" ein „was" zu machen.

Es lässt sich natürlich die Frage stellen, welche Unterschiede es macht, ob 66%
oder 68% der SchülerInnen einen bestimmten Wert ankreuzen: In dem einen Fall
sind sie „eher zufrieden" und in dem anderen Fall „völlig zufrieden". Das Gegen-
argument lautet: „Irgendwo müssen wir ja eine Grenze ziehen" und trifft damit
das Hauptargument der Kritik genau: das gesellschaftlich relevante Maß ist immer
ein ausgehandeltes, also eines, das sich aus der gemeinsamen Übereinkunft ergeben hat.

Die Festlegung einer Zahl als Maß macht daher nur Sinn, wenn in der Kommunikation darüber ebenfalls eine Relativierung enthalten ist, wenn man also in
den Konsequenzen mit berücksichtigt, dass alles auch ganz anders sein kann.

**Die Prozentzahlen ergeben nur dann einen Sinn, wenn man im
Anschluss an den fertigen Bericht aufarbeitet, was die Ergebnisse
für die Schule und für jeden Einzelnen bedeuten, wo mögliche
Fehlerquellen liegen und in welcher Form man darüber kommunizieren sollte.**

Die Checkliste der Vorbereitung

Nachdem die methodischen Grundlagen erörtert wurden, soll nun ein Konzept gefunden werden, um eine Erhebung – qualitativ oder quantitativ – durchführen zu können. Bevor man sich an die Konzeption der Fragen macht, gilt es einige Überlegungen anzustellen – wir befinden uns sozusagen im ersten Drittel des Trichters.

Checkliste:
- Was will ich wissen bzw. erfahren?
- Wen muss ich dazu befragen?
- Wie frage ich am besten?
- Welche äußeren Umstände muss ich berücksichtigen?
- Wie ist das Verhältnis Frager – Befragte?

WAS will ich wissen bzw. erfahren?

Oft wird der Fehler begangen, diesen Ausgangspunkt nicht ausreichend zu erörtern. Doch gerade diesem Punkt sollte mehr Augenmerk geschenkt werden. In der Motivforschung nennt man diese Frage auch **„Leitfrage".** Sie ist deswegen so wichtig, weil alle danach folgenden Fragen, Antworten und somit auch die Ergebnisse davon abhängen.

Beispiel „Schulentwicklung": Dieses Thema ist sehr allgemein und daher gilt es, Einschränkungen zu machen: Was will man besser kennen?
- das Image der Schule,
- die Zufriedenheit der SchülerInnen,
- die Stressquote der LehrerInnen,
- oder ganz etwas Anderes?

Hier kann und soll man sich selbst die Frage stellen: Wo liegen meine persönlichen Interessen an der Beantwortung der einen oder anderen Leitfrage? Wieweit bin ich selbst in das Thema involviert? Habe ich selbst Vorurteile dem einen oder anderen Thema gegenüber, die vielleicht meine Leitfragestellung in die eine oder andere Richtung lenken würden?

In vielen Fällen überfordert man die Befragten auch mit zu vielen Fragen. Es ist angebrachter, sich auf wenige konkrete Punkte zu beschränken und diese dafür ausführlich zu behandeln. Der Fragebogen kann somit kürzer, prägnanter und einfacher gestaltet werden. Dies wiederum führt zu höherer Akzeptanz und Motivation sowie in Folge zu einer höheren Rücklaufquote.

WEN muss ich dazu befragen?

In der qualitativen Motivforschung geht es nicht um Repräsentativität, also nicht um die Erstellung und Einhaltung eines repräsentativen Samples. An seine Stelle tritt das so genannte „theoretische Sample", das von folgender Frage geleitet wird: **„Wen** muss ich **wie** und **worüber** befragen, um meine Leitfrage beantwortet zu bekommen?"

In der quantitativen Forschung gibt es unterschiedliche Möglichkeiten. Meistens wird man versuchen, einen möglichst großen Ausschnitt aus der gesamten Zielgruppe zu erreichen. Professionelle Institute verfügen über Statistiken, die ihnen die Erstellung eines repräsentativen Samples erlauben. Das wird für Schulen in der Praxis schwer möglich sein, daher sollte man von Anfang an berücksichtigen, dass die Zahlen einer gewissen Unschärfe unterliegen. Eine Möglichkeit besteht darin, gewisse Kriterien einzuführen und einzuhalten: Man kann eine Gliederung in männlich – weiblich sowie in verschiedene Altersstufen vornehmen. Es sei auch darauf verwiesen, dass das einen beträchtlichen Mehraufwand bedeutet, da man auch in der Auswertung darauf Rücksicht nehmen muss.

In manchen Fällen hat man ein Totalsample – man erreicht fast alle relevanten Personen. Das ist beispielsweise gegeben, wenn ein komplettes Lehrerkollegium oder eine Schulklasse befragt wird. In der Praxis wird man ein Totalsample jedoch nur in der Vorbereitung haben, sobald die Fragebögen zurückkommen, muss man seine Vorstellungen meistens etwas korrigieren – obwohl es auch schon der Fall war, dass tatsächlich 100% der Lehrer einer Schule den Bogen ausgefüllt zurückgeschickt haben – dies bleibt jedoch ein Ausnahmefall.

Bei Befragungen eines Lehrerkollegiums haben wir mit rein qualitativ aufgebauten Fragebögen im Schnitt eine Rücklaufquote von 50%. Das ist absolut zufrieden stellend und lässt neben den qualitativen Kategorien, die in der Auswertung deutlich werden, auch schon gewisse Trends erkennen. Die Vorteile qualitativer Methoden lassen sich in solchen Fällen mit jenen quantitativer Methoden verknüpfen und das Ergebnis wird sehr aussagekräftig.

Generell ist die Rücklaufquote bei quantitativen Fragebögen höher, da sie leichter auszufüllen sind und die Befragten weniger Zeit investieren müssen. Man muss auch weniger nachdenken und kann die Bögen auch von anderen Personen ausfüllen lassen (weitere Ausführungen zu diesem Thema folgen).

Wenn ein Totalsample nicht möglich ist, dann braucht man in der quantitativen Forschung ein repräsentatives Sample: Man muss einen „typischen" Teil der „Gesamtpopulation" befragen, um Rückschlüsse auf die Gesamtheit machen zu können. Das ist die Art, mit der Meinungsforschungsinstitute vorgehen. Leider ist in der Praxis das repräsentative Sample nur in Ausnahmefällen wirklich zu erreichen, denn die ausgewählten Personen sind oft nicht zu Hause anzutreffen, sie füllen den Fragebogen nicht selber aus oder geben bei Telefonumfragen vor, jemand anderer zu sein. Die Liste der Fehlerquellen ist so lang, dass man sich manchmal fragt, wie überhaupt seriöse Ergebnisse zustande kommen können.

Die Meinungsforschungsinstitute versuchen diesem Problem zu entgehen, indem sie aufgrund gewisser Erfahrungswerte die Grauzonen in ihren Erhebungen kennen und diese bei der Interpretation des Ergebnisses berücksichtigen – manchmal mit, manchmal ohne Erfolg.

Diese Grundüberlegungen sollten ebenfalls in das jeweilige Forschungskonzept miteinbezogen werden – auch wenn die Schulen auf das Know-how der Meinungsforschungsinstitute verzichten müssen. Man kann sich jedoch damit behelfen, dass man die erhobenen Zahlen zur Diskussion stellt: Man kann davon ausgehen, dass man sich auch irren kann und bestimmte Zahlen ungültig sein können, auch wenn die Erhebung auf den ersten Blick ohne Probleme verlaufen ist.

Welche Gültigkeit gebe ich dem Datenmaterial? Diese Frage ist schwierig zu beantworten! Am besten dadurch, dass man sich durch die Daten nur leiten lässt, nicht jedoch der Zahlenmagie verfällt und einen Prozentsatz mit der „Wahrheit" verwechselt. Diese Überlegungen gelten sowohl für die qualitative als auch für die quantitative Forschung.

Beispiel: Erhebung zum Image einer Schule. Die erste Klärung muss der Zielgruppe gelten: wen brauche ich?
- die LehrerInnen,
- die LehrerInnen der vor- und nachgelagerten Schulen,
- die Eltern,
- den Schulwart,
- den Direktor,
- den Landesschulinspektor,
- die SchülerInnen,
- den Bürgermeister,
- den Gemeinderat,
- den Elternverein
- oder jemand ganz anderen?

TIPP: Wenn man unterschiedliche Gruppen befragen will und alle den gleichen Fragebogen bekommen bzw. wenn man den Befragten die Möglichkeit anonym bleiben zu können bieten will oder muss, so kann man an verschiedene Gruppen Fragebögen aus unterschiedlich gefärbtem Papier ausgeben. In manchen Fällen kann man dies auch am Anfang jedes Fragebogens erklären.

WIE frage ich am besten?

Führe ich besser ein persönliches Gespräch, erstelle ich einen Fragebogen oder lasse ich mir einen Fragebogen von einem externen Experten konzipieren? Stelle ich besser viele kleine Fragen oder erforsche ich besser größere Einheiten, ganze Fragenkomplexe? Im direkten Zusammenhang damit steht das Budget: Wie viel Geld kann ich aufbringen, was ist mir die Umfrage wert, welches Ergebnis darf wie viel kosten?

In vielen Fällen wird eine gründliche Untersuchung aller relevanten Motivstrukturen mittels Tiefeninterviews zu teuer sein und manchmal auch zu lange dauern. Die Befragung mittels eines Fragebogens ist günstiger, kann aber natürlich – betreffend der Motive – nicht das Gleiche leisten. Trotzdem gilt: besser ein kurzer Fragebogen als gar keine Erkenntnis.

Exkurs: Wie gute Ideen an der Umsetzung scheitern können

Der WWF wollte seine Förderer darauf hinweisen, dass sie nach ihrem Tod den WWF auch in ihrem Testament berücksichtigen können. Er hat zu diesem Zweck einen quantitativen Fragebogen ausgesandt. Das Ergebnis war erschütternd: Statt Erkenntnisse über die Wünsche und Vorstellungen der Mitglieder zu bekommen, gab es enttäuschte Rückmeldungen. Den Grund dafür konnte ihnen erst ein Motivforscher verraten: Es ist nicht möglich, Gefühle über quantitative Fragebögen zu eruieren, da diese im Intimbereich der Privatsphäre angesiedelt sind. Ein standardisierter Fragebogen lässt keine Individualität zu, denn diese kann nicht statistisch erfasst und bearbeitet werden.

Der Wunsch Geld zu sparen hat beim WWF zur falschen Entscheidung geführt und das Gegenteil von dem bewirkt, was man eigentlich wollte. Im Endeffekt war der zuerst so kostengünstig erscheinende Fragebogen teurer als eine qualitative Untersuchung.

Es ist manchmal sinnvoll, die Art der Fragestellung vorher mit einem Experten zu besprechen. In einer Diskussion wird es möglich sein, die richtige Methode samt den dazu passenden Fragen zu finden.

Welche äußeren Umstände muss ich berücksichtigen?

Wo wird die Untersuchung stattfinden? Werden die SchülerInnen den Fragebogen in einer Unterrichtsstunde oder in der Pause ausfüllen? Werden sie dabei beobachtet und kontrolliert oder dürfen sie, weil das lustiger und interessanter ist, in kleinen Gruppen nach Antworten suchen und diese dann aufeinander abstimmen?

Was ist, wenn die SchülerInnen den Fragebogen mit nach Hause bekommen? Wer entscheidet dann über die Antworten – der große Bruder, die Großmutter oder der Vater? Wie könnten sich die Antworten in den einzelnen Fällen unterscheiden – und wo und wann und wie ist die Motivation, den Fragebogen gewissenhaft auszufüllen am größten?

Wie sieht dies bei Fragebögen aus, die an andere Zielgruppen verschickt werden? Gerade im Schulmarketing wird man Eltern, Unternehmen aus der näheren Umgebung etc. befragen. Bekommt etwa die Sekretärin die Fragebögen zum Ausfüllen oder ist gewährleistet, dass dies der Geschäftsführer der Firma selbst tut? Wie kann man sich dessen sicher sein?

Von der Beanwortung dieser strategischen Fragen ist die Art und Weise der Fragestellung direkt betroffen.

Wie ist das Verhältnis Frager – Befragte?

Habe ich eine Kontrollfunktion oder gelte ich als netter Freund des Befragten? Wie werden sie auf die Fragen reagieren? Werden sie mir mittels bestimmter Antworten „gefallen wollen" oder werden sie ihren Frust durch die gegebenen Antworten los? (Durch Nicht-Berücksichtigung dieser Komponente entsteht einer der „Wahlprognosenfehler".) Ist den Befragten klar, welche Interessen ich mit diesem Fragebogen verfolge, wer die Fragebögen auswertet und welche Folgen damit in Verbindung gebracht werden?

Die Beantwortung dieser Fragen führt zu Erklärungen über Sinn und Zweck der Umfrage. Hier sollten folgende Faktoren geklärt werden:

▷ Wer ist der Forscher und warum macht er die Umfrage?
▷ Wer bekommt die Fragebögen in die Hände?
▷ Wer wertet sie wie aus?
▷ Was passiert mit dem Ergebnis?

Erst jetzt kann und soll man daran gehen, die Fragen zu entwickeln bzw. man sollte bereits vorhandene Fragen mittels der Checkliste prüfen (vgl. Kapitel 3.11). Wir können uns hier wieder des Trichtermodells bedienen: Oben schüttet man das Forschungsinteresse hinein und unten kommen die „richtigen" Fragen heraus:

Forschungsinteresse

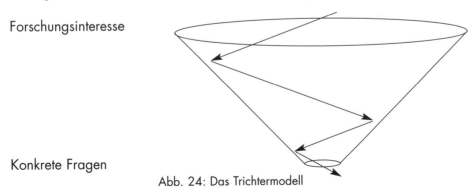

Konkrete Fragen

Abb. 24: Das Trichtermodell

Die Checkliste der Fragen

Checkliste:
- Ist die Frage wirklich „offen"?
- Können die Befragten überhaupt auf die Frage antworten?
- Sind die Begriffe, die in der Frage enthalten sind, klar und eindeutig?
- Ist die Frage auch zielorientiert?
- Welche Antworten könnte ich auf diese Fragen bekommen?
- Welche Gefühle bzw. Assoziationen tauchen bei den Befragten bei dieser Frage auf?
- Wie steht die Frage im Verhältnis zu den anderen Fragen?
- Was könnte verhindern, dass die Frage beantwortet wird?
- Wie kann ich die Frage auswerten?

Ist die Frage wirklich „offen"?

Oder ist sie nur eine versteckte Suggestivfrage? (Dies gilt natürlich nur für qualitative Fragemethoden). Man kann dies leicht klären, indem man überprüft, ob man die Frage mit „ja" oder „nein" beantworten kann. Dies ist noch keine Garantie für eine offene Frage, aber ein guter Anfang. Im Zweifelsfall sollte man einen Experten um Rat fragen, da es viele verschiedene Komponenten zu berücksichtigen gilt.

Im Gegensatz zur Naturwissenschaft, wo Naturgesetze mittels Experiment überprüft werden können und der Operationalisierung dienen, gelten in den Sozialwissenschaften andere Voraussetzungen. Ein Mensch kann jederzeit seine Handlungsmotive rückkoppeln und reflektieren, als die eigenen erkennen, die er auch Kraft seines Willens verändern kann.

Exkurs: Das Verstehen

Feedback-Mechanismus: Der Befragte kann auf die an ihm angewandte Methode reflektieren und sich in eine Position dazu stellen. Diese Position kann er frei wählen und jederzeit der Methode anpassen.

Es geht also für den Forscher darum, den Menschen als Ganzes und auch als Teil der zu untersuchenden sozialen Gesellschaft zu begreifen. Forscher sowie Auftraggeber einer qualitativen Motivforschung müssen sich mit einem jeweils neuen Verständnishorizont auseinandersetzen. „Verstehen" bedeutet bei jeder Studie etwas anderes. Es geht um das Sich-Auseinandersetzen mit einem Thema, mit einer speziellen Motivlandschaft der Menschen, die es zu erfassen und zu begreifen gilt.

Ein Beispiel: Man stellt in einem Fragebogen die Frage „Gefallen Ihnen Rappett´n?". Als Antwortmöglichkeit gibt es „ja" oder „nein". Man kann

auch noch die modernere Form der quantitativen geschlossenen Frage ver-
wenden und eine Antwortskala anbieten, also von „gefällt mir sehr gut"
über „gefällt mir gut" bis zu „gefällt mir nicht" und „gefällt mir gar nicht"
etc. Das sind dann immerhin schon 4 Antwortmöglichkeiten und dies sieht
fast schon wie eine offene Frage aus. Es ist jedoch keine, sondern nur ein
Versuch, diejenigen Auftraggeber an Land zu ziehen, denen bei genauem
Hinsehen die Antwortmöglichkeiten „ja" und „nein" zu dünn erscheinen.
Wenn man hier ein Sample von 1500 Leuten befragt, wird man relativ
breit gestreute Antworten bekommen. Ein scheinbar klares, eindeutiges wis-
senschaftliches Ergebnis – zumindest in der Diktion mancher Forscher.

Jedem aufmerksamen Leser stellt sich jedoch die Frage: Was ist eine
„Rappett'n"? Eine „Rappett'n" ist ein Bart wie ihn Peter Rapp trägt, ein
relativ bekannter österreichischer Showmaster. Es ist ein so genannter
Knebelbart, der seit einiger Zeit wieder sehr modern ist.

Die meisten Leute haben das Wort noch nie gehört. Wenn man aber
jetzt unter diesem Gesichtspunkt die Antworten einer quantitativen Unter-
suchung mit der Frage „Gefallen Ihnen Rappett'n?" betrachtet, dann wirkt
das Ergebnis (Prozentsätze etwa 50% „ja", 30% „nein" und 20% „ist mir
egal") so, als könnte jeder mit dem Wort etwas anfangen und dazu eine
Aussage zur Ästhetik des dahinterstehenden Begriffes machen. Das ist
natürlich völlig unmöglich, denn wenn ein Wort für eine Person bedeu-
tungslos ist, kann sie auch nicht über die Schönheit eines ihr unbekann-
ten, dahinterstehenden Begriffes etwas aussagen.

In einem quantitativen Fragebogen können die Befragten, sofern sie ehrlich sind und zugeben, dass sie die Frage nicht verstehen, nur die Antwort verweigern. Eine solche ist aber nicht vorgesehen, daher muss der Interviewer (sofern er selbst die Antworten ankreuzt oder hinschreibt) selbst nach eigenem Gutdünken diese Frage beantworten oder aber den Fragebogen unvollständig ausgefüllt zurückgeben.

Diese Frage können somit nur diejenigen Personen richtig beantworten, deren Lebenswelt wichtige Informationen im Zusammenhang mit Peter Rapp enthält. Die Frage war also offensichtlich eine geschlossene Frage, dazu noch suggestiv – es wird dem Befragten suggeriert, dass er zu dieser Frage eine ästhetische Aussage machen kann!

Ein häufiger Fehler bei der Fragebogenerstellung: Man geht von der eigenen Vorbildung und vom eigenen Wissen aus und schließt auf andere. Die Lebenswelt und die Kultur der Befragten müssen jedoch berücksichtigt werden!

Können die Befragten überhaupt auf die Frage antworten?

An dieser Stelle kann uns eine Geschichte helfen, mit der Neil Postman recht anschaulich beschreibt, was alles passieren kann, wenn man sich über die bereits genannte Frage („Was ist eine Rappett`n?) keine Gedanken macht:

Meinungsumfragen ignorieren in der Regel, was die Menschen über die Themen, zu denen sie befragt werden, eigentlich wissen. In einer Kultur, die nicht von dem zwanghaften Bedürfnis besessen ist, alles zu messen und Rangfolgen herzustellen, würde eine solche Blindstelle wahrscheinlich höchst sonderbar erscheinen. Aber überlegen wir doch einmal, was wir von Meinungsumfragen halten würden, wenn stets zwei Fragen gestellt würden, eine, die ermittelt, was die Menschen „meinen", und eine, die ermittelt, was sie über das jeweilige Thema „wissen". Unter Verwendung von ein paar fiktiven Zahlen könnte dabei etwa Folgendes herauskommen: „Die jüngste Meinungsumfrage ergibt, dass 72% der Amerikaner der Meinung sind, wir sollten Nicaragua die Wirtschaftshilfe entziehen. Von denen, die diese Meinung vertraten, glaubten 29%, Nicaragua liege in Mittelasien, 18% glaubten, es sei eine Insel in der Nähe von Neuseeland, und 27,4% vertraten die Ansicht, die Afrikaner sollen selbst sehen, wie sie zurechtkommen, wobei sie offensichtlich Nicaragua mit Nigeria verwechselten. Darüber hinaus wussten 61,8% der Befragten nicht, dass Amerika überhaupt Wirtschaftshilfe für Nicaragua bereitstellt, und 23% wussten nicht, was „Wirtschaftshilfe" bedeutet." Wären Meinungsforscher bereit, uns solche Informationen mitzuliefern, so würden das Ansehen und der Einfluss der Meinungsforschung darunter gewiss erheblich leiden. Vielleicht würden angesichts von derart geballter Unwissenheit sogar Kongressabgeordnete dem eigenen Verstand wieder mehr trauen. (Neil Postman, 1992, S 146f)

Sind die Begriffe, die in der Frage enthalten sind, klar und eindeutig?

Jede Frage ist darauf zu untersuchen, ob sie Begriffe enthält, die eventuell unklar sind oder unterschiedlich interpretiert werden können. Wenn ja, dann sind die Antworten unbrauchbar.

Beispiel: „Das Gebäude, in dem meine Schule untergebracht ist, ist neu."
Wahlmöglichkeiten:
stimmt genau   5 / 4 / 3 / 2 / 1   stimmt nicht

Was heißt nun „neu"? Dieses Wort kann unterschiedliche Bedeutungen haben:

a. „Die Schule ist ein Neubau aus den 60er Jahren."
Der Schüler Martin wohnt selbst in einem Haus aus dem 18. Jahrhundert. Alle Häuser aus dem 20. Jahrhundert sind für ihn „neu", da zu Hause oft von „alten" und „neuen" Häusern gesprochen wird, da seine Eltern bewusst in einem „alten" Haus leben.

b. „Die Schule ist ein uraltes Gebäude aus den 60er Jahren."

Der Schüler Georg wohnt in einem Neubau von 1993, mit einer Glasfassade, einem Lift und hellhörigen Wänden. Die Eltern haben lange auf diese Gemeindewohnung gewartet: „... wir haben es wirklich schön hier – endlich in einer neuen Wohnung!"

c. „Die Schule ist neu für mich."

Der Schüler Dominik war bis vor einem halben Jahr in einer anderen Schule und daher ist die angesprochene Schule für ihn „neu" – wie das Gebäude, die MitschülerInnen und die LehrerInnen.

Die angeführte Frage ist die Beispielfrage aus einem quantitativen Fragebogen (Linzer Fragebogen zum Schul- und Klassenklima, Version 2.1, Copyright Dr. Ferdinand Eder) und wird im Anschluss erklärt. In der Erklärung wird klar, dass es um das Alter des Gebäudes geht – somit fällt die dritte Interpretationsmöglichkeit weg. Aber selbst bei einer genauen Erklärung bleiben die ersten beiden Interpretationsmöglichkeiten erhalten.

Für die teilweisen unklaren Begriffe im Fragebogen selbst gibt es jedoch keine Erklärung. Jeder Schüler kann sie individuell interpretieren und wird sie daher aus unterschiedlichen Motiven heraus beantworten.

Daraus resultiert, dass es in der Fragebogenerstellung in erster Linie um das **Maß** geht: Womit messe ich **was**? Für das genannte Beispiel heißt das: welches Maß verwenden die Befragten, um die Frage „Das Gebäude, in dem meine Schule untergebracht ist, ist neu" zu beantworten?

Exkurs: Hegel und die Schweine oder: Die Dialektik des Maßes

In den meisten Fragebögen werden Quantitäten erhoben. Laut Hegel gibt es jedoch einen dialektischen Zusammenhang zwischen Qualität und Quantität, d. h. dass die eine ohne der anderen nicht existiert und vor allem nicht verstanden werden kann.

Hegel sucht das Maß im Übergang von Qualität und Quantität. Sehen wir uns zur näheren Erläuterung zuerst an, was die beiden Begriffe bedeuten:

Quantitäten stehen dem Maß und der Qualität zunächst gleichgültig gegenüber. Wenn ich also zähle „5" und „7" und „15,6", dann tritt hier die Frage nach Qualität und Maß noch nicht auf. Wenn diese Zahlen jedoch „5 Hühner" und „7 Schweine" und „15,6 Kilo" bedeuten, dann gebe ich diesen Quantitäten eine Bestimmtheit, die sie im Prinzip schon haben, denen sie aber zunächst eben gleichgültig gegenüberstehen – ich beschreibe die dazugehörigen Qualitäten.

Nur die Qualitäten allein zu betrachten ergibt genauso wenig Sinn wie nur die Quantitäten alleine zu berücksichtigen. Nur die Zahl „5" für sich allein sagt nichts aus, nur „Schwein" allein ebenso wenig. Erst wenn ich zur Quantität auch eine Qualität angebe und dazu noch das richtige Maß, dann erhalte ich das Wesen der Dinge. Erst dann kann ich einen sinnvollen Begriff bilden.

Sinnvoll heißt in diesem Fall, dass man ihn kommunizieren können muss! Ich muss meinem Gesprächspartner außer dem Wort „Schwein" noch angeben, worum es sich dabei handelt – wenn ich ihm nur das Wort hinwerfe, dann bedeutet das laut unserer gesellschaftlichen Konventionen eine Beschimpfung, nämlich die Kurzform von „Du bist ein Schwein!". Um aber andere Bedeutungen erklären zu können, brauche ich Quantität, ich kann also sagen: „2 Schweine". Damit gebe ich die Quantität an, also die „Größe" oder auch die „Menge" und habe das Maß bereits inbegriffen, ohne dass ich es in diesem speziellen Fall noch mit ausdiskutieren müsste. Schweine besitzen ein klares Maß, es gibt nicht 2,344445 Schweine, sondern nur ganze Exemplare, die man dann als „Schweine" bezeichnet. Wenn man 3 Schweine schlachtet, dann kann man aus der Menge 2,344445 Schweine machen, das Maß ist dann aber bereits ein anderes und die Quantität auch, ebenso die Qualität. Das Maß ist dann ein Gewichtsmaß wie Kilogramm oder Pfund oder ähnliches. Quantität und Qualität, um beim lebenden Schwein zu bleiben, sind im Begriff des Schweins vereint, da ich weiß, dass die Größe, die quantitative Bestimmtheit von „1 Schwein" das Individuum umfasst, das „ein Tier Schwein". Der Begriff des Schweins ist somit klar für jeden, der dieses Sein, die Zählbarkeit von Schweinen kennt.

Wenn der andere (in unserem Fall: der Befragte) von irgendwoher kommt, wo es andere Maßeinheiten gibt und mit dem Maß „Kilogramm" nichts anfangen kann, so brauche ich auch ein anderes, gemeinsames Maß, um ihm die Menge, die Quantität verständlich machen zu können. Das Maß ist keine Frage der Natur, sondern eine gesellschaftliche Konvention, eine bewusste Festlegung, die kommuniziert und ausgehandelt werden muss.

In der Motivforschung steht der Forscher bzw. der Interviewer vor der Aufgabe, zum angesprochenen Thema das richtige Maß zu erfragen oder zumindest so zu fragen, dass das Maß später aus den Antworten gefunden werden kann. Das richtige Maß ist das von der Gesellschaft ausgehandelte. Das Individuum hat dieses Maß in sich und richtet seine Handlungen danach aus. Nur wenn alle das gleiche Maß verwenden, können die Antworten miteinander in Beziehung gesetzt werden und ein brauchbares Ergebnis liefern.

Vor der Verwendung der Fragebögen sollte das Auswerterteam einen Probedurchgang machen und dabei alle unterschiedlich interpretierbaren Begriffe erklären oder umformulieren. Zweideutige Begriffe müssen durch eindeutige ersetzt werden oder bei anderen, die man unbedingt beibehalten möchte, sollte quasi ein „Beipacktext" mitgeliefert werden: was meint man damit und warum, wie ist dieser Begriff zu verstehen?

Ist die Frage zielgenau?

Kann ich mit der Frage Antworten bekommen, mit denen ich etwas anfangen kann, oder ist die Frage zu allgemein gestellt oder zu spezifisch? Dieses Problem taucht vor allem bei Fragen an Eltern oder SchülerInnen häufig auf.

Beispiel: Wenn ich etwa die Zufriedenheit der Eltern mit dem Sportangebot der Schule abfragen möchte, könnte eine Frage lauten: *„Wie sind Sie mit dem Sportangebot der Schule zufrieden?"*

Diese Frage ist auf den ersten Blick eine gute Frage und man könnte sie auch stellen, muss aber damit rechnen, dass etliche Eltern mit „gut" oder „mittelmäßig" antworten. Der Grund dafür liegt in der mangelnden Spezifikation der Frage, sie ist zu allgemein gestellt und wird daher auch allgemein beantwortet werden. Auf diese Frage wird man aber auch sehr differenzierte Antworten über eine halbe Seite oder sogar eine ganze bekommen, wo Eltern das Angebot genau differenzieren. Man erhält somit auch noch die Antworten auf eine nicht gestellte Frage mitgeliefert: Wie viele Eltern beschäftigen sich wie intensiv mit dem Leistungsangebot der Schule am Beispiel Sport? Wie viele Eltern sind bereit, differenzierte Rückmeldungen zu geben?

Man erhält eine Menge Daten, die aber zu einem guten Teil ebenfalls wieder unspezifisch sind und keine klaren Rückschlüsse zulassen. Dies ist für eine Pilotuntersuchung sehr angenehm, da es die Kreativität und Fantasie der Forscher – des Forschers im Lehrer – anregt, die Genauigkeit lässt jedoch zu wünschen übrig und man muss äußerste Vorsicht walten lassen, welche Schlüsse man aus diesen Antworten zieht.

Bei einer genaueren Umfrage sollte man diese Frage daher anders stellen:
„Unsere Schule bietet verschiedene Sportarten an. Welche der folgenden Sportarten beurteilen Sie wie?"
a. Volleyball / b. Fußball / c. Leichtathletik / d. Orientierungslauf

Bei jeder Sportart wird der Befragte aufgefordert, seine Meinung kundzutun. Das führt den Befragten durch die Frage und lässt ihm zugleich den Freiraum, offen antworten zu können.

Welche Antworten könnte ich auf diese Frage bekommen?

Diese Frage soll als Kontrolle dienen. Es ist auch bei offenen Fragen eine Überlegung wert, welche Antworten überhaupt möglich sind. Man kann unter anderem seine eigene Einstellung zum Thema und zur Frage überprüfen.

Welche Gefühle bzw. Assoziationen tauchen bei den Befragten bei dieser Frage auf?

Im Extremfall kommt es vor, dass sich die Befragten überlegen, was der Frager gerne hören möchte, und darauf nicht das antworten, was sie sich denken, sondern das, was der Frager scheinbar hören möchte.

Der gegenteilige Fall tritt noch häufiger auf: Man stellt sich vor, was der Frager gerne hören möchte oder auch was er erwartet zu hören und antwortet bewusst mit einer falschen Aussage (einer von mehreren „Wahlprognosenfehlern").

Wie steht die Frage im Verhältnis zu den anderen Fragen?

In der quantitativen Motivforschung ist es üblich, Kontrollfragen zu stellen. Diese werden verstreut in einem Fragebogen eingebaut und sollen prüfen, ob sich der Befragte bei wichtigen Punkten widerspricht. Dies entspricht den Axiomen der Naturwissenschaften, dass Widersprüche nicht vorkommen dürfen und daher zu eliminieren sind.

Die Befragten sind „Objekte", die „Outputs" liefern, ähnlich einer Maschine, die man testen kann, indem man ihr falsche Daten füttert und dann beobachtet, welche Ergebnisse dabei herauskommen.

Bei der qualitativen Forschung sind die Befragten „Subjekte", die in ihrer Widersprüchlichkeit ernst genommen werden (müssen). Kontrollfragen, mit denen man die Befragten auf Widersprüche testet, sollen und dürfen nicht vorkommen, denn sie werden von den Befragten durchschaut (nicht immer, aber öfter als es vielen Forschern lieb sein kann; sie fühlen sich überprüft und antworten falsch).

Für den Fragebogen bedeutet das, dass man die Fragen aufeinander abstimmt, sie in eine sinnvolle und für den Befragten nachvollziehbare Reihenfolge bringt. Generell gilt: Vom Allgemeinen zum Speziellen!

Was könnte verhindern, dass die Frage beantwortet wird?

Um die wie vielte Frage handelt es sich? Ist die Frage interessant formuliert, um die Befragten zu einer ausführlichen Beantwortung zu bewegen? Gibt es vielleicht Faktoren im Umfeld der Befragten, die ihnen eine Antwort erschweren oder unmöglich machen (z. B. kennen Amazonasindianer keinen Schnee)?

Wie kann ich die Frage auswerten?

Wird es möglich sein, die Antworten mit anderen Antworten in ein Verhältnis zu bringen? Oder müssen sie separat ausgewertet werden? (vgl. Kap. 3.14)

Wie führt man ein offenes Interview?

Neben der Möglichkeit eines Fragebogens gibt es in der Marktinformationsbeschaffung noch die Möglichkeit einer mündlichen Befragung. Im Rahmen der qualitativen Motivforschung können mehrere Formen des Interviews eingesetzt werden, die in unterschiedlichen Konzepten zur Anwendung kommen. In der „mehrdimensionalen Ursachenforschung" etwa wird das klassische „Tiefeninterview" verwendet, in der „qualitativen Ursachenforschung" ein halbstrukturiertes Interview.

Wann welche Form des Interviews zur Anwendung kommt, ergibt sich einerseits aus dem bereits bekannten Stand des Wissens, andererseits aus dem finanziellen und zeitlichen Rahmen sowie aus den fachlichen Möglichkeiten des Forschers, in diesem Fall des Lehrers bzw. der Lehrerin.

Wenn ein Produkt bzw. eine Sozialstruktur noch weitgehend unerforscht ist, so muss man mit einem klassischen Tiefeninterview beginnen. Dies ist die langwierigste und schwierigste Form der Motivforschung, da man bei Null anfangen muss und ein Ergebnis noch überhaupt nicht voraussehbar ist. Im Schulmarketing sollte das Tiefeninterview nur von Experten eingesetzt werden. Man dringt dabei oft tief in die Seelenlandschaft eines Menschen ein und könnte auf verborgene Bereiche stoßen, deren Aufdeckung starke Emotionen hervorrufen.

Experten werden nur bei groß angelegten Marketingkampagnen eingesetzt, die nicht von einer Schule allein getragen werden könnten. Man verwendet dann etwa die **„mehrdimensionale Ursachenforschung",** bei der eine Runde interdisziplinär zusammengesetzter Wissenschafter die Motivlandschaft der Zielgruppe genau durchleuchten. Das Ergebnis ist ein vielschichtiger Endbericht, der als Grundlage für alle weiteren Schritte verwendet werden kann. An ihm können Strategien auf ihre Brauchbarkeit getestet werden bzw. dient als Anstoß für kreative Entwicklungen (vgl. Schwarz, Qualität statt Quantität).

Der Einsatz des halbstrukturierten Interviews (als Methode der **„qualitativen Ursachenforschung"**) bietet sich vor allem dann an, wenn bereits eine „mehrdimensionale Ursachenforschung" vorausgegangen ist und die wichtigsten Problemfelder bereits bekannt sind. Diese können dann mit der qualitativen Ursachenforschung bearbeitet werden.

Als geeignetes Instrument bietet sich hier das Gespräch an, das in seiner operationalisierten aber nicht standardisierten Form als „offenes Interview" bezeichnet wird.

Für den Schulbereich ist das offene Interview in mehrfacher Hinsicht von Bedeutung:

▷ Erstens liefert es die methodischen Grundgedanken für jede Form der offenen Befragung, auch für Fragebögen unterschiedlichster Art.

▷ Zweitens hinterfragt es die Methodik der Fragestellung generell und kann somit als Grundlage für Fragetechnik generell dienen.

▷ Drittens kann es für LehrerInnen von Zeit zu Zeit durchaus interessant sein, die Techniken des richtigen Fragens und Zuhörens anzuwenden bzw. zu verbessern.

Die besondere Form des „Tiefeninterviews" ist für Lehrer nur bedingt von Interesse. Diese Anwendung erfordert eine gründliche Ausbildung (vgl. Schwarz, Qualität statt Quantität).

3.13. Die Rücklaufquote

Die Rücklaufquote kann gerade bei qualitativen Fragebögen sehr unterschiedlich sein. Die folgenden Beispiele beziehen sich auf unsere Erfahrungen aus der Schulentwicklung. **LehrerInnen** schicken die Bögen im Durchschnitt zu 50% zurück – was schon ein sehr guter Wert ist. Noch nie haben wir weniger als 40% zurückerhalten, im Extremfall waren es 100% – allerdings bei einer kleineren Schule mit weniger als 20 Lehrern.

Vor allem in der Budgetplanung bei externer Vergabe sollte man darauf achten, dass die Rücklaufquote bereits im Preis berücksichtigt ist.

Bei **Schülerfragebögen** ist die Rücklaufquote gut zu steuern, da man die SchülerInnen im Regelfall während der Unterrichtszeit die Bögen ausfüllen lässt und somit knapp 100% erreicht.

Bei **Elternfragebögen** wird die Sache schon schwieriger: Wie motiviert man Eltern, einen Fragebogen auszufüllen? Ein gewisser Anteil ist am Geschehen in der Schule interessiert und wird die Fragebögen detailliert ausgefüllt und innerhalb der vorgesehenen Zeit retournieren. Leider sind das nicht immer genügend Eltern und manchmal auch gar nicht diejenigen, deren Motive man gerne kennen würde – denn die engagierten Eltern tun ihre Meinungen meist ungefragt kund oder kommen auch zu Veranstaltungen, wo man über Probleme, Missstände und Anregungen diskutieren kann.

Die weniger engagierten Eltern kommen seltener in die Schule und werden auch weniger oft den Fragebogen retournieren. Sie sind nichtsdestotrotz ein interessantes Klientel, denn sie interessieren sich ebenfalls für die Schule, nur tragen sie dieses Interesse seltener nach außen. Sehr wohl richten sie ihre Handlungen nach ihren Motiven aus – genauso, wie das auch engagierte Eltern tun: Sie geben ihre jüngeren Kinder dann ebenfalls in die Schule oder auch nicht, sie tun ihre Meinung beim Dorftratsch kund und im Fußballverein.

Es ist für die Schule auf jeden Fall von Interesse, auch die Motive der negativ gestimmten Eltern zu kennen – oft sehen die ohnehin engagierten ein wenig zu sehr durch die rosa Brille – das wird von Schule zu Schule verschieden sein.

Es gilt also, diesen Teil der Elternschaft ebenfalls zu motivieren, d. h. man muss ihnen einen guten Grund geben, den Fragebogen auszufüllen – je länger und je offener er ist, umso schwieriger ist das.

Bei Unternehmen sowie anderen von der Schule „weiter entfernten" Zielgruppen wird die Rücklaufquote sehr unterschiedlich, in der Regel jedoch geringer sein. Die Schulen haben hier jedoch einen Bonus: Schulmarketing ist in seiner professionellen Ausführung erst in der „Gründerzeit", viele Befragten, viele Zielgruppen kann man noch mit dem Reiz des Neuen locken – dies sollte bei der Entwicklung der Fragebögen bereits mit berücksichtigt werden (z. B.: „Unser besonderes Engagement betrifft gerade Sie, daher würden wir Sie um Ihre Meinung bitten!").

Wir haben bei unseren Umfragen dennoch herausgefunden, dass trotz geringerer Rücklaufquote bei qualitativen Fragebögen die Ergebnisse wesentlich interessanter waren.

Wir stellen bei den Fragebögen immer zwei Schlussfragen:
1. Was haben wir vergessen zu fragen?
2. Wie sind Sie mit dem Fragebogen zurechtgekommen?

Die erste Frage wird von manchen missverstanden, andere lassen sie leer und wieder andere packen dort ihren ganzen Frust hinein – ein durchaus wünschenswertes Ergebnis, denn dadurch wird klar, dass man etwas Wichtiges abzufragen vergessen hat. Manchmal erfolgt auch eine Zusammenfassung der wichtigsten Punkte bzw. es gibt jeweils mehrere Befragte, die Fragen stellen, die vergessen wurden und dazu auch gleich die entsprechenden Antworten liefern. Zugleich ist dies ein Zugeständnis, dass wir als Frager nicht mehr wissen als der Befragte – was erstens tatsächlich der Fall ist, denn sonst bräuchten wir nicht zu fragen, und zweitens den Befragten in das Zentrum der Erhebung stellt und ihm somit einen Stellenwert gibt, den die meisten Menschen in ihrem Lebensumfeld nur selten bis nie haben. Das klingt ein wenig übertrieben, ist es aber nicht. Als kleines Beispiel darf die Verweigerungsquote herhalten, die der Autor dieser Zeilen – seit 13 Jahren in der qualitativen Motivforschung tätig – im Laufe seine Karriere hatte: Null Prozent. Auf den ersten Blick möchte man meinen, dass die Verweigerungsquote enorm ist, wenn jemand in einem Unternehmen mit Tonbandgerät und Mikrofon auftaucht und genaue Fragen stellt. Genau das Gegenteil tritt ein: Die Menschen freuen sich, dass sie jemand einmal ernsthaft nach *ihrer* Meinung fragt.

Dementsprechend sind auch die Antworten auf die letzte Frage. Etliche notieren, dass Fragebögen zum Ankreuzen leichter gewesen wären, genauso viele schreiben aber auch, dass sie es gut finden, dass sie endlich einmal das hinschreiben können bzw. sollen, was sie wirklich meinen.

Man darf sich gerade bei Umfragen jedoch keine Wunder erwarten – maximal 30% Rücklaufquote sollte man einplanen. Der Vorteil bei offenen Befragungen besteht auch darin, dass die Zielgruppe wirklich selbst die Formulare ausfüllt. Bei Bögen zum Ankreuzen kann es leicht passieren, dass die Sekretärin, die Großmutter, die Kinder oder der Onkel das Ausfüllen übernehmen, manchmal auch der vereinte Familienrat. Diese Fehlerquelle muss man ebenfalls berücksichtigen.

Es gilt jedoch stets, dass man die Befragten noch zusätzlich motivieren muss. Diesen Umstand findet man übrigens auch bei den QIS-Fragebögen berücksichtigt, bei qualitativen Umfragen benötigt dieser Punkt jedoch noch mehr Beachtung.
Erklären Sie den Befragten, dass es unbedingt notwendig ist, ihre persönlichen Meinungen zu erfahren. Die Menschen wollen aufgewertet werden und das ist der größte Trumpf: Man kann in einem qualitativen Bogen leichter argumentieren, dass die individuellen Meinungen – und nur solche wollen Befragte abliefern, niemand ist gerne eine Durchschnittsnummer – tatsächlich für das Ergebnis von Interesse sind (vgl. Degendorfer u. a., Qualitätsmanagement und Schulentwicklung).

Wichtig ist stets, dass den Befragten die Gründe für die Befragung erklärt werden und eventuell auch, was dann damit geschieht bzw. wo und wie sie in das Ergebnis Einblick erlangen können – das Internet wird in den nächsten Jahren eine große Rolle spielen, schon jetzt können zum Beispiel die Umfrageergebnisse des Pädagogischen Instituts Baden (Niederösterreich) auf dessen Homepage geortet werden.
Ein weiterer wichtiger Punkt besteht darin, dass man den Befragten klar machen muss, welche Form der Weiterentwicklung sie mit ihren Aussagen unterstützen, wofür das Ergebnis gebraucht wird. Man macht sie so zu einem aktiven Teil der Weiterentwicklung und bezieht sie in das Schulgeschehen mit ein. Nicht jeder will das, aber das Selbstwertgefühl einiger lässt sich damit allemal steigern.

Die Rücklaufquote bei quantitativen Umfragen ist höher, aber im Zweifelsfall auch enttäuschend niedrig: Man sollte sich auch bei quantitativen Umfragen nicht zu sehr darauf verlassen, dass die Befragten „ohnehin nur 5 Minuten ihrer Zeit opfern" müssen. Das ist manchen schon zu viel bzw. diejenigen, die sich nicht gerne deklarieren, werden auch den kürzesten Fragebogen ohne Umschweife im Rundordner ablegen.

Im Prinzip gilt das gleiche wie für qualitative Umfragen, nur tut man sich naturgemäß etwas schwerer, die Befragten bei ihrer Individualität zu packen, die
methodisch nicht erfassbar ist. Wir müssen hier davor warnen, mit Tricks zu operieren: Eine Babywindelfirma hat dies vor Jahren getan: Sie teilten „Treuekarten"
aus, auf die man kleine Schnipsel von den Packungen aufkleben konnte. Bei sechs
Schnipsel sollte man die Karte einschicken und bekam einen Scheck über öS 100,–.
Auf der Karte sollte man noch die Namen, das Alter, das Gewicht etc. der Babys
eintragen. Das war ein reiner Werbegag, denn diese Daten hat sich außer denjenigen, die mit der Öffnung und Sortierung der Briefe beschäftigt waren, niemals
jemand angesehen. Hier sollten nur die Mütter aufgewertet werden, in Wahrheit
hat sich niemand für die Babys interessiert.

Im Falle der Babywindeln hatte dies keine negativen Konsequenzen, im Schulbereich gibt es jedoch sehr wohl Rückkoppelungsschleifen, die man nicht außer
Acht lassen sollte.

Generell ist die Rücklaufquote bei quantitativ durchgeführten Umfragen wie
folgt einzustufen:

Die Angaben über die Größenordnung von Rücklaufquoten schriftlicher Befragungen variieren zwischen 10 und 40%. Die große Masse dürfte bei 25% liegen
(Rogge, Marktforschung, S. 147).

Rogge führt diverse Faktoren an, die die Rücklaufquote verringern. Davon treffen nur ein paar auf das Segment „Eltern" zu:

- Die **mangelnde Bereitschaft** überhaupt einen Fragebogen auszufüllen.
- Kein **Interesse am Thema,** daher nur wenige Worte, locker hingeschrie-
  ben. Manchmal Verweigerung ganzer Blöcke. Diese Personen schicken auch
  manchmal einen ausgefüllten Fragebogen nicht zurück.
- **Funktionaler Analphabetismus.** Hier schwanken die Schätzungen öster-
  reichweit zwischen 5 und 25%. Das heißt, dass diese Menschen zwar lesen
  und schreiben können, Gelesenes aber nicht verstehen, schon gar keine
  zusammenhängenden Sätze. Sie werden daher einen Fragebogen nicht beantworten – an diese Gruppe ist nur mit mündlichen Befragungen heranzukom-
  men. In Zukunft wird auch die neue Form des Analphabetismus – keinen
  Zugang zum Computer bzw. zum Internet – einen verstärkten Stellenwert einnehmen. In ein paar Jahren werden Fragebögen per E-Mail verschickt und
  auch wieder eingesammelt. Die Ausfüllbarkeit wird sich verändern, aber diejenigen, die kein E-Mail haben, werden davon ausgeschlossen sein.

Wie wertet man Fragebögen aus?

Quantitative Fragebögen müssen statistisch ausgewertet werden, damit ihre Möglichkeiten ausgenützt werden können: sie sind ideal, um quantitative Zuordnungen zu bestimmen. Wenn mir bestimmte Motive bekannt sind, dann kann ich mittels eines quantitativen Fragebogens herausfinden, wie die Motive in meiner Zielgruppe verteilt sind. Dazu ist es notwendig, die Fragebögen entsprechend auszuwerten.

Die Homepage des Ministeriums bietet eine detaillierte Anleitung, die wir zur Auswertung quantitativer Fragebögen empfehlen können (www.qis.at). Weiters empfehlen wir Fachbücher (siehe Literaturliste), in denen die Auswertung quantitativer Fragebögen detailliert beschrieben wird.

Ganz anders gestaltet sich die Auswertung qualitativer Fragebögen. Hier empfehlen wir, sofern das Budget vorhanden ist, einen Spezialisten zu beauftragen, der die Auswertung übernimmt. Die Kosten dafür halten sich meist in Grenzen und werden in vielen Fällen über Sponsoring abgedeckt.

Wir wollen an dieser Stelle jedoch möglichst viele Grundlagen klären und auch Tipps geben, wie qualitative Fragebögen ausgewertet werden können.

Schon bei der Erstellung kann man auf eine spätere Auswertung Rücksicht nehmen, d. h. man kann die Fragen entsprechend gruppieren, man kann die freien Felder, die der Antworteintragung dienen, größer oder kleiner machen und die Menge und Länge der Antworten so ein wenig steuern. Wir empfehlen jedoch in die Einleitung hineinzuschreiben, dass die Antworten so kurz oder lang ausfallen können, wie es dem Befragten beliebt. Getreu dem Grundsatz, dass uns genau die Antwort interessiert, die der Befragte uns geben kann und möchte, sollte genügend Platz auch für längere Ausführungen bleiben.

Die Auswertung erfolgt durch „Kategorisierung" der Interviews oder Fragebögen. Damit ist gemeint, dass man ein Einteilungsprinzip findet, das die wichtigsten Bereiche des zu erforschenden Themas betrifft. In den meisten Fällen werden die Kategorien mit den Fragen ident sein – ganz anders sieht dies bei offenen Interviews aus, wo man erst nach Durchsicht des Datenmaterials die entsprechenden Kategorien findet.

Sofern man einen Interviewleitfaden hat, gibt es mindestens einen Teil der Kategorien schon von Anfang an. Das hat meist auch den Grund, dass die jeweiligen Auftraggeber gewisse Fragen beantwortet haben wollen.

Die Kategorien in den Schulfragebögen sind stets mit den Fragen ident – bei der Auswertung können jedoch noch weitere hinzukommen, etwa dann, wenn in den offenen Fragen von den LehrerInnen Aussagen zu Themen kommen, an die man vorher nicht gedacht hat, die sich aber als relevant herausstellen.

Ein Beispiel für ein paar Kategorien aus Fragebögen, die an potenzielle Sponsoren verteilt werden:

- Interesse an Schulen generell
- Finanzielle Möglichkeiten
- Bisheriges Sponsoring
- Art des Sponsorings
- Interesse an speziellen Veranstaltungen
- Interesse an Öffentlichkeit
- Zeithorizont
- Motive für Sponsoring
- Ablehnungsgründe
- Sonstiges

Schritte zur Auswertung

Erster Schritt: die **Längsauswertung.** Man liest sich einen kompletten Fragebogen durch und notiert Wahrnehmungen über bestimmte Kriterien, die man vorher festgelegt hat. Das kann die Gesamtstimmung sein, die Menge des Geschriebenen oder die Widersprüchlichkeit. Diese Auswertung dient meist eher der Kontrolle: Man will die Stimmigkeit eines Fragebogens testen oder kontrollieren, ob einige Aussagen in dem Kontext belassen werden (können), den der Schreiber dafür vorgesehen hat.

Zweiter Schritt: die **Querauswertung.** Hier beginnt die eigentliche Arbeit. Die Auswerter lesen sich die Aussagen zu den jeweiligen Fragen durch und sammeln sie. Das Ergebnis sind pro Kategorie mehrere Seiten an Aussagen, also „Daten".

Im nächsten Schritt – und das ist der entscheidende – geht es darum, die jeweils zu einer Kategorie passende bzw. darin enthaltene Problematik richtig zu analysieren. Es geht z. B. darum, die darin verborgenen Motive herauszuarbeiten.

Dieser Schritt ist am schwierigsten, denn dazu wird im Prinzip ein Fachmann benötigt, also ein Sozialwissenschafter, der die entsprechenden Denk- und Verhaltensmodelle parat hat und auch erkennt, wann welches anzuwenden ist und wann nicht.

Ein nicht-wissenschaftlicher Zugang ist ebenfalls möglich, jedoch auch nicht einfach, denn die Auswerter können sich jeweils die Frage stellen:

„Was lerne ich aus dem Material dieser Kategorie, was ich vorher noch nicht wusste".

Diese Frage ist nur leider unzureichend und muss durch weitere ergänzt werden:

„Welcher rote Faden zieht sich durch die Aussagen dieser Kategorie?"

„Welche Aussagen sind hier zentral und welche sind peripher?"

„Wie erkläre ich einem Unbeteiligten die Inhalte dieser Kategorie?"

Dritter Schritt: **die Vernetzung.** Jeder Auswerter hat alle Kategorien gelesen und die obigen Fragen beantwortet. Manchmal geht man auch so vor, dass bei mehreren Auswertern nicht alle alles lesen müssen, sondern man bestimmte Kategorien zu Gruppen schichtet und diese dann jeweils in kleinen Teams bearbeitet.

Die Vernetzung ist zugleich eine Konfrontation der verschiedenen Interpretationen. Was in bestimmten Formen der qualitativen Motivforschung notwendiges Mittel zum Erfolg ist, kann für Nicht-Gruppendynamiker und Nicht-Dialektiker zu einem Problem werden. Die spezielle Art von Streitkultur, die man beim Aufarbeiten von Widersprüchen, die in eigenem Material vorhanden sind, braucht, muss man lernen, bevor man sich an die Arbeit machen kann. Wenn man diese Kultur nicht verinnerlicht hat, entsteht naturgemäß ein Streit und man kann die wertvollen Erkenntnisse, die aus der Diskussion der Widersprüche entstehen, nicht erlangen.

Es stellt sich daher die Frage, in welcher Konstellation Lehrer die eigenen Fragebögen auswerten sollen. Bei Schüler- und Elternfragebögen ist die Problematik nicht so vakant, hier besitzen die Lehrer vom Prinzip her die notwendige Distanz und können in Gruppen von 2 bis 5 Personen an der Auswertung der Bögen arbeiten.

Wenn es jedoch um die eigenen Probleme geht, also um die Lehrer-Fragebögen, dann steht jeder vor dem Problem, dass er die Aussagen der anderen zuerst einmal an seiner eigenen Meinung „misst", bevor er – wenn überhaupt – davon abstrahieren kann. Die nötige Objektivität ist nicht mehr gegeben, da auch eigene Interessen nicht einfach „weggedacht" werden können. Wir empfehlen daher, die Auswertung der „eigenen" Fragebögen externen Spezialisten zu überlassen.

Die Auswertung der Eltern- und der Schülerfragebögen können LehrerInnen hingegen durchaus selbst machen. Sie sollten sich jedoch nicht zu viel erwarten und die Auswertung lieber mit Hausverstand als mit Pseudoexpertentum angehen. Man muss kein Sozialwissenschafter sein, um unterschiedliche Aussagen zu einem Thema zusammenfassen zu können. Man wird auch nicht daran scheitern, sie zueinander in ein Verhältnis zu bringen bzw. eine Gegenüberstellung zu erarbeiten. Damit hat man aber schon sehr viel erreicht, eine Interpretation der in den Aussagen verborgenen Motive kann man – sofern man diese wünscht – ja immer noch von einem Experten erstellen lassen. Dies ist im Normalfall auch recht kostengünstig, da der Wissenschafter bereits das aufbereitete Material bekommt und quasi nur mehr seine Expertise abgibt.

Eine ganze Anzahl wichtiger Erkenntnisse kann man selbst aus dem Datenmaterial gewinnen, sofern man bereit ist, sich ausführlich und genau damit auseinander zu setzen. Daran scheitern jedoch leider viele Auswertungsversuche, unter anderem deshalb, weil man diese Tätigkeit letztendlich doch nicht gewohnt ist und der eine oder andere gerne das Handtuch wirft. Man darf jedoch beruhigt sein: Das kann auch den Spezialisten passieren, wenn sie vor einer sehr komplexen Aufgabe stehen. Man sollte sich jedoch von scheinbar komplizierten Zusammenhängen nicht einschüchtern zu lassen. Mit der Zeit lassen sich dann Strukturen erkennen, denen man folgen kann. Die weitere Aufbereitung wird immer einfacher und das Ergebnis belohnt meist die Mühen: Man erkennt Zusammenhänge und Strukturen, die vorher noch im Dunkel gelegen waren und gewinnt dadurch neue Erkenntnisse. (Für nähere Details betreffend der Auswertung qualitativer Fragebögen siehe Degendorfer u. a., Qualitätsmanagement und Schulentwicklung, S. 112ff.).

4 Schulmarketing und der Markt der Schule

4.1 Wissenschaftlicher Ansatz für Schulmarketing

Spricht man in Österreich von Schule oder Schulwesen, so ist damit anders als in vielen Ländern vor allem das durch den Staat geprägte öffentliche Schulwesen gemeint. Die Marktanteile der öffentlichen Schulen liegen bei rund 94%, je nachdem, ob man die Anzahl der Schulen (94%), der Klassen (94,3%) oder der SchülerInnen (93,7%) als Basis heranzieht (Badelt, 1999). Die öffentliche Hand hat eine dreifache Funktion – sie ist Geldgeber, Regulierungsbehörde und Leistungsanbieter.

Auch auf die öffentlichen Schulen trifft zu, was öffentlichen Verwaltungen derzeit zu schaffen macht: zunehmende Kritik wegen mangelnder Transparenz, Bürgerferne, mangelnde Effektivität und Effizienz von Leistungen, Ausnutzung der Monopolsituation, interne Kritik (LehrerInnen beschweren sich über die zu geringe Flexibilität vorgesetzter Behörden etc.) und teilweise schlechtes Image (vgl. Bargehr, 1993). Aus diesem Grund wurde und wird versucht, mit Instrumenten, die in der Privatwirtschaft erfolgreich sind, wie Marketing, Controlling und Managementinformationssystemen auch im Bereich der öffentlichen Verwaltung und öffentlicher Unternehmungen Veränderungen zum Positiven zu erreichen.

Das Gegenstück zu den Öffentlichen Schulen stellen die so genannten „Non-Profit-Organisationen" (NPOs) im Schulbereich dar. Darunter versteht man jene Organisationen, die nicht auf Gewinn ausgerichtet sind und weder dem Staat noch dem privaten (gewinnorientierten) Unternehmensbereich zuzurechnen sind. Der Begriff „Non-Profit" stellt eine Verkürzung dar, denn eigentlich müsste es „Not for Profit" heißen, das heißt, es steht nicht die Gewinnerzielung an erster Stelle, was aber nicht heißt, dass nicht sparsam gewirtschaftet werden muss. Ganz im Gegenteil: In vielen NPO's wird das Thema Finanzen bzw. Finanzierung in der täglichen Arbeit fast wichtiger als die eigentliche Aufgabe betrachtet.

Obwohl öffentliche Schulen nicht gewinnorientiert sind, fallen sie nicht unter diesen Begriff, weil sie dem staatlichen Bereich zuzurechnen sind. Spricht man von Non-Profit-Organisationen (NPOs) im Schulbereich, so sind damit vor allem kirchennahe Schulen gemeint. Der Marktanteil dieses Sektors im Schulbereich bezogen auf die Schülerzahlen beträgt immerhin 6,3% (Badelt, 1999), bezogen auf die Anzahl der Schulen 5,9%. Der Anteil von gewinnorientierten Unternehmen im Schulsektor ist nahe Null, nur 0,1% der Schulen und Klassen entfallen auf diesen Bereich.

Beim Marketing für Schulen sind aufgrund der speziellen Rahmenbedingungen spezifische Marketingkonzepte und Marketingstrategien notwendig. Die Konzepte und Strategien gewinnorientierter privatwirtschaftlicher Unternehmen müssen für Schulen adaptiert werden, um diesen Rahmenbedingungen gerecht werden zu können.

Welche praxiserprobten und theoretisch fundierten Ansätze gibt es überhaupt? Zur Beantwortung dieser Frage ist ein Blick auf die Entwicklung des Marketings und die Entwicklung von verschiedenen Marketingphilosophien hilfreich. Die Kenntnis dieser Marketingphilosophien ist einerseits wesentlich für die Entwicklung einer Schulmarketingkonzeption, andererseits ist sie hilfreich, um Vorurteile gegenüber Schulmarketing abzubauen.

Marketingphilosophien

Man unterscheidet im Prinzip **vier Marketingkonzepte** (vgl. Kotler, 1991 und Weis, 1999a):
- das Produktkonzept
- das Produktionskonzept
- das Verkaufskonzept oder traditionelle Marketingkonzept
- das integrierte Marketingkonzept oder kundenorientierte Marketingkonzept

1. Das Produktkonzept

In der ersten Periode des Marketings, die durch neue Erfindungen (wie Radio, Autos und elektrischem Licht) bestimmt wurde, stand das Produkt im Zentrum der Marketinganstrengungen.

Produktorientiertes Marketing geht davon aus, dass jene Unternehmen am Markt erfolgreich sein werden, die Produkte und Dienstleistungen auf den Markt bringen, die für die Öffentlichkeit wichtig sind (vgl. Kotler, 1991).

Unternehmen, die das Produktkonzept für richtig halten, sind der Meinung, „dass Kunden diejenigen Produkte kaufen, die die beste Qualität, das beste Design, die beste Gegenleistung bieten" (vgl. Weis, 1999a) bzw. „dass sich gute Produkte von alleine verkaufen".

Dieses Marketing auf das Produkt „Schule" angewandt würde bedeuten, dass jene Schule die erfolgreichste ist, die die beste Qualität bietet. Bei Anwendung des Konzeptes auf das Produkt Schule stellen sich jedoch weitere Fragen:

- Gibt es eine allgemein akzeptierte Definition von Schulqualität bzw. verstehen Eltern, SchülerInnen und LehrerInnen unter „guter Schule" das Gleiche?
- Welche Kriterien werden zur Feststellung der Qualität herangezogen?

Qualität alleine ist kein ausreichendes Differenzierungsmerkmal, denn wenn alle Schulen die gleichen Qualitätsstandards erreicht haben, besteht kein Wettbewerbsvorteil mehr (vgl. Kotler, 1999).

Am Markt existieren zahlreiche Produkte, die nicht die beste Qualität oder das beste Design aufweisen. Diese werden trotzdem von Kunden gekauft. Somit stellt sich die Frage, was Kunden dazu bewegt, diese Produkte zu kaufen. Eine Antwort darauf versucht das produktionsorientierte Marketingkonzept zu geben.

2. Das Produktionskonzept

Die ersten Jahrzehnte des 20. Jahrhunderts waren von Unternehmern wie Henry Ford geprägt, die davon überzeugt waren, dass ein wesentlicher Faktor für Markterfolg eine rationelle Fertigung sei. Unternehmen legten viel Wert auf die Vereinfachung und Rationalisierung von Produktionsprozessen. So ist auch der legendäre Ausspruch „Sie können den Ford in jeder Farbe – vorausgesetzt sie ist schwarz – kaufen" zu verstehen. Die Beschränkung auf eine Farbe und eine Ausstattungsvariante für sein Model „Ford T" war der Schlüssel für den Unternehmenserfolg.

Es entstanden neue Vertriebsformen wie Großkaufhäuser, Ladenketten und Supermärkte. Die Kernüberlegung war, mehr und damit zu günstigeren Preisen verkaufen zu können.

Produktionsorientiertes Marketing geht davon aus, dass jene Unternehmen am Markt erfolgreich sein werden, die die niedrigsten Kosten und die effizientesten Produktions- und Distributionssysteme haben.

Ein produktionsorientierter Marketingansatz für das Produkt „Schule" würde diejenige Schule als die erfolgreichste bezeichnen, die zu den geringsten Kosten das Produkt „Bildung" erstellt.

Kosten entstehen durch die Gehälter des Lehr- und Nichtlehrpersonals, die Aufwendungen für Gebäude und Ausstattung. Aber auch die Eltern haben Kosten zu tragen, selbst wenn ihre Kinder eine öffentliche Schule besuchen (Schulmaterialien, Beiträge für Schulveranstaltungen, Nachhilfestunden oder Internatskosten).

Weiters entstehen Aufwendungen, die nicht direkt in Geld bewertet werden können, so genannte „nichtmonetäre" Kosten. Darunter fallen der zeitliche Aufwand für den Schulweg oder jene Zeiträume, die SchülerInnen und sehr oft auch Eltern für Hausaufgaben, Schularbeits- und Prüfungsvorbereitungen aufwenden müssen. Auch „emotionale" Kosten fallen an, wie viele SchülerInnen und Eltern wissen: familiäre Konflikte wegen Hausaufgaben, schlechter Noten, Konflikte mit LehrerInnen.

Eine Anwendung des produktionsorientierten Marketingansatzes würde bedeuten, dass jede Schule die Kosten „pro Einheit Bildung" kennen müsste – bei den verschlungenen Wegen der Finanzierung von Schulen kein leichtes Unterfangen. Damit aber nicht genug, denn eine Schule müsste die Kostensituation auch beeinflussen und eigenverantwortlich über ihr Budget entscheiden können: Einsparungen in der Ausstattung könnten in höhere Gehälter für Lehrer investiert werden oder umgekehrt.

3. Das Verkaufskonzept oder traditionelle Marketingkonzept

Solange genügend Kunden da sind, die Produkte kaufen, ist die Überlegung, die besten Produkte herzustellen, sie billig zu produzieren und in möglichst großen Mengen abzusetzen, erfolgreich. Sobald aber das Angebot größer als die Nachfrage ist, stehen Unternehmen vor einer gänzlich neuen Herausforderung: Sie müssen Kunden davon überzeugen, ihr Geld für Produkte einer bestimmten Marke auszugeben. Diese Entwicklung führte zu einer bedeutenderen Rolle von Verkauf, Werbung und Verkaufsförderung im Marketing-Mix. Das Verkaufskonzept oder auch traditionelle Marketingkonzept geht also noch immer von **vorhandenen Produkten** aus, für die eine genügend große Anzahl von Kunden gefunden werden muss.

Ein Unternehmen, welches verkaufsorientiertes Marketing betreibt, wird eher seine Werbebudgets erhöhen und die Verkaufsaktivitäten forcieren, als die Attraktivität seiner Produkte durch Weiter- und Neuentwicklungen zu steigern.

Abb. 25: Traditionelles Marketingkonzept (nach Weis, 1999a)

Unternehmensziel ist die Gewinnoptimierung. Wendet das Unternehmen das Verkaufskonzept an, so kann Gewinn nur dadurch erzielt werden, indem möglichst viele Produkte verkauft werden. Somit muss das Unternehmen Aktivitäten setzen, die einen größeren Kundenkreis erschließen.

Eine Schule, die sich in ihren Marketingüberlegungen am Verkaufskonzept orientiert, würde im Falle, dass sie zu wenig SchülerInnen hat, ein Budget für Werbung und Öffentlichkeitsarbeit benötigen. Damit würde sie „Verkaufsförderungsaktivitäten" wie Gewinnspiele und Preisausschreiben einsetzen und mittels Inseraten, Plakaten und ähnlichem Eltern und Kinder über das Angebot der Schule informieren. Außerdem würden Schulen auch „Verkäufer" benötigen.

Wird Marketing mit dem Verkaufskonzept gleichgesetzt, so würde das bedeuten, dass Schulen vor allem „Verkaufsanstrengungen" unternehmen müssten. Vertreter vor der Haustüre jedoch, die Eltern zum Besuch einer bestimmten Schule überreden sollten, sind sicher kein wünschenswerter Zustand. Aber Marketing ist mehr als Werbung und Verkauf. Publikationen wie „Zerstört die Marktwirtschaft die Schule?" lösen nicht die Gegenfrage „Hat die Planwirtschaft die Schule weiterentwickelt?" aus, sondern zustimmendes Kopfnicken (vgl. Severinski, 1995). Weitere Titel von Referaten oder Tagungen wie beispielsweise „Entstaatlichung von Schule: Chance oder Risiko für Qualität?" oder „Bildung zwischen Staat und Markt" spiegeln ebenfalls diese Skepsis bzw. Ängste wider (vgl. Krüger/Olbertz, 1997).

Andererseits setzen bereits viele Schulen Kommunikationspolitik (siehe dazu Kapitel 2.4) engagiert und erfolgreich um. Sie sind davon überzeugt, dass Öffentlichkeitsarbeit nötig ist und setzen deren Instrumente ein (z. B. Folder, Presse- und Medienarbeit oder eine ansprechende Homepage). Sie stoßen dabei aber sehr bald an jene Grenzen, die sich durch den isolierten Einsatz der Kommunikationspolitik ergeben.

4. Das integrierte oder kundenorientierte Marketingkonzept

Ein gemeinsames Merkmal der ersten drei Entwicklungsphasen des Marketing war, dass sie in ihrem Kern produktorientiert waren. Ein Unternehmen entscheidet, was es produzieren möchte und versucht dann, „die Kunden an das Produkt anzupassen" bzw. sie zu überreden, das Produkt zu kaufen.

Aber die Konsumenten werden mündiger. In diesem Stadium entstand die Idee, die Kunden und ihre Bedürfnisse an den Beginn der Marketingplanung zu stellen. Kundenorientiertes Marketing ist die Quintessenz einer modernen Marketingphilosophie.

Kundenorientiertes Marketing geht davon aus, dass jene Unternehmen die erfolgreichsten sein werden, die die Bedürfnisse und Wünsche ihrer Zielgruppen am besten kennen und diese durch Produktgestaltung, Kommunikation, Preisgestaltung und Vertrieb am besten erfüllen können.

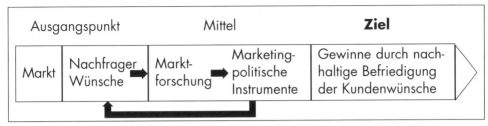

Abb. 26: Kundenorientiertes Marketing

Ausgangspunkt im modernen Marketingkonzept sind die Bedürfnisse und Wünsche der Konsumenten. Somit steht am Beginn des Marketingprozesses die Erforschung der Bedürfnisse und Wünsche von Kunden. Marktforschung ist das Instrument, um diese Bedürfnisse und Wünsche kennen zu lernen (siehe Kap. 3). Die gewonnen Erkenntnisse bilden die Basis für den Einsatz der marketingpolitischen Instrumente und die Planung des Marketing-Mixes.

„Marketing ist die Konzeption der Unternehmensführung, die von vorhandenen und potenziellen Kunden ausgeht; sie ist darauf ausgerichtet durch Befriedigung der Kundenwünsche Gewinne zu erzielen. Zur Realisierung dieser Ziele werden die Marktforschung und die marketingpolitischen Instrumente optimal eingesetzt" (Weis, 1999a).

Die folgende Abbildung zeigt den Marketingprozess im modernen Marketing, der sich in die drei Bereiche Marktpositionierung, Leistungserstellung und Leistungskommunikation gliedern lässt.

Marktpositionierung
Bedürfnis- und wertorientierte Marktsegmentierung
Festlegung der Zielsegmente
Produktpositionierung

Leistungserstellung
Produktentwicklung und Test
Konditionsfestlegung
Herstellungsbedarf
Logistikgestaltung
Serviceangebot

Leistungskommunikation
Werbung/PR
Verkaufsförderung
Verkauf

Abb. 27: Marketingprozess im modernen Marketing (nach Weis, 1999a)

111

Am Beginn des modernen Marketingprozesses steht also die **Marktpositio-nierung,** die unter Berücksichtigung der in der Marktforschung gewonnen Erkenntnisse sowie der eigenen Stärken und Werte vorgenommen wird. Erst dann erfolgt die **Leistungserstellung,** an deren Beginn die Produktentwicklung und der Test der Produkte steht. Konditionenfestlegung, Herstellungsablauf, Logistikgestaltung und Serviceangebot sind die weiteren in diesem Bereich zu erfüllenden Aufgaben. Sie müssen ebenfalls auf die in der Marktpositionierung formulierten Ziele abgestimmt werden. Der Einsatz der kommunikationspolitischen Instrumente stellt die dritte Phase des Marketingprozesses dar.

Es genügt jedoch nicht, den Kunden und seine Bedürfnisse bzw. Wünsche an den Beginn der Produktentwicklung zu stellen, wenn die einzelnen Teilbereiche des Unternehmens unkoordiniert am Markt agieren. Der effiziente Einsatz von Marketing bedingt, dass die in einem Unternehmen zu erfüllenden Funktionen aufeinander und auf den Markt abgestimmt werden. Diese Erkenntnis führte zur Entwicklung des so genannten „integrierten Marketings".

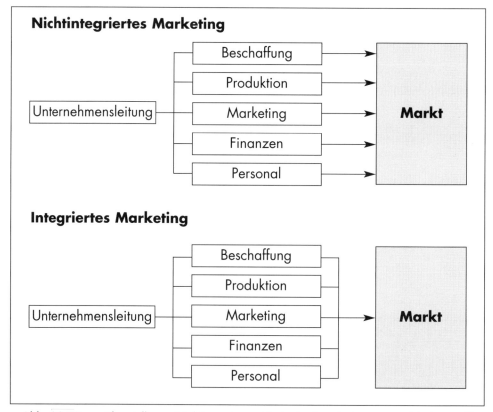

Abb. 28: Gegenüberstellung „Nichtintegriertes Marketing" und „Integriertes Marketing I" (nach Weis, 1999a)

Während im nichtintegrierten Marketing die einzelnen Bereiche eines Unternehmens wie Beschaffung, Produktion und Finanzen jedes für sich auf dem Markt agieren, besteht im integrierten Marketing eine Situation, in der alle Unternehmensbereiche marketingorientiert sind. Der Vorteil des integrierten Marketingkonzeptes liegt darin, dass durch die konsequente Ausrichtung aller Unternehmens- bzw. Organisationsbereiche auf den Markt effizienter agiert werden kann.

Erweitert wurde dieser Ansatz durch die Einbeziehung des **internen Marketings** sowie des Wettbewerbsmarketings zum so genannten „Integrierten Marketingkonzept II".

„Das interne Marketing betrachtet Arbeitnehmer als interne Kunden und die Arbeitsplätze als interne Produkte, die den Bedürfnissen dieser Konsumenten entsprechen müssen" (Laakmann, 1997). Durch die Motivation des Personals soll dessen Leistungsfähigkeit und -willigkeit erhöht werden, was sich in einer erhöhten Kundenzufriedenheit widerspiegelt.

Besondere Bedeutung hat das interne Marketing für Dienstleistungsbetriebe, wo die Qualitätsbeurteilung durch den Konsumenten vor allem durch das Auftreten der Mitarbeiter beeinflusst wird. Internes Marketing stellt also die gezielte Anwendung personalwirtschaftlicher Instrumente zur Schaffung einer erhöhten Kundenorientierung dar. Im Zentrum der Aktivitäten steht meistens der Bereich Kommunikation.

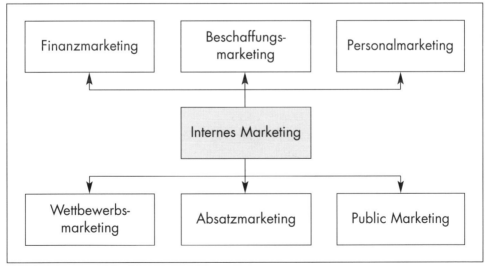

Abb. 29: „Integriertes Marketingkonzept II" (nach Weis, 1999a)

Was ist Schulmarketing?

Im Laufe der Zeit entwickelten sich nicht nur die bereits angeführten Marketingphilosophien, sondern der Marketinggedanke erfuhr auch eine Ausweitung auf andere Bereiche sowie eine Spezialisierung.

Konsumgüter benötigen im Marketing andere Schwerpunkte als Dienstleistungen. Produkte, die für den Verbrauch bestimmt sind, benötigen wiederum andere als Investitionsgüter.

Ausgehend von den Erfahrungen in gewinnorientierten privaten Unternehmen wird Marketing auch in anderen Bereichen als Instrument zur Existenzsicherung und Leistungsoptimierung eingesetzt. Kommunalverwaltungen und Behörden setzen Marketing ein, Krankenhäuser entwickeln Marketingkonzepte, Non-Profit-Organisationen (z. B. Caritas, WWF und Greenpeace) bedienen sich der Marketinginstrumente, um ihre Organisationsziele zu erreichen.

Längst wird nicht mehr darüber diskutiert, ob Marketing in anderen Bereichen eingesetzt werden soll, sondern wie der Einsatz erfolgen kann und soll. Diese Spezialgebiete des Marketings mit ihren Erfahrungen und Konzepten sind die Basis für Schulmarketing. Schulmarketing weist aufgrund der Aufgabenstellung und der Rahmenbedingungen verschiedene Aspekte auf.

Schulmarketing ist auch Marketing der öffentlichen Verwaltung

Österreichische Schulen sind – als Institution betrachtet – größtenteils der öffentlichen Verwaltung zuzuordnen, da ihre Einnahmen und Ausgaben in den Haushalt einer Gebietskörperschaft eingebunden sind. Ihr Angebotsverhalten steht nicht im Dienst der Gewinnerzielung, ist also ein bedarfswirtschaftliches. Sie decken den Bedarf der StaatsbürgerInnen an Bildung im Prinzip unentgeltlich ab. Aber nicht nur als Institution betrachtet ist Schule der öffentlichen Verwaltung zuzurechnen, sondern auch in den wahrzunehmenden Aufgaben. Schulen – und somit Direktoren und LehrerInnen – müssen einen gewissen Teil ihrer Arbeitszeit für öffentliche Verwaltungsaufgaben aufwenden.

Schulmarketing ist auch Dienstleistungsmarketing

Der Begriff Dienstleistung kann so definiert werden, dass *„Gegenstand des Angebots und Bedarfs nicht materielle, auf Vorrat produzierbare Produkte, sondern nach der Kaufentscheidung zu vollziehende Tätigkeiten sind"* (Scheuch, 1999).

Da der Kunde selbst Teil des Leistungserstellungsprozesses ist und das Ergebnis der Dienstleistung immateriell ist, ist die Auswahl eines Dienstleisters für Kunden mit Unsicherheit und Risiko verbunden. Daraus resultiert die Bedeutung von Image und Kompetenz im Zielkatalog von Dienstleistungsunternehmen.

Schulmarketing ist auch internes Marketing

Unternehmen, die Dienstleistungen erstellen, investieren in Menschen. Die Amortisation dieser Investitionen ist aber nur dann gegeben, wenn diese Menschen ausreichend lange beim Unternehmen bleiben – sei es als Kunde oder als Mitarbeiter.

Die Qualität der erbrachten Dienstleistung ist neben der fachlichen Kompetenz aber auch zu einem wesentlichen Teil von der Motivation und Kundenorientierung der Mitarbeiter abhängig. Somit muss sich ein wesentlicher Teil von Schulmarketing an die Mitarbeiter wenden.

Schulmarketing ist auch „Social Marketing"

„Social Marketing" bedeutet die *„Planung, Umsetzung und Kontrolle von Programmen, die das Ziel haben, die Akzeptanz einer gesellschaftspolitischen Vorstellung oder einer Verhaltensweise bei einer oder mehreren Zielgruppen zu erhöhen"* (Kotler/Eduardo, 1999). Die „Social Marketing"-Konzeption unterstellt, dass die Vermittlung von Werten, Haltungen und Einstellungen kein Hindernis ist, Marketing einzusetzen – im Gegenteil: Marketing bietet Strategien und Konzepte, um Werte und Haltungen in Zielgruppen zu verankern.

Die österreichische Schule hat laut §2 des Schulorganisationsgesetzes die Aufgabe, an „der Entwicklung der Anlagen der Jugend nach den sittlichen, religiösen und sozialen Werten des Wahren, Guten und Schönen durch einen ihrer Entwicklungsstufe und ihrem Bildungsweg entsprechendem Unterricht mitzuwirken". Betrachtet man die Aufgabenstellung näher, handelt es sich um gesellschaftspolitische Vorstellungen (z. B.: „arbeitstüchtigen, pflichttreuen und verantwortungsbewussten Gliedern der Gesellschaft, Bürgern der demokratischen und bundesstaatlichen Republik Österreich") oder konkrete Verhaltensweisen, die als Aufgabe der österreichischen Schule definiert sind.

Marketing kann also auch eine Schule bei der Erfüllung ihrer Aufgaben unterstützen, wenn es Elemente des „Social Marketing" enthält. Somit definieren die Autoren Schulmarketing folgendermaßen:

Schulmarketing ist die konsequente und systematische Ausrichtung einer Schule an Kunden- und Marktbedürfnissen unter Berücksichtigung des gesetzlichen Bildungsauftrages.

Der von uns vertretene Schulmarketingansatz ist der Philosophie des „Integrierten Marketingkonzepts" verpflichtet und enthält Elemente aus dem Dienstleistungsmarketing, dem Marketing der öffentlichen Verwaltung und dem Social Marketing. Besondere Bedeutung für erfolgreiches Schulmarketing hat der Bereich des internen Marketings.

Bedeutung von Schulphilosophie und Corporate Identity für das Schulmarketing

„Wer nicht weiß, wohin er will, verläuft sich."
Abraham Lincoln

Jedes Unternehmen, jede Organisation und somit auch jede Schule braucht einen **Zielrahmen,** um die Kräfte zu bündeln und somit erfolgreich sein zu können. Der Zielrahmen enthält:

- Unternehmenszweck (Business Mission)
- Unternehmensphilosophie (inklusive Managementphilosophie)
- Unternehmensleitbild
- Unternehmensidentität (Corporate Identity)

Die Vorgabe eines Zielrahmens bietet allen Unternehmens- bzw. Organisationsmitgliedern eine Orientierung für ihr Denken und Handeln bei prinzipiell unendlichen Möglichkeiten. Eine Zersplitterung der Kräfte im Unternehmen bzw. der Organisation, die zu befürchten ist, wenn die Richtungen des Denkens und Handelns weit auseinander streben, wird verhindert. Wir stellen nun Wirtschaft und Schule gegenüber und streichen die Gemeinsamkeiten heraus:

Unternehmenszweck in der Wirtschaft

In einer Welt der schnellen technologischen Veränderungen kann ein Wirtschaftsunternehmen den Zweck seiner Existenz nicht mehr nur über die Angabe bestimmter hergestellter Produkte und Dienstleistungen definieren. Vielmehr muss sich die Definition des Unternehmenszweckes an grundsätzlichen Problemlösungsmöglichkeiten orientieren. So wird ein Unternehmen im HiFi-Bereich seinen Unternehmenszweck – seine Business Mission – nicht mit der Produktion von Fernseh- und Rundfunkgeräten beschreiben, sondern als Beschäftigung mit audiovisueller Kommunikation.

Der Unternehmenszweck wird u. a. durch die Firmengeschichte, die Ziele der am Unternehmen beteiligten Gruppen und Institutionen, die Umweltsituation, durch die aktuellen Ressourcen sowie die vorhandenen Kompetenzen determiniert. Wenn der Zweck sich entsprechend der Umweltentwicklung verändern muss, so sollte dies in Form einer bewussten Entscheidung geschehen, um unkoordinierte Aktivitäten zu vermeiden.

„Unternehmenszweck" in der Institution Schule

Für die Schule ist der „Unternehmenszweck" im Schulorganisationsgesetz festgeschrieben:

„Die österreichische Schule hat die Aufgabe, an der Entwicklung der Anlagen der Jugend nach den sittlichen, religiösen und sozialen Werten sowie nach den Werten des Wahren, Guten und Schönen durch einen ihrer Entwicklungsstufe und ihrem Bildungsweg entsprechenden Unterricht mitzuwirken. Sie hat die Jugend mit dem für das Leben und den künftigen Beruf erforderlichen Wissen und Können auszustatten und zum selbstständigen Bildungserwerb zu erziehen. Die jungen Menschen sollen zu gesunden, arbeitstüchtigen, pflichttreuen und verantwortungsbewussten Gliedern der Gesellschaft und Bürgern der demokratischen und bundesstaatlichen Republik Österreich herangebildet werden. Sie sollen zu selbstständigem Urteil und sozialem Verständnis geführt, dem politischen und weltanschaulichen Denken anderer aufgeschlossen sowie befähigt werden, am Wirtschafts- und Kulturleben Österreichs, Europas und der Welt Anteil zu nehmen und in Freiheits- und Friedensliebe an den gemeinsamen Aufgaben der Menschheit mitzuwirken" (§2 (1) Schog).

Dieses Bundesgesetz gilt für die allgemein bildenden und berufsbildenden Pflichtschulen, mittleren Schulen und höheren Schulen sowie für die Anstalten der Lehrerbildung und der Erzieherbildung. Ausgenommen davon sind die land- und forstwirtschaftlichen Schulen (§1, Schog).

Der „Unternehmenszweck" ist für alle Schulen gleich gültig und stellt einen Rahmen dar, innerhalb dessen es für jede Schule Spielraum und Bewegungsfreiheit gibt.

Unternehmensphilosophie

Sie umreißt die wirtschaftlichen und gesellschaftlichen Funktionen der Unternehmung. Sie kann nicht unabhängig von der Managementphilosophie gesehen werden, da Werte der Führungskräfte zwangsläufig Einfluss auf die Unternehmensphilosophie nehmen. Zu bedenken sind im Rahmen der Unternehmensphilosophie insbesondere:

▷ der Beitrag der Unternehmung zur Steigerung der Lebensqualität im gesamten gesellschaftlichen System und seiner Subsysteme,
▷ die Berücksichtigung der Interessen verschiedener interner und externer Anspruchsgruppen durch die Unternehmung und der dabei nötige Konsens sowie
▷ Aspekte der Unternehmensverfassung wie z. B. die Unternehmensstruktur und das Führungsverhalten (vgl. Vollert, 1999).

Die Unternehmens- und Managementphilosophie sollte in Form von schriftlichen Unternehmensleitbildern transparent und zugriffsbereit schriftlich niedergelegt sein und verbindlichen Charakter für alle Unternehmensmitglieder besitzen. Ein Unternehmensleitbild beschreibt die allgemeinen Unternehmensgrundsätze und die spezifischen Grundsätze für die Bereiche Produkt/Dienstleistung, Kunden, Mitarbeiter, Lieferanten und Partner.

Schulphilosophie

Eine Schulphilosophie befasst sich mit den grundlegenden Werthaltungen einer Schule und wird geprägt von ihrer Geschichte, den Werten und Visionen sowie von Zielbestimmungen, die über den Arbeitsalltag hinausgehen. Sie spannt den Bogen zwischen der Tradition, der Gegenwart und der Zukunft einer Schule und beantwortet folgende Fragen:

▷ Was ist unser eigentlicher Zweck, unsere eigentliche Aufgabe?
▷ Wo kommen wir her?
▷ Wer sind wir jetzt?
▷ Wo wollen wir hin?

Die Schulphilosophie ist die verbindliche Klammer für jede Schule. Sie muss nicht nur von allen Beschäftigten geteilt werden, sondern jeder muss sie sich auch zu Eigen machen und ihr gemäß handeln. Eine Unternehmens- oder Schulphilosophie ist daher mit Willenserklärungen verbunden. Es zeugt von Kultur (der Begriff „Schulkultur" ist derzeit in aller Munde, wir definieren „Kultur" als „die Art und Weise, wie Menschen miteinander umgehen"), wenn die Menschen in einer Organisation bereit sind, sich an ihre „Philosophie" zu halten. Die Schulphilosophie ist die entscheidende Grundlage aller sowohl nach innen als auch nach außen gerichteten Aktivitäten einer Schule. Ohne sie können weder eine Schulidentität – eine Corporate Identity – aufgebaut noch erfolgreiche Strategien entwickelt werden.

Leitbild (in Wirtschaft und Schule)

Ein Leitbild ist die schriftliche Ausformulierung der Philosophie. Leitsätze sind einprägsame Formulierungen, welche die Unternehmensphilosophie in prägnante Worte fassen. Im Leitbild enthalten ist auch der Leitsatz („Mission Statement"), der die Philosophie des Unternehmens oder der Organisation kurz und bündig auf den Punkt bringt und von allen verstanden werden kann. „Wir setzen Vorstellungen um" ist beispielsweise das Mission Statement eines edelstahlverarbeitenden Betriebes, „Ihr guter Stern auf allen Straßen" lautete lange das Mission Statement von Mercedes, „We try harder" das von AVIS, „Wir fördern und fordern" das eines Gymnasiums, das sich besonders der Begabtenförderung verschreibt. Leitbilder müssen von den Beteiligten gemeinsam erarbeitet werden, sonst sind sie wirkungslos. Die Schubladen vieler Manager sind voll von wohlgesetzten Unternehmensphilosophien, die von externen Agenturen formuliert worden sind. Vielfach kennen die Beschäftigten die Firmenphilosophie nicht einmal. Es ist daher nicht verwunderlich, dass zwischen dem Geschriebenen und dem Gelebten eine große Diskrepanz herrscht.

Für eine Schule heißt das, dass die LehrerInnen unter Zuhilfenahme der Ergebnisse vorangeschalteter Ist-Analysen Richtlinien erarbeiten, die langfristig Gültigkeit haben. Je länger eine im Leitbild niedergeschriebene Schulphilosophie gültig sein kann, desto besser für die Schule. Soll eine „Corporate Identity" – eine Schulidentität – entstehen, kann der Startschuss dafür nur mit der von den Beteiligten selbst erarbeiteten Schulphilosophie gegeben werden. Jede von außen aufgesetzte Philosophie, jede verordnete Corporate Identity wird von Misserfolg gekrönt sein, weil keine Identifizierung der Beteiligten stattfindet und örtliche und regionale Gegebenheiten nicht berücksichtigt werden.

Wie jede einzelne Schule im Rahmen eines Schulentwicklungsprozesses zu ihrem spezifischen Leitbild kommen kann, wird im Praxisteil des Buches „Qualitätsmanagement und Schulentwicklung" von Degendorfer u. a. detailliert beschrieben (vgl. auch Kap. 6.3).

Corporate Identity

Für eine Schule bedeutet das, dass das Leitbild gelebt werden muss, erst dann entwickelt sich eine **Schul-CI,** die Schulidentität, der Geist, den jede Schule atmet und der an jeder Schule zu spüren ist. Corporate Identity ist die unverwechselbare Eigentümlichkeit einer Schule und ist durch gleiche Zielvorstellungen und das gleiche Zusammengehörigkeitsgefühl gekennzeichnet.

Schulen mit einer echten Corporate Identity haben eine konstruktive Kommunikations- und Konfliktkultur erarbeitet, haben Egoismus und Einzelkämpfertum überwunden, nehmen gerne neue Herausforderungen an und orientieren sich stets an ihren Grundsätzen.

An solchen Schulen (und es gibt sie wirklich!) findet man:

- zufriedene, selbstbewusste LehrerInnen („Wir kennen unsere Aufgaben und erfüllen sie mit Freude") und ebensolche SchülerInnen;
- klare Zielvorgaben („Wir wissen, was wir wollen und wohin wir wollen");
- reibungslose Abläufe („Wir sind kompetente Partner unserer Kunden");
- einen klaren Verhaltenkodex („Jeder Mitarbeiter/Lehrer/Schüler verhält sich in einer unserer Organisation angemessenen Weise").

Eine an der Schulphilosophie ausgerichtete Corporate Identity entsteht natürlich nicht von heute auf morgen. Der Weg dahin ist lange, manchmal mühselig und erfordert Geduld, Konsequenz und Toleranz.

Zwischen dem Leitbild als schriftliche Ausformulierung der Schulphilosophie und der Schulidentität, der Corporate Identity, besteht eine dynamische Beziehung. Die Visionen und Richtlinien des Leitbildes verändern auch die Werte und Normen in der Organisation.

Qualitätsmanagement – die ständige Auseinandersetzung mit und Weiterentwicklung von „Qualität" in allen Bereichen einer Schule – mit einem eigenen „Schulprogramm" (vgl. Degendorfer u. a., Qualitätsmanagement und Schulentwicklung) kann dabei sehr unterstützend wirken.

Was sich mit CI erreichen lässt:

▷ Höheres Ansehen bzw. Profil in der Öffentlichkeit. Die Erzeugung eines eindeutigen, konsistenten und widerspruchsfreien Bildes der Schule. Auf dieser Basis können sich Glaubwürdigkeit, Sicherheit und Vertrauen entwickeln;

▷ Stärkung des Selbstbewusstseins und höhere Arbeitszufriedenheit der MitarbeiterInnen, was sich positiv für die „Psychohygiene" der Organisation (Schule) auswirkt. Durch gemeinsame Vereinbarungen werden Prozesse und Strukturen greifbar und durchführbar gemacht (Schulprogramm);

▷ Weniger Reibungsflächen, verbesserte interne und externe Kommunikation, harmonischeres Arbeiten, mehr Teamarbeit, ein verstärktes „Wir-Gefühl";

▷ Identifikation und Motivation der LehrerInnen;

▷ Beschleunigung der Verfahrensabläufe, Optimierung der eigenen Leistung;

▷ Attraktivität für Zielgruppen (SchülerInnen, Eltern, externe Partner, Sponsoren);

▷ Akzeptanz der Leistung durch die „Kunden".

Corporate Identity (CI) ist die unverwechselbare Eigentümlichkeit einer Organisation oder eines Unternehmens. Sie ist das schlüssige Zusammenspiel von Erscheinung, Worten und Taten, das im Unternehmensleitbild festgelegt wurde. Sie hat die Aufgabe, das Unternehmensleitbild intern und extern zu kommunizieren und zu verankern.

Das Fundament einer Corporate Identity ist also die in einem Leitbild verankerte Unternehmensphilosophie. Die darauf aufbauenden Bereiche von **Corporate Behaviour, Corporate Communication** und **Corporate Design** machen die Gesamtheit der CI einer Organisation aus.

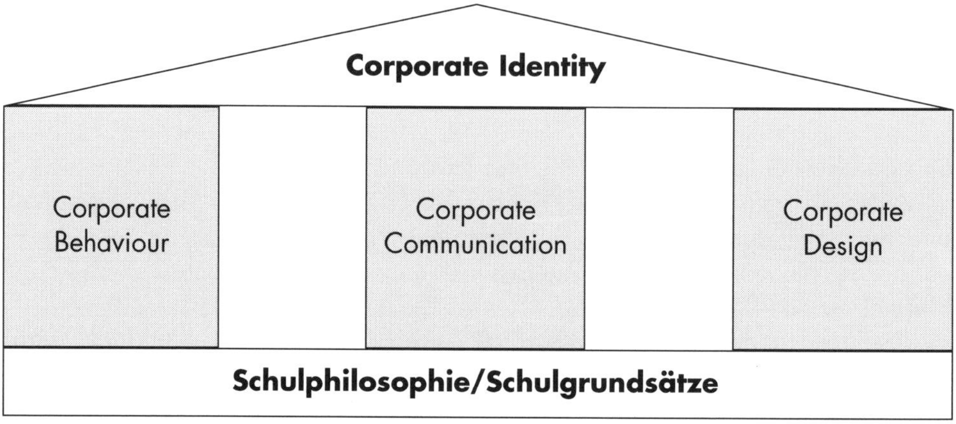

Abb. 30: Bereiche der Corporate Identity

Corporate Behaviour umfasst das Verhalten der Schule nach innen und außen (vgl. Regenthal, 1999). Damit ist das Auftreten und das Verhalten von Führung und MitarbeiterInnen untereinander sowie gegenüber den SchülerInnen, Eltern, den Kooperationspartnern und der Öffentlichkeit gemeint. Corporate Behaviour einer Schule orientiert sich an den Schulgrundsätzen, die im Leitbild niedergeschrieben sind.

Corporate Communication umfasst die Aufgaben der Koordination aller kommunikativ wirksamen Maßnahmenbereiche einer Organisation (Werbung, interne Kommunikation, Öffentlichkeitsarbeit).

Corporate Design ist das durch organisationsspezifische Leitlinien geformte **visuelle Erscheinungsbild** (Logo, Schulfarben) und alle Präsentationsweisen der Organisation, auch der Architektur. Eine einheitliche Gestaltung in Grafik und Stil erhöht die Wiedererkennbarkeit bei Kunden und anderen Beobachtern. Ausgangspunkt dieser Leitlinien ist die Unternehmens- bzw. Schulphilosophie.

4.4. Ziele des Schulmarketings

Wie bereits in Kapitel 2.2. (Ziele des Marketing) ausgeführt, können Marketingziele sinnvollerweise nur in Abstimmung mit den Organisationszielen definiert werden. Was sind aber die Ziele der „Organisation Schule"? Auf diese scheinbar banale Frage kommen sehr oft Antworten, die eigentlich nur eine Aufzählung von Aufgaben sind. Immer wieder erleben wir auch in Seminaren, wie schwer es fällt, Ziele zu formulieren. Diese Problematik beschränkt sich aber nicht nur auf Schulen, sondern auch private Unternehmen und insbesondere Institutionen der öffentlichen Verwaltung sind davon betroffen (vgl. Fluhr, 1995). Der nächste Abschnitt beschäftigt sich mit dem Zusammenhang zwischen Bedürfnissen, Motiven und Zielen, um dadurch eine Unterstützung bei der Zielformulierung zu geben.

Motive, Bedürfnisse und Ziele

Menschliches Verhalten kann vereinfacht als Reaktion auf bestimmte Reize (Stimuli), die auf das Individuum einwirken, interpretiert werden. Die Art der Reaktion ist von der Bedeutung, die ein Stimulus für das Individuum besitzt, abhängig. In einem sehr einfachen Modell kann dies folgendermaßen dargestellt werden:

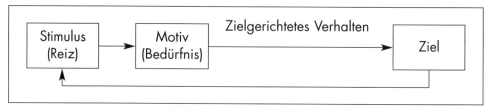

Abb. 31: Verhaltensmodell

Motive sind unbefriedigte Bedürfnisse, die das Verhalten in einem bestimmten Moment steuern. Beispiel: Der Reiz ist der leere Magen, das Motiv (= unbefriedigtes Bedürfnis) ist Hunger, das Ziel ist Nahrungsaufnahme. Mit der Zielerreichung werden Stimulus und Motiv beseitigt – der leere Magen ist gefüllt, der Hunger gestillt.

Aber welche Bedürfnisse aktivieren die Menschen zum Handeln? Die Rangfolge der Bedürfnisse nach Abraham Maslow sieht folgendermaßen aus:

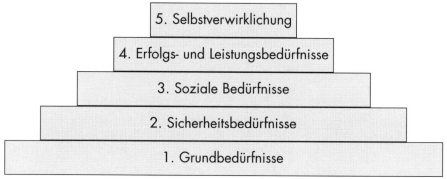

Abb. 32: Rangfolge der Bedürfnisse nach Maslow

Die **Grundbedürfnisse** des Menschen sind physiologischer Natur: Zentrales Thema ist Überleben und Sein. Es sind die Grundbedürfnisse nach Essen, Trinken, Luft, Ruhe, Schlaf, Bewegung und Sex.

Die **Sicherheitsbedürfnisse** umfassen Sicherheit und Orientierung. Dazu zählen Sicherung der Existenz, Schutz vor Bedrohung, Sicherheit des Arbeitsplatzes, Kranken- und Altersversorgung.

Die **sozialen Bedürfnisse** sind unter den Gesichtspunkten Zugehörigkeit und soziale Akzeptanz zu betrachten. Soziale Bedürfnisse umfassen Kontakt, Liebe, Zuneigung, Freundschaft, soziale Anerkennung, Zugehörigkeit zu Gruppen sowie das Bedürfnis, in die Arbeitswelt integriert zu sein.

Erfolgs- und Leistungsbedürfnisse umfassen Anerkennung und Achtung, Status, Prestige, Macht und Geltung. Dazu gehören auch Entscheidung, Einfluss, Gestaltungsbefugnis und Verantwortung.

Selbstverwirklichung ist die Stufe der Selbsterfüllung, Verwirklichung eigener Ideen, Möglichkeiten und Fähigkeiten.

Diese Pyramide ist so angelegt, dass im Allgemeinen die Bedürfnisse in dieser Reihenfolge gestillt werden. Erst wenn die Grund- und Sicherheitsbedürfnisse befriedigt sind, werden jene wie Erfolgs- und Leistungsbedürfnisse aktuell.

Bedürfnisse entstehen aber nicht nur in **Individuen,** sondern auch eine **Organisation** hat Bedürfnisse, die nicht immer mit den Bedürfnissen der Einzelpersonen ident oder kompatibel sind.

Die Befriedigung der Bedürfnisse und somit die Formulierung von Organisationszielen ist aber zusätzlich noch in einen Rahmen eingebettet, der sich aus den unterschiedlichen Funktionen, die eine Organisation und die in ihr tätigen Menschen (siehe angeführtes Beispiel einer Bank) erfüllen müssen, ergibt.

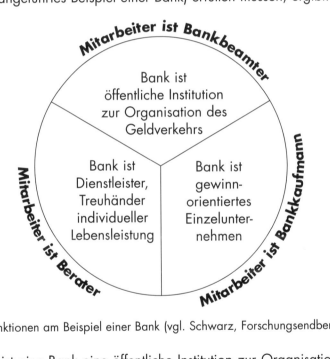

Abb. 33: Funktionen am Beispiel einer Bank (vgl. Schwarz, Forschungsendbericht, 1989)

Einerseits ist eine Bank eine öffentliche Institution zur Organisation des Geldverkehrs – insofern ist der Mitarbeiter **Bankbeamter,** ein sehr oft in der Umgangssprache verwendeter Begriff. Banken sind aber auch gewinnorientierte Unternehmen, somit muss der Mitarbeiter in seiner Rolle als **Bankkaufmann** auch Produkte verkaufen, die einen möglichst hohen Beitrag zum Unternehmensgewinn liefern und Kunden davon überzeugen, dass sie auf Produkte oder Dienstleistungen, die dem Unternehmen hohe Kosten verursachen, verzichten.

Banken sind aber auch Dienstleister. Man erwartet, dass sie mit dem ihr anvertrauten Geld sorgsam umgeht und über die besten Anlageformen informiert. In diesem Fall agiert der Mitarbeiter als **Berater.**

All diese Funktionen muss eine Bank erfüllen, sie kann nicht einen Teil davon aufgeben – sie kann sie höchstens in anderer Form erfüllen, indem sie zum Beispiel keine Filialen hat und der Kontakt zum Kunden über Telefon und Internet erfolgt. Bei genauerer Analyse widersprechen sich die verschiedenen Funktionen, zugleich bedingen sie einander. Diese Form des Widerspruchs nennt man „Aporie" (Details dazu siehe Schwarz, Konfliktmanagement, 2001). Ein Beispiel kann dies illustrieren: Die Mitarbeiter – wir nehmen als Beispiel einen Wertpapierberater – müssen in all den drei Funktionen „zuhause" sein, d. h. sie müssen drei verschiedene Rollen spielen können. Das führt manchmal zu Konflikten, die der Mitarbeiter der Bank mit sich selbst aber auch mit seinem Chef austragen muss. Letztendlich kommt die gesamte Organisation nicht umhin sich der Frage zu stellen, was sie mit ihren einander widersprechenden Bereichen macht.

Wenn die Organisation die Lösung dieses Konflikts auf den einzelnen Mitarbeiter verlagert, dann muss sie auch gleichzeitig dafür sorgen, dass dieser die notwendigen Kompetenzen erhält. Auf der Ebene der Organisation lässt sich dieses Problem nämlich nicht lösen, sondern nur in der immer wieder neu zu findenden Lösung des Mitarbeiters – gemeinsam mit seinem Chef und seinen Kunden.

Auch Schulen haben mehrere Funktionen zu erfüllen und die MitarbeiterInnen finden sich in mehreren Rollen wieder. Leider gibt es auch hier diese Rollenkonflikte. Welche Funktionen muss eine Schule erfüllen?

Abb. 34: Funktionen der Schule

Schule ist **Ort der kognitiven Wissensvermittlung,** hier ist Leistungs-feststellung und Notengebung gefragt. Schule ist aber auch **Ort der Erziehung der Persönlichkeit.** Der Erfolg dieser Tätigkeit lässt sich aber nicht durch Schul-arbeiten und Prüfungen feststellen, sondern unterliegt der persönlichen Beurteilung der Beteiligten.

Schule ist **Ort der Herrschaftsausübung.** Die Gesellschaft gibt den Bil-dungsauftrag, der auch ein Spiegelbild der jeweiligen Gesellschaft ist. So wird sich z. B. der Bildungsauftrag in einem demokratischen Staat fundamental vom Bildungsauftrag in einer Diktatur unterscheiden, der Bildungsauftrag in einem Ent-wicklungsland andere Wertigkeiten aufweisen als der Bildungsauftrag in einem reichen Industrieland. Formuliert wird dieser Bildungsauftrag durch die Politik, zur Durchsetzung und Umsetzung bedient sie sich der Hierarchie. Ein zusätzliches Interesse, das innerhalb dieser Funktion verfolgt wird, ist die Systemerhaltung. Die am System Schule beteiligten Personen und die davon profitierenden Personen sind daran interessiert, dieses System zu erhalten. Über die beste Form existieren aber durchaus verschiedene Ansichten.

Schule ist Arbeitsstätte von LehrerInnen und anderem Personal. Im Rah-men dieser Funktion sind beispielsweise Themen wie Lebensunterhalt sichern oder eine ausreichende Anzahl von Arbeitsplätzen von Interesse.

Für die Schule gilt – wie auch für andere Bereiche –, dass Konflik-te an den Schnittstellen der einzelnen Funktionen quasi vorpro-grammiert sind: Konflikte sowohl bei der Erfüllung der einzelnen Funktionen im Schulalltag als auch bei der Formulierung der Organisationsziele. Je mehr Funktionen erfüllt werden müssen, umso größer die Anzahl der Schnittstellen und somit auch der möglichen Konflikte.

Für den Lehrer bzw. die Lehrerin stellt sich die Frage, ob man sich für eine Rolle entscheiden und den Konflikt somit bewältigen kann. Die zentrale Fragestellung für die Formulierung von Zielen der Organisation Schule lautet folgendermaßen und wird durch die Abbildung verdeutlicht:

„Welche Ziele muss man als Schule verfolgen, um durch die Be-friedigung welcher Bedürfnisse welchen Nutzen zu erreichen?"

Abb. 35: Der Bildungsauftrag und die Motivpyramide

Aus der Erfüllung der **Sicherheitsbedürfnisse** (Existenzsicherung und Sicherheit des Arbeitsplatzes) lassen sich die Organisationsziele „langfristige Sicherung des Standortes und Sicherung des Arbeitsplatzes des derzeitigen Lehrerkollegiums" ableiten.

Damit ist eine Systematik für die Zielformulierung gegeben, die der Komplexität des Systems Schule entspricht und gleichzeitig sicherstellt, dass nicht wesentliche Bereiche vernachlässigt werden.

Beispiele für Bedürfnisse und daraus abgeleitete Ziele auf Mitarbeiterebene zeigt die folgende Übersicht, wobei auch deutlich wird, dass ein Ziel die Erfüllung mehrerer Bedürfnisse sicherstellen kann.

Bedürfnis	*Ziel*
Sicherheitsbedürfnisse	
Sicherung der Existenz der Mitarbeiter	Langfristige Standortsicherung
Sicherheit des Arbeitsplatzes	Langfristige Standortsicherung
	Anzahl der Arbeitsplätze soll gleich hoch bleiben

Soziale Bedürfnisse

Teil der Organisation = Mitarbeiter sein	Eine funktionierende Organisation und Kommunikation gewährleisten
Teil des Verbandes sein	Interschulische Zusammenarbeit fördern
Teil der Gesellschaft sein	Schul- und Bildungssystem beibehalten und weiterentwickeln

Erfolgs- und Leistungsbedürfnisse

Persönliche Anerkennung	Einführung leistungsbezogener Gehaltsbestandteile
Anerkennung innerhalb der Schule	Personalentwicklung Karriere als Lehrer
Anerkennung von KollegInnen anderer Schulen	Zusammenarbeit mit weiterführenden Schulen Zusammenarbeit mit anderen Schultypen
Anerkennung innerhalb der Gesellschaft	Zusammenarbeit mit Opinion Leadern außerhalb der Schule Öffentlichkeitsarbeit als Aufgabe der Schule zu etablieren

Selbstverwirklichung

Gestaltungsbefugnis	Pädagogische Freiräume erhalten und neue pädagogische Freiräume zu schaffen
Verantwortung	Freiräume erhalten und schaffen durch Vereinfachung von Verwaltungsstrukturen und Veränderung des hierarchischen Systems hin zu einem funktionierenden Zusammenspiel von Hierarchie und Gruppe

Die Bedürfnisse der einzelnen MitarbeiterInnen und somit auch die Ziele können mit den Bedürfnissen der Schule und den Zielen der Organisation identisch sein, aber auch zu Zielkonflikten führen. So kann das Ziel der Erhaltung von pädagogischen Freiräumen des einzelnen Lehrers mit der Schulphilosophie in

Konflikt geraten, wenn das Bedürfnis nach Gestaltungsmöglichkeiten dem Kontrollbedürfnis der Organisation gegenüberstehen.

Diese Problematik von Konflikten tritt im Arbeitsalltag auf. Klare Zielformulierungen weisen den Vorteil auf, dass diese Konflikte sichtbar gemacht und somit einer Konfliktlösung zugeführt werden können. Besonders die erweiterten Autonomiebereiche machen klare Ziele unabdingbar.

Der Einsatz der einzelnen Marketinginstrumente ist nur dann sinnvoll, wenn sie einen Beitrag zur Zielerreichung der jeweiligen Organisation liefern. Die oft mühevolle Formulierung von realistischen, fordernden und möglichst konkreten Zielen lohnt sich auch insofern, weil dann ein Maßstab vorhanden ist, der an den Einsatz der einzelnen Instrumente gelegt werden kann.

Entsprechend der Bedeutung im Schulmarketing-Mix (siehe Kap. 2.5.) werden sich Schulmarketingziele vor allem auf die Bereiche der Produkt- und Kommunikationsziele konzentrieren. Distributions- und Kontrahierungsziele sollten dabei aber keinesfalls aus den Augen verloren werden.

Produktziele im Rahmen des Schulmarketings sind Ziele, die sich auf das derzeitige und zukünftig Angebot, dessen Qualität und Nutzen beziehen. **Kommunikationsziele** sind Ziele, die in Hinblick darauf zu formulieren sind, welche für die Schule relevanten Zielgruppen mit welchem Kommunikationsziel erreicht werden sollen.

4.5.   Der Markt der Schule

Setzt eine Schule Marketingaktivitäten, so tut sie dies auf dem Markt und der den Markt umgebenden Umwelt (vgl. Kap. 2.3). Eine Besonderheit des Marktes von Schulen ist aber, dass politisch-rechtliche Faktoren Schulen viel stärker beeinflussen als Privatunternehmen. Einem Unternehmen steht es frei, sofern es sich an die relevanten Gesetze hält, welche Produkte es erzeugen will, mit welchen Mitarbeitern es dies tun will, welche Preise es von den Konsumenten verlangt und in welchem Gebiet es Kunden ansprechen will.

Das Angebot einer Schule wird durch **gesetzliche Vorschriften** und **Lehrpläne** bestimmt. Somit ist der Gestaltungsspielraum einer Schule weitaus geringer als jener eines Privatunternehmens. Das Leistungsangebot ist aber nicht nur davon abhängig, dass es gesetzlichen Vorschriften entspricht, sehr oft finden sich Schulen in der Lage, dass sie ihr Angebot (Freigegenstände, unverbindliche Übungen) einschränken müssen, weil der Geldgeber die dafür anfallenden Kosten nicht übernimmt.

Für bestimmte Schulen (Volks- oder Hauptschulen) ist aber auch der Markt in Bezug auf geografische Gesichtspunkte eingeengt, weil sie ihren Markt auf den Schulsprengel begrenzen müssen. Dies stellt zwar einerseits eine flächendeckende Versorgung sicher, hat aber auch etliche Nachteile:

- Qualitätsentwicklung und Qualitätsmanagement führen in diesen Fällen nicht dazu, dass die Anzahl der potenziellen Kunden erhöht werden kann.
- Eltern müssen für ihre Kinder das qualitativ schlechtere Angebot wählen, obwohl sie bereit wären, einen etwas weiteren Schulweg (z. B. in den Nachbarort) in Kauf zu nehmen, weil dort die Qualität der Schulbildung höher ist.

Beispiel: Man kann Eltern schwer erklären, warum ihr Kind die Hauptschule mit EDV-Schwerpunkt nicht besuchen kann, obwohl es sich sehr dafür interessieren würde, während das Kind aus dem Nachbarort, das sich nicht dafür interessiert, problemlos diese Schule besuchen könnte. Meldungen in der Wohnung der Großmutter etc. sind die beobachtbaren Auswüchse dieses alten Systems.

Die Beschränkung des Marktes durch das Sprengelwesen erinnert an die Reglementierung des Milchmarktes, wie sie in Österreich bis vor zehn Jahren herrschte. Auch hier waren Produktangebot und die Aufteilung des Marktes in so genannte Versorgungsgebiete geregelt. Molkerei A durfte nur in einem bestimmten Bereich in Niederösterreich ihre Produkte verkaufen. In der Nachkriegszeit, als es darum ging, die Österreicher flächendeckend mit Milch und Milchprodukten zu versorgen, machte diese Regelung durchaus Sinn. In den neunziger Jahren hatte sie aber ihren ursprünglichen Sinn verloren und wies gravierende Nachteile auf. Diese Regelung war strukturkonservativ, kundenfeindlich und teuer. Als diese Regelung aufgehoben wurde, veränderten sich Strukturen gravierend, die Kundenorientierung und das Produktangebot stiegen und die Preise sanken.

Der Markt der Schule kann als jener Teil der Umwelt bezeichnet werden, in dem die Austauschbeziehungen zwischen Anbietern und allen potenziellen und tatsächlichen Abnehmern der Leistung „Bildung" erfolgen und den der Gesetzgeber definiert.

Trotzdem müssen Schulen die Entscheidung treffen, welchen Teil der Umwelt sie als ihren Markt definieren. Sie sind zwar bei dieser Entscheidung Regeln und gesetzlichen Vorschriften unterworfen, haben aber dennoch einen mehr oder minder großen Gestaltungsspielraum.

Somit stellt sich die Frage, welche prinzipiellen Informationen Schulen über „ihren" Markt benötigen, um Marketing einsetzen zu können.

Sie benötigen auf jeden Fall Informationen über die **Struktur** ihrer Märkte. Handelt es sich um

▷ wachsende, schrumpfende oder stagnierende Märkte,
▷ gesättigte oder ungesättigte Märkte,
▷ Märkte mit wenigen oder vielen Anbietern und Nachfragern
▷ oder Märkte mit starkem oder schwachem Wettbewerb?

Weiters benötigt eine Schule Informationen über **Marktgrößen** wie Marktpotenzial, Absatzpotenzial, Marktvolumen und Marktanteil.

Innerhalb des gesetzlich möglichen Rahmens können Schulen sehr wohl einen Markt definieren. Je nach Schultyp und Standort der Schule erfolgt diese Marktdefinition mit mehr oder minder starken Einschränkungen. Nur Schulen, die keine Wettbewerber und permanent steigende Schülerzahlen hätten, müssten kurzfristig keine Marktdefinition vornehmen. Nachdem diese Situation in der Realität kaum zutrifft, muss jede Schule, die langfristig erfolgreich sein will, ihren spezifischen Markt definieren.

4.6. Strategisches und operatives Schulmarketing

Strategisches Schulmarketing soll die Verbindung zwischen den Schulmarketingzielen und dem operativen Schulmarketing sicherstellen (vgl. Abb. 12 in Kapitel 2.5). Dazu werden eine Reihe von Informationen benötigt: Informationen über die Schule selbst und Informationen über den Markt der jeweiligen Schule. Wir stellen dazu drei grundlegende, praxiserprobte Modelle für die Analyse vor. Eine detaillierte Checkliste für die Situationsanalyse befindet sich in Kapitel 6.2. Im Anschluss daran werden wir den Einsatz verschiedener Strategien im Schulmarketing näher erläutern.

1. Modell: Analyse der Stärken und Schwächen, Chancen und Risken

Strategische Konzepte sind von den Umwelt- und Marktbedingungen sowie von den Bedingungen und Voraussetzungen im Unternehmen selbst abhängig zu machen. Genau dies ermöglicht die Stärken-Schwächen- bzw. Chancen-Risken-Analyse, indem sie Stärken (Strength) und Schwächen (Weakness) des Unternehmens sowie die Chancen und Risken (Opportunities und Threats), die die spezifische Umwelt beinhaltet, auflistet. Aus der Analyse dieser Faktoren ergeben sich bereits erste Hinweise auf die zu verfolgende Strategie, wie folgende Abbildung verdeutlicht:

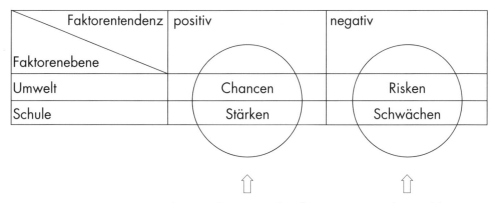

Faktorentendenz / Faktorenebene	positiv	negativ
Umwelt	Chancen	Risken
Schule	Stärken	Schwächen

Nutzen bzw. ausschöpfen   Begrenzen bzw. abbauen

Abb. 36: Situationsanalyse der Chancen und Risken bzw. Stärken und Schwächen

Beispiele:

Stärken:
- Stadtnähe;
- gute öffentliche Verkehrsverbindungen am Schulstandort;
- hoch qualifizierter Lehrkörper;
- erfahrener Lehrkörper;
- gutes Image;
- gute interne Kommunikation;
- Abteilung einer sehr großen Schule, daher Ausnutzen der „Economies of scale" möglich;

Schwächen:
- schlechte externe Kommunikation;
- schlechte Werkstättenausstattung;
- schlechte EDV-Ausstattung;
- geringes Angebot an bestimmten Fächern (z. B. Sprachen);
- schlechte geografische Lage;
- Mangel an hoch qualifizierten Lehrern;
- schlechtes Schulklima;
- kein Angebot für Nachmittagsbetreuung;

Chancen:
- Entwicklung eines neuen Schwerpunktes mit hoher Nachfrage;
- Anzahl der potenziellen SchülerInnen in der Region/im Ort steigend;
- potenzielle Sponsoren für wichtige Anschaffungen vorhanden;

- Schulneubau geplant;
- hohe Nachfrage nach Absolventen;
- finanzkräftiger Schulerhalter;

Risken:
- Unsicherheit im Lehrkörper über Zukunft des Standorts (geringe Motivation);
- geplanter Schulneubau/-zubau auf unbestimmte Zeit verschoben;
- geringe Zahl an Anmeldungen;
- schlechtes Image des Standorts/der Schultype;
- starker Konkurrent im Nachbarort;
- Stellenabbau geplant;

Es ist wichtig, sich auf die wesentlichen Stärken und Schwächen zu konzentrieren. Im nächsten Schritt werden für die stärksten Mitbewerber ebenfalls Aufstellungen der Stärken, Schwächen, Chancen und Risiken erstellt. Alleine aus dieser Aufstellung ist sehr oft die prinzipielle Ausrichtung der Strategie ersichtlich!

2. Modell: Wachstum-Marktanteil-Matrix
Mithilfe der Wachstum-Marktanteil-Matrix ist eine auch dem Laien sehr einsichtige Darstellung der einzelnen Leistungen der Schule möglich. Indikator für die Attraktivität eines Bereiches stellt das Marktwachstum dar, das auf der y-Achse der Matrix eingetragen wird. Auf der x-Achse wird der relative Marktanteil eingetragen. Somit erhält man eine Matrix, in der vier Typen von Leistungen identifiziert werden.

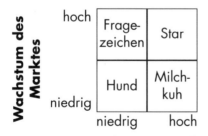

Abb. 37: Modell der Wachstum-Marktanteil-Matrix

Grundsätzlich wird ein wachsender Markt als positiv gesehen, weil jene Maßnahmen, die die Existenz der Schule langfristig sichern sollen, leichter umzusetzen sind als in weniger stark wachsenden Märkten.

Als niedrig wird eine Wachstumsrate von 3% oder weniger bezeichnet, als mittel 8 bis 12% und als hoch mehr als 20% Wachstum pro Jahr. Der Marktanteil bezieht sich auf jenen Markt, auf dem die Schule agiert. Dieser kann sich zum Beispiel auf ganz Österreich beziehen, wenn eine Schule aufgrund einer speziellen Ausrichtung nur maximal 6 Konkurrenten hat. Hat eine Schule sehr viele Konkurrenten, so können auch nur die stärksten Mitbewerber in Betracht gezogen werden. Auf dieser Achse wird als niedrig 10% des Marktanteils des Mitbewerbers und als hoch „10-mal so groß wie der Marktanteil der Mitbewerber" bezeichnet.

In Folge dessen stellt sich die Frage, wie eine einzelne Schule zu aussagekräftigen Zahlen für den Marktanteil und das Marktwachstum kommen kann. Leider lassen sich dazu keine allgemein gültigen Aussagen machen. Einige Beispiele zur Verdeutlichung:

- Hauptschulen haben aufgrund des Sprengelwesens eine geringere Anzahl potenzieller SchülerInnen als ihr stärkster Mitbewerber, die AHS-Unterstufe. Verwendet man nun die Schüleranzahl im Schulsprengel oder im Einzugsgebiet der AHS als Maßstab?
- Die räumliche Nähe hat mit steigendem Alter von SchülerInnen eine geringere Bedeutung. Einem 17-jährigen Schüler sind weitere Wege zuzumuten als einem 6-jährigen.

Grundsätzlich kann als Kennziffer für die Marktgröße die Anzahl der Kinder und Jugendlichen im entsprechenden Alter, die in dem Bereich wohnen, welchen eine Schule als ihren Markt definiert hat, als Kennzahl für die Marktgröße verwendet werden. Somit wäre aus Sicht der Hauptschule der Schulsprengel als Markt zu definieren, aus Sicht der AHS-Unterstufe der gesamte Einzugsbereich, zum Beispiel der politische Bezirk.

Als Kennziffern für das Marktwachstum kann für eine Volksschule die Geburtenstatistik im gewählten Markt unter Berücksichtigung von erwartetem Zuzug und erwarteter Abwanderung verwendet werden. Bei Schulen, die ihre SchülerInnen auswählen können, kann die Anzahl und Entwicklung der Anmeldungen verwendet werden.

Zusätzlich benötigen Schulen für die Verwendung dieser Matrix aber Informationen über jene Motive der Schulwahl, die von der räumlichen Nähe unabhängig oder nahezu unabhängig sind.

Die Kernidee dieser Matrix ist, dass Produkte, die in unterschiedlichen Teilen der Matrix positioniert sind, unterschiedlich gemanagt werden müssen.

Stars sind Aktivitäten mit hohen Wachstumsraten, in denen die Schule einen hohen Marktanteil hat. Häufig sind hohe Investitionen nötig, um mit dem Wachstum bei hohem Marktanteil Schritt zu halten. Im Idealfall werden Stars zu Milchkühen.

Milchkühe oder „cash cows" sind Leistungen mit hohem Marktanteil, aber geringem Wachstum. Für diese eingeführten Leistungen sind nur geringe Investitionen nötig, um den Marktanteil halten zu können. Im Fall von Schulen bringen sie nicht Gewinn und Umsatz, sondern SchülerInnen. Die geringen Investitionen beziehen sich sowohl auf den finanziellen Aufwand, auf die Arbeitszeit von Leh-rerInnen oder deren emotionale Belastung.

Fragezeichen oder „question marks" sind Leistungen mit derzeit geringem Marktanteil in schnell wachsenden Märkten. Unter Zufuhr von finanziellen Mitteln und qualifiziertem Personal besteht die Möglichkeit, sie zu Stars auszubauen. Andernfalls sollten sie aufgegeben werden.

Wodurch sind **Hunde** oder „dogs" gekennzeichnet? Hunde sind Aktivitäten und Produkte ohne Schwung. „Dogs" haben einen niedrigen Marktanteil und ein niedriges Wachstum. Sie sind selbsterhaltend, haben aber keine Zukunft.

Die Wachstum-Marktanteil-Matrix ist ein nützliches Instrument, um Führungskräfte bei der Entscheidung, ob Ressourcen in eine Leistung investiert werden sollen, zu unterstützen.

Die einfache Darstellung durch Informationsverdichtung stellt den großen Vorteil dieser Methode dar, bedingt aber auch das Risiko, dass durch die Informationsver-dichtung wesentliche Entscheidungsgrundlagen verloren gehen (vgl. Tweraser, 1998).

Die folgende Wachstum-Marktanteil-Matrix zeigt den Einsatz dieses Instruments im schulischen Bereich. (Diese Abbildung ist einem englischen Buch entnommen und bezieht sich daher auch auf Fächer, die in englischen Colleges unterrichtet werden. Weitere Beispiele für den Einsatz dieser Matrix finden sich in Kapitel 6.)

Abb. 38: Matrix nach Evans, 1995

Natürlich sind Schulen nicht so frei wie Unternehmen, um „dogs" wirklich aus dem Programm nehmen zu können, weil man gesetzliche Rahmenbedingungen berücksichtigen muss.

Die Wachstum-Marktanteil-Matrix zeigt aber sehr klar auf, welche Investitionen sinnvoll sind. Sie könnte auch im regionalen Bildungsmanagement eingesetzt werden, um Entscheidungen über Schwerpunktsetzungen zu unterstützen. Durch die zunehmende Autonomisierung von Schulen stellt sich die Frage, wie Entscheidungen betreffend das Angebot in einer Region getroffen werden sollen. Einerseits soll ein breit gefächertes Angebot vorhanden sein, andererseits sollten die finanziellen Mitteln bestmöglich eingesetzt werden.

In Verbindung mit der Lebenszyklusanalyse steht mit der Wachstum-Marktanteil-Matrix ein aussagekräftiges Analyseinstrument zur Verfügung. Damit kann festgestellt werden, in welche Richtung die Entwicklung gehen soll, und zwar sowohl auf Ebene der einzelnen Schule, als auch für bestimmte Schultypen oder eine ganze Region.

3. Modell: Lebenszyklusanalyse

In Kapitel 2.4 wurde das Modell des Produktlebenszyklus bereits vorgestellt. In der Lebenszyklusanalyse wird untersucht, in welchem Lebenszyklus sich die einzelnen Leistungsbereiche bzw. Schwerpunkte befinden. Im Idealfall hat eine Organisation Leistungen in unterschiedlichen Phasen des Lebenszyklus, wobei eine ideale Ausprägung der einzelnen Phasen unterstellt wird:

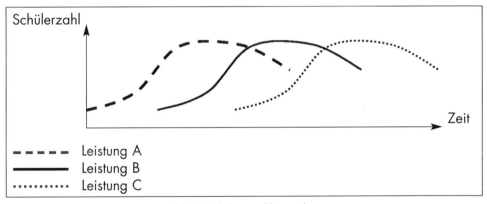

Abb. 39: Lebenszyklusanalyse

Im konkreten Einsatz der Lebenszyklusanalyse können Schwerpunkte oder Gruppen von Fächern eingesetzt werden. Führt eine Schule die Lebenszyklusanalyse durch, ist sehr klar ersichtlich, wo sie hinsichtlich ihrer Leistungen steht und wie dringend der Handlungsbedarf bezüglich Produktinnovation oder auch Produktvariation ist.

Entwicklung von Schulmarketingstrategien

Im Rahmen des strategischen Schulmarketings sind die grundsätzlichen Strategien festzulegen. Im Marketing existieren so genannte „Normstrategien", das heißt Empfehlungen, welche Strategien unter welchen Voraussetzungen einzuschlagen sind (vgl. Meffert, 1998). Wir verzichten auf die Aufzählung von Normstrategien aus mehreren Gründen:

▷ Normstrategien sind nicht ganz unumstritten, da sie vorgeben, dass es einfache Regeln gibt, die unter allen Umweltbedingungen gelten. Tritt dann der Erfolg nicht ein, wird unterstellt, dass Marketing generell seinen Zweck verfehlt. Dabei ist menschliches Handeln zu komplex und unsere Modelle, um die Wirklichkeit abzubilden, sind noch immer lückenhaft. Deshalb ist Marketing und auch die Auswahl von Marketingstrategien immer auch eine Entscheidung unter Unsicherheit. Man kann durch sorgfältige Sammlung und Auswertung von Fakten und Informationen versuchen, diese Unsicherheit zu minimieren, eliminieren kann man sie sicher nicht.

▷ Unter den Begriff „Schule" fallen Organisationen, die eine enorme Spannweite aufweisen. Eine Volksschule im ländlichen Raum mit vier Klassen fällt genauso unter den Begriff Schule, wie eine HTL mit 10 Abteilungen. Normstrategien für den Schulmarketingbereich anzuführen wäre somit ähnlich zum Scheitern verurteilt, wie wenn man die Marketingstrategien eines multinationalen Konzerns in einem Familienbetrieb anwenden würde.

▷ Die Erfahrung hat aber auch gezeigt, dass Unternehmen und Organisationen sehr erfolgreich waren und sind, die gegen Normstrategien verstoßen haben. Sie waren von ihrer Idee, ihren Produkten, Leistungen und ihren Werten so überzeugt, dass sie auch ihre Kunden motivieren konnten. Und die Kunden sind jener Erfolgsfaktor, der letztlich zählt.

Wir stellen nun einige **grundsätzliche strategische Optionen** vor, die einer Schule offen stehen. Aufgrund der Schulphilosophie, der Corporate Identity, der Situationsanalyse, des Schulprofils und der definierten Schulmarketingziele stehen **verschiedene Strategien** zur Wahl.

Auch beim Schulmarketing stellt sich die Frage, soll
▷ undifferenziertes Marketing,
▷ differenziertes Marketing oder
▷ konzentriertes Marketing
betrieben werden?

Undifferenziertes Marketing, der Versuch den Gesamtmarkt mit einer Marketingstrategie anzusprechen, wird meistens bei Mangel an Ressourcen eingesetzt. Besteht keine Konkurrenzsituation, so ist diese Marketingstrategie nach dem Motto „Besser den Spatz in der Hand, als die Taube auf dem Dach" durchaus als Minimalvariante denkbar. Tritt aber eine Konkurrenzsituation auf, ist entweder differenziertes Marketing oder konzentriertes Marketing einzusetzen.

Im Rahmen einer **differenzierten Marketingstrategie** werden unterschiedliche Marktsegmente mit unterschiedlichen Strategien angesprochen. Im **konzentrierten Marketing** wird von mehreren Marktsegmenten ein Marktsegment ausgewählt und nur dieses gezielt beworben. Voraussetzung für die beiden letztgenannten Strategien ist, dass der Markt ausreichend groß ist, dass sinnvollerweise mehrere Segmente gebildet werden können.

Die Konzentration auf **ein Marktsegment** birgt mehr Risiko in sich, denn was passiert, wenn dieses Marktsegment sich in Zukunft als zu klein erweist? Andererseits hat sie den Vorteil, dass die spezifischen Stärken der jeweiligen Schule optimal genutzt und kommuniziert werden können. Ein Beispiel wäre eine Hauptschule mit ökologischem Schwerpunkt.

Einige Schulen mussten in den letzten Jahren die Erfahrung machen, dass ihr ursprüngliches Marktsegment zu klein geworden ist und mussten ihre Marketingstrategie auf ein **differenziertes Marketing** umstellen oder ein **neues Marktsegment** ansprechen. Beispiele wären Höhere Bundeslehranstalten für Mode, die zusätzliche Abteilungen bzw. Schwerpunkte wie Produktmanagement einführten oder landwirtschaftliche Hauswirtschaftsschulen, die auf den Schwerpunkt Tourismus setzen. Ein differenziertes Marketing ist weniger riskant, auf mehreren Standbeinen „kann eine Schule leichter stehen", aber unter Umständen „schwieriger gehen".

Marktsegmente müssen also bezüglich ihrer Größe und ihren Ansprüchen sorgfältig analysiert werden. Zusätzlich ist zu klären, ob die fachlichen Kompetenzen und Ausstattungen in ausreichendem Maße vorhanden sind bzw. in relativ kurzer Zeit erworben werden können.

Basis aller Überlegungen muss die Frage sein, ob die Aufnahme neuer Produkte, das Ansprechen neuer Marktsegmente kompatibel mit den Werten, der Schulphilosophie und der Schulidentität ist. Differenziertes Marketing erfordert mehr Koordination als konzentriertes Marketing. Ist dieser zusätzliche Aufwand nötig, um die Ziele der Schule zu erreichen?

Im Rahmen des Strategischen Marketings sind auch **grundlegende Weichenstellungen** hinsichtlich der **angebotenen Leistungen** und **Schwerpunkte** vorzunehmen. Die Bewertungsmaßstäbe für die **Attraktivität von Marktsegmenten** wie

- hohe Nachfrage,
- wenige Mitbewerber,
- zukünftige Bedeutung,
- Qualitätsbewusstsein der Kunden und
- weitgehende Unabhängigkeit von Modeströmungen

können alle Schulen verwenden. Für Privatschulen werden darüber hinaus natürlich auch Finanzkennzahlen einzusetzen sein. Diese Bewertungen unterliegen natürlich einem gewissen Risiko, denn auch die genauesten Prognosen können uns die Zukunft nicht hundertprozentig voraussagen. Eine möglichst breite Datenbasis, auf die alle Schulen einfach über Internet zugreifen können, wäre aber eine Möglichkeit, um dieses Risiko zu minimieren. Dennoch bleibt eine Informationslücke, die durch „subjektive" Daten regional und lokal geschlossen werden muss.

Für die **Bewertung der Attraktivität von Leistungen** können **Kriterien** wie
▷ hohes Image,
▷ bessere Qualität als die Leistungen von Mitbewerbern,
▷ Standort,
▷ ausgezeichnete und motivierte MitarbeiterInnen oder
▷ gute Ausstattung
herangezogen werden.

Bereiche mit **niedriger Produkt- und Marktattraktivität** sollten – falls möglich – aufgegeben werden. Im Bereich von unverbindlichen Übungen und Freigegenständen ist dies sicher möglich. Wo dies nicht möglich ist, sollte darauf geachtet werden, dass Arbeitskraft, Zeit und Geld in anderen Bereichen lohnender eingesetzt werden können.

Niedrige Markt- und hohe Produktattraktivität stellen die Verantwortlichen vor die Wahl, den Ausstieg vorzubereiten oder zu versuchen, für den jeweiligen Bereich neue Zielgruppen zu erschließen.

All jene Bereiche, die hohe Produkt- und hohe Marktattraktivität aufweisen, sollten besonders gefördert werden. Hier lohnt es sich, Zeit, Arbeitskraft und finanzielle Mittel zu investieren.

Operatives Schulmarketing

Die Bedeutung der einzelnen Marketinginstrumente im – nun schon bekannten – Schulmarketing-Mix zeigt sehr klar die folgende Abbildung:

Abb. 40: Der Schulmarketing-Mix

Die Leistungs- und die Kommunikationspolitik haben im Schulmarketing-Mix eine weitaus größere Bedeutung als die Distributions- und die Preispolitik. Dies ist auf die derzeitigen Rahmenbedingungen der Schulen zurückzuführen. Schulen haben in der Leistungspolitik und in der Kommunikationspolitik einen weiteren Gestaltungsspielraum und dadurch auch umfangreichere Aufgaben zu erfüllen. Unter geänderten Rahmenbedingungen (zum Beispiel in Großbritannien) würde die Gewichtung innerhalb dieser Grafik anders aussehen, zum Beispiel mit einer größeren Betonung auf der Preispolitik.

Somit liegt auch der Schwerpunkt der Tätigkeit im operativen Schulmarketing in den Bereichen Kommunikation und Leistungen. Hier geht es um die konkrete Ausgestaltung der „Beförderungsmittel", die auf der „Route" = der Marketingstrategie eingesetzt werden sollen.

Planung, Koordination und Durchführung der Maßnahmen innerhalb der Leistungs-, Preis-, Distributions- und Kommunikationspolitik ist die Aufgabe des operativen Marketings.

Operatives Schulmarketing muss sich also damit beschäftigen, welche Maßnahme wann, durch wen und für wen gesetzt werden soll. Zusätzlich sollte auch noch auf eine sinnvolle Reihenfolge, die Vorlaufzeiten und die gegenseitigen Auswirkungen der einzelnen Maßnahmen geachtet werden.

Beispiel: Der neue Schwerpunkt Informatik wird ab dem nächsten Schuljahr an einer Hauptschule eingeführt. Die Aufgaben im Bereich der Leistungserstellung sind bereits erfüllt. Um den neuen Schwerpunkt bekannt zu machen, sind mehrere Kommunikationsaufgaben zu erfüllen. LehrerInnen der Volksschulen sind zu informieren, Eltern von Volksschulkindern und den Volksschülern soll der neue Schwerpunkt ebenfalls vorgestellt werden. Dazu muss ein neuer Folder erstellt werden, der am ebenfalls geplanten „Tag der offenen Tür" erstmalig zum Einsatz kommt. Die Homepage wird neu gestaltet, Presse- und Medienarbeit ist zu leisten. Für die Umsetzung dieser Maßnahmen sind eine Fülle von Planungs- und Koordinationsaufgaben zu erfüllen. In welcher Reihenfolge werden die Maßnahmen gesetzt, um sich gegenseitig zu verstärken, wer erledigt was bis wann, welche Vorlaufzeiten benötigen einzelne Arbeiten?

Im Bereich des Operativen Schulmarketings spielt Kreativität eine große Rolle. Innerhalb der festgelegten Strategie bestehen unzählige Möglichkeiten, um das Ziel zu erreichen (vgl. Umsetzungsmöglichkeiten, Kap. 6).

5 Die Kunden der Schule

„Wir haben kein Verkaufsproblem mehr ... uns sind die Kunden ausgegangen!"

Die Hauptpersonen jedes Unternehmens sind seine Kunden. Ohne sie gibt es kein Geschäft. Ein erfolgreiches Unternehmen umwirbt seine Kunden, und trachtet sie zufriedenzustellen.

Alle MitarbeiterInnen ziehen an demselben kundenorientierten Strang, denn jeder weiß, dass zwar der Chef das Gehalt zahlt, der Kunde aber das Geld bringt. Denn „Unternehmen hängen davon ab, dass sie Kunden haben" und „Schulen hängen davon ab, dass sie SchülerInnen haben".

Sobald sich eine Schule durch ein schärfer gewordenes Wettbewerbsklima vermehrt an den Kundenbedürfnissen orientieren möchte, stellt sich zuerst die Frage, wer eigentlich die Kunden sind.

5.1. Die SchülerInnen

Sind SchülerInnen Kunden oder sind sie (Bildungs-)Konsumenten? Betriebswirtschaftlich definiert ist ein Kunde jene Person, die ein bestimmtes Produkt von einer Erzeugerquelle erwirbt, während ein Konsument das Produkt benutzt/verwendet/gebraucht/verbraucht. Der Kunde kann gleichzeitig auch der Konsument sein.

Vielleicht ist es leichter, SchülerInnen als Konsumenten zu bezeichnen, die Bildung und Wissen erhalten, unabhängig davon, welche Schule sie besuchen. Unter diesem Gesichtspunkt sind sie zwar der Mittelpunkt allen pädagogischen Handelns (wobei manche SchülerInnen sogar soweit gehen, die dargebotene Bildung nicht einmal zu konsumieren), als Bildungskonsumenten für Marketingüberlegungen jedoch weniger interessant.

Zu Kunden werden sie dann, wenn sie durch ihre Aussagen und Äußerungen den Ruf einer Schule mitbestimmen oder wenn sie bei der Entscheidungsfindung für eine bestimmte Schule oder einen bestimmten Schultyp mit einbezogen werden oder vielleicht gar allein entscheiden.

Was erwarten sich nun die „Schülerkunden" von der Schule bzw. was brauchen sie, um als Kunden zufrieden zu sein? SchülerInnen, direkt befragt, hätten natürlich gerne Folgendes: nur Ferien, keine Hausaufgaben, keine Schularbeiten, keine Prüfungen usw. Antworten dieser Art sind als Indiz dafür zu werten, dass SchülerInnen mit den Anforderungen der Schule ihre durchaus verständlichen Probleme haben und diesen auf Anhieb auch keine positiven Perspektiven entgegenhalten können. Doch im Normalfall erweist sich aufgrund ihres tagtäglichen Verhaltens, dass sie in der Schule nicht nur diesen Negativkatalog realisiert haben möchten. SchülerInnen kommen Tag für Tag in die Schule, um etwas zu lernen, um sich auf die Prozesse und Anregungen einzulassen, die jeden Tag in der Schule initiiert werden (vgl. Puth, 1998).

Eine deutsche empirische Untersuchung, in deren Rahmen 1.212 Schüleraufsätze zum Thema „Was ist Schule? Stelle dir vor, du müsstest das jemandem erklären, der das Wort noch nicht gehört hat" ausgewertet wurden, ergab, dass es für SchülerInnen eine Selbstverständlichkeit zu sein scheint, dass in der Schule gelernt wird. Mehr als 60% der ausgewerteten Aufsätze enthielten Äußerungen, die Schulen als Ort des Lernens charakterisierten. Davon waren 90% neutraler oder gar positiver Natur, nur ca. 12% dagegen eindeutig negativer Art (vgl. Czerwenka, 1990).

Kline und Saunders (1996) gehen sogar davon aus, dass Menschen mit einem Lerninstinkt geboren werden, den sie aber bei Druck oder Zwang verlieren würden. Ihre Erfahrungen veranlassen sie dazu, den Lerninstinkt als anthropologische Konstante zu betrachten. Drei Lernbarrieren könnten Menschen vom Lernen abhalten:

- eine logische Barriere, die darin besteht, dass Menschen mit Fakten oder Dingen konfrontiert werden, denen sie keinen Sinn zuordnen können;
- eine ethische Barriere, die dann verhaltenswirksam wird, wenn Menschen etwas denken oder tun sollen, was den gängigen ethischen Normen nicht entspricht;
- eine Gefühlsbarriere, die das Lernen verhindert, weil Menschen in einem Prozess und/oder Umfeld lernen sollen, in dem sie sich nicht wohlfühlen.

Wir ergänzen diesen Ansatz um eine vierte Lernbarriere, der so genannten **Konterdependenz.** Diese Lernbarriere tritt vor allem in der Pubertät auf. Lernverweigerung in dieser Alters- und Entwicklungsstufe ist als Auflehnung gegen Autorität zu verstehen, der Lehrstoff als solcher wird als Symbol für Autorität gesehen und daher bekämpft (vgl. Schwarz Gerhard, Die Heilige Ordnung der Männer, 2000).

Kehren wir nun zurück zur These, dass SchülerInnen lernen wollen, weil sie wissbegierig und neugierig sind. Der Schulalltag mit seinen langen Unterrichtsstunden, oft eintönigem Unterricht und möglichen Spannungen lässt diese natürliche Lernfreude jedoch leider oft vergehen.

Aufgabe der Schule ist es daher, diesem Lernbedürfnis nachzukommen und den SchülerInnen einen entsprechenden Rahmen zur Verfügung zu stellen, in dem sie so gut wie möglich lernen können. Dieser Rahmen kann durchaus Elemente beinhalten, die den SchülerInnen die Einforderung von Leistung signalisieren. „Fördern durch Fordern" ist die geeignete Formel, um bewusst zu machen, dass das Fordern von Schülerleistungen durchaus positiv zu bewerten ist. SchülerInnen, die gefordert werden, sind vermutlich in stärkerem Maße bereit, Leistungen zu erbringen. Fordern ohne Fördern dagegen kann einen gegenteiligen Effekt verursachen: ein Übermaß an Leistungsdruck führt zu Schulangst. Neben dem Bedürfnis, „etwas lernen" zu wollen, haben SchülerInnen zumindest ein weiteres Bedürfnis, das mit dem ersten Bedürfnis kollidieren kann: sie wollen sich in ihrer Schule wohlfühlen. Fühlen sie sich wohl, weil die Schule sie in Ruhe lässt, nicht oder nur wenig von ihnen fordert, so ist dies dem ersten Bedürfnis nicht zuträglich (vgl. Puth, 1998).

SchülerInnen fühlen sich in ihrer Schule nicht wohl, wenn diese von einer **Symbolisierungsarmut** geprägt ist (dürftige Ausstattungen, kahle Klassen, beschmierte Wände). Des Weiteren wird eine **Ereignisarmut** als negativ empfunden – das Minimum an Gemeinsamkeiten, Gleichgültigkeit der LehrerInnen gegenüber Erfolgen, Rückschlägen, Krisen, Abschlüssen und Zielen, das Fehlen von Riten, die eine Struktur des Schulalltages und Schulablaufes ermöglichen, das Fehlen gemeinsamer Veranstaltungen, die Anlässe für Begegnungen, für Gespräche und gemeinsame Aktivitäten sind. Wenn nun auch noch die **Umgangspraxis** der LehrerInnen mit den SchülerInnen aus einer ritualisierten Autoritätsdemonstration besteht, die hohe Distanz schafft, so könnte man eine solche Schule als „kundenunfreundlich" bezeichnen (vgl. die Untersuchungen von Fend, 1998).

Gelingt es einer Schule, sich eine unverwechselbare Identität und ein klares Profil zu geben, das auf bestimmten Grundregeln, Ritualen und Ereignissen basiert, die von allen am Schulleben Beteiligten akzeptiert und mitgestaltet werden können, so ist im Normalfall gesichert, dass SchülerInnen gefordert werden können und sich zugleich wohlfühlen.

Die Qualität eines jeden Bildungswesens lässt sich daher unter dem Gesichtspunkt beschreiben, wie gut es auf die Bedürfnisse der Auszubildenden bzw. wie gut es auf die „Kundenbedürfnisse" abgestimmt ist. Da Schulbildung im weitesten Sinn Menschenbildung ist, steht sicherlich die ganzheitliche Persönlichkeitsbildung im Vordergrund. Da jedoch nichts erzwungen werden kann, muss sich Schule darauf beschränken, für möglichst viele ein Angebot zu machen, das – wenn es ergriffen wird – förderlich wirken kann. Welche Angebote positiv sind, ergibt sich aus bedürfnistheoretischen Überlegungen, wonach der Mensch im bildsamen

Alter bestimmte Grunderfahrungen machen können muss, um auf das spätere Leben vorbereitet zu werden:

- Jeder muss in der Schule die Erfahrung machen können, zumindest in einem Bereich gut zu sein und Kompetenzen ausbilden zu können. Dies verlangt die Möglichkeit, sich in vielfältigen Erfolgsfeldern zu erproben und dort zu erfahren, dass man Ansprüchen genügen kann.
- Jeder muss in der Schule die Möglichkeit haben, zu erfahren, dass sich kontinuierliche Anstrengung lohnt und notwendig ist, um schwierige Ziele zu erreichen. Ihm darf dabei nicht immer wieder bestätigt werden, dass er das Ziel letztlich doch nicht erreichen wird.
- Jeder muss Gelegenheit finden, sich für etwas zu interessieren, also Neigungen auszubilden. Dazu bedarf es vielfacher Erprobungsmöglichkeiten und vielfältiger Angebote.
- Jeder sollte die Gelegenheit finden, mit Menschen zusammenzukommen, deren Respekt und solidarische Hilfe er voraussetzen kann. Dies bedarf sowohl der langfristigen und vertrauensvollen Kontakte als auch der Möglichkeit, Interaktionskontexte selbst auszuwählen.
- Jeder sollte die Erfahrung machen, dass sowohl Objekte als auch soziale Gefüge und funktionierende Beziehungen das Ergebnis von Arbeit und Anstrengung sind, dass nichts von selbst geschieht und dass hinter allen Angeboten Bemühungen anderer stehen. Dies erfordert die eigene aktive Arbeit, denn nur so kann eine passive Anspruchshaltung verhindert werden.
- Jeder soll die Erfahrung machen, zu etwas nütze zu sein. Dies hat letztendlich zur Voraussetzung, dass ernsthafte Handlungsmöglichkeiten und Verantwortlichkeiten im Bildungswesen eingeplant werden, die diese Erfahrung vermitteln helfen (vgl. Fend, 1998).

Diese komplexen Erfahrungsräume sind für die Entwicklung eines heranwachsenden Menschen unabdingbar. Schule hat aber auch Qualifikationen und diesen Qualifikationen entsprechende Abschlüsse zu vermitteln. Daher ist nicht jede Schule für jeden Schüler geeignet und die Wahl der richtigen Schule für eine positiv erlebte Schulzeit und eine erfolgreiche Schullaufbahn von größter Wichtigkeit.

Die Qualifikationen werden von einer Wirtschaft gefordert, die selbst auch Weiterentwicklung ihrer eigenen Organisation und (Sozial-)Strukturen betreibt. Diese Wirtschaft erwartet, dass qualifizierte Arbeitskräfte aus dem Bildungsprozess entlassen und zur Verfügung gestellt werden. Der folgende Exkurs soll verdeutlichen, dass die Orientierung an den Forderungen des jetzigen und zukünftigen Arbeitsmarktes auch für Schulen unumgänglich wird.

Exkurs: Der VITA-Prozess

Dieser Prozess gehört zur Organisationsentwicklung der DSM Chemie, eines der größten Feinchemieunternehmen der Welt, das seinen zweitgrößten Standort in Österreich im Chemiepark Linz hat. Am Standort gibt es etwas mehr als 1.000 MitarbeiterInnen, die unter anderem im so genannten „VITA-Programm" geschult werden. Dieses Programm wird vom Konzern umrissen, kann jedoch von den einzelnen Standorten mit eigenen Inhalten (Schulungen, Workshops etc.) gefüllt werden: Ziel ist es, die Fähigkeiten der MitarbeiterInnen zu erhöhen, um dem gesamten Unternehmen mehr Erfolg zu verschaffen.

Der VITA-Prozess wird durch vier Begriffe, die gleichsam den Leitfaden bilden, geprägt: Capability, Reliability, Empowerment und Responsibility.

Capability (capable = befähigt): Damit ist gemeint, dass sich der Mitarbeiter in seinem Fach auskennt, die Kenntnisse und Orientierungen darüber auf dem neuesten Stand hält und die eigenen Fähigkeiten und Kenntnisse nicht für sich behält, sondern auch anderen zur Verfügung stellt: sowohl dem internen als auch dem externen Kunden. Auf den Punkt gebracht könnte man auch sagen: die richtige Person für eine bestimmte Stelle.

Reliability (reliable = zuverlässig): Man muss sich auf den Mitarbeiter verlassen können. Eine Vereinbarung muss zuverlässig eingehalten werden. Wenn man jemandem in Hinsicht auf Zeitpunkt oder Qualität etwas zusagt und verspricht, muss man das auch einhalten. Oder – wenn es nicht klappt – wenigstens rechtzeitig Bescheid geben. Die Integrität des einzelnen Mitarbeiters ist hier gefordert.

Empowerment (empowered = ermächtigt): Aufgaben, Befugnisse und Verantwortlichkeiten werden oft von Mitarbeitern von höherer Stelle ohne Probleme übernommen. Selbst zögern sie aber, einen Teil ihrer Arbeit weiter zu geben, da sie dazu neigen, die Fähigkeiten ihrer Mitarbeiter zu gering einzuschätzen. Deshalb binden sie zu viel Arbeit an sich selbst. „Empowered" zu sein heißt, dass Personen einer größeren Handlungsbefugnis auch gerecht werden sollten, wenn sie sie erhalten haben.

Responsiveness (responsive = pro-aktiv): Dies bedeutet, dass Mitarbeiter nicht erst aktiv werden sollten, wenn dies ausdrücklich verlangt wird, sondern dass sie vorgreifen und auf Fragen und Angelegenheiten reagieren, die noch nicht eingetreten sind. Es geht also hierbei um die offene, aufmerksame und aktive Art und Weise, wie man die Arbeit ausführt und um die Fähigkeit, zuzuhören und adäquat zu reagieren (kommunikativ zu reagieren).

Die Tatsache, dass es eigene Programme gibt, die MitarbeiterIn-nen in den Bereichen Capability, Reliability, Empowerment und Responsiveness trainieren, bedeutet für das Bildungssystem, dass auch hier einige Weichen neu gestellt werden sollten.

Dazu kann man die Überlegung anstellen, inwieweit LehrerInnen mit positivem Beispiel vorangehen und selbst den Anforderungen eines VITA-Programms gewachsen sind. „Nicht für die Schule, für das Leben lernen wir" – wenn dieser Spruch ein zu erstrebendes Ziel werden soll, dann wird es unumgänglich sein, schon in der Schule auf die späteren Anforderungen einzugehen!

5.2. Die Eltern – die schweigende Masse

Es gibt rund zwei Millionen Eltern in Österreich, die ein oder mehrere Schul-kinder haben. Eltern haben bei der Schulwahl ein gewichtiges Wort zu reden. Meist sind sie es, die letztendlich entscheiden, welche Schule ihr Kind besucht oder die es von der Schule nehmen, wenn sie nicht zufrieden sind. Sie sind die eigentlichen „Kunden" der Schule, wenn sie ihre Verantwortung stellvertretend für ihre Kinder wahrnehmen. Ein „kundenfreundliches Bildungssystem" muss deshalb auf die Akzeptanz der Eltern besonderes Gewicht legen.

Die **Schulpraxis** allerdings sieht oft anders aus: Viele Eltern scheuen den Kon-takt mit der Schule, das Gespräch mit dem Lehrer, vor allem dann, wenn sie nicht zufrieden sind. Ihre Unzufriedenheit artikulieren sie in der Regel nicht, aus Angst, dieses Feedback könnte sich negativ auf ihr Kind auswirken. Diejenigen, die Miss-stände bei LehrerInnen oder Direktoren aufgezeigt haben, wurden oft schnell eines Besseren belehrt: Plötzlich stand das gesamte Lehrerteam geschlossen hinter dem kri-tisierten Kollegen und wies jede noch so konstruktive Kritik vehement zurück. Dass es jedoch auch viele Schulen gibt, in denen die Zusammenarbeit mit den Eltern her-vorragend funktioniert, sollte an dieser Stelle nicht vergessen werden!

Viele Eltern haben daher aus leidvoller Erfahrung gelernt, der Schule gegen-über zu schweigen. Trotzdem werden sie aktiv und handeln: Sie äußern sich im Bekanntenkreis oder gar in einer größeren Öffentlichkeit negativ über die Schule, kontaktieren direkt die Schulbehörde oder nehmen das Kind von der Schule.

Wann sind nun Eltern **zufriedene „Kunden"**? Eltern wollen auf jeden Fall das Beste für ihr Kind. Was im Einzelnen dann wirklich das Beste ist, kann nicht pauschal benannt werden – schon gar nicht, wenn es um die Schullaufbahn geht.

Problematisch wird es dann, wenn das Kind aufgrund falscher oder überzoge-ner Elternerwartungen in der falschen Schule sitzt und täglich Frustrationserlebnisse hat. Was nützt die Matura einem Schüler, der handwerklich oder künstlerisch begabt und interessiert ist, aber große Probleme im Bereich der Fremdsprachen oder der Mathematik hat und sich daher täglich in der Schule quält? Probleme und Konflikte mit den Lehrern sind hier vorprogrammiert, ebenso zu Hause.

Untersuchungen von Fend (1982) zeigen, dass Eltern mit der Schule dann besonders zufrieden sind, wenn ihr Kind reüssiert, wenn es ihm leistungsmäßig gut geht. Eltern wollen auch eine zeitgemäße Bildung für ihre Kinder, die es ihnen ermöglicht, sich im Beruf gut zurechtzufinden. In Befragungen zum Thema Elternzufriedenheit im Rahmen von **Schulentwicklungsprojekten** (Reisch, Schwarz, seit 1998) sprechen Eltern hier besonders explizit EDV-Unterricht und projektartige Arbeiten an. Ferner hat sich auch gezeigt, dass die Zufriedenheit der Eltern generell von deren Selbstbewusstsein und ihrer Kritikbereitschaft abhängt. Diese Haltungen sind bei Gymnasialeltern am stärksten ausgeprägt, so dass sie auch der Schule gegenüber mehr Kritik äußern als dies etwa Hauptschuleltern tun.

Studien haben auch gezeigt, dass sich Eltern zumeist nicht so sehr an der allgemeinen Qualität der Schule orientieren, sondern vor allem im Auge haben, wie gut es ihrem eigenen Kind in der Schule geht. Das heißt, dass sich Mütter und Väter vor allem auf die Bewertung der jeweiligen Lehrer konzentrieren, mit denen es ihr Kind zu tun hat. Dabei steht nach vielen Primärerfahrungen der Gesichtspunkt im Vordergrund, wie konsistent Leistung und Disziplin gefordert werden und wie weit dadurch das eigene Kind gefördert wird. Erst an zweiter Stelle kommen die „menschlichen" Aspekte ins Bewusstsein. Wenn sich hier nicht gravierende Probleme zeigen, dann versuchen Eltern eher, ihre Kinder darin zu üben, auch mit unterschiedlich sympathischen Erwachsenen („Neutralisierung") auszukommen.

Will eine Schule „kundenfreundlich" agieren, so ist jeder einzelne Lehrer bzw. jede einzelne Lehrerin der Schule gefordert. Was nützt es Eltern (und SchülerInnen), wenn die Schule in der Öffentlichkeit ein großartiges Bild von sich zeichnet, die tagtägliche Schulpraxis dieses jedoch konterkariert? Untersuchungen im Rahmen von Schulentwicklungsprozessen haben gezeigt, dass Eltern besonders dann mit der Schule zufrieden waren, wenn sich ihre **Erwartungen mit der Schulrealität deckten,** und Schulrealität sind für Eltern nun einmal in erster Linie die Lehrer, die ihr Kind unterrichten.

Was nützt es Eltern (und SchülerInnen), wenn ein „moderner und zeitgemäßer Unterricht" propagiert wird, ihr Kind jedoch einen oder viele Lehrer hat, die seit Jahren keine **Fortbildungsveranstaltungen** besucht haben? Im Rahmen einer Untersuchung qualitativer Natur des Pädagogischen Institutes Baden bei Wien über die „Zufriedenheit der Kunden des PI Baden" wurde von den befragten LehrerInnen selbst vehement Kritik an fortbildungsresistenten KollegInnen geübt (vgl. www.pinoe-bn.ac.at).

Was nützt es Eltern (und SchülerInnen), wenn eine Schule **Wertschätzung,** Respekt und Teamarbeit auf ihre Fahnen heftet, einzelne LehrerInnen jedoch ihre

SchülerInnen zynisch und abschätzig behandeln? Diese Eltern interessieren sich für die allgemeinen Leitlinien der Schule wenig.

Was nützt es Eltern (und SchülerInnen), wenn von obersten Bildungsbehörden die **Schulpartnerschaft** zwischen Eltern, Schülern und Lehrern beschworen wird, die alltägliche Schulrealität jedoch über wenige Kommunikationsschienen verfügt? Eltern wollen und müssen über den Schulerfolg und das Verhalten ihrer Sprösslinge in der Schule informiert sein, um ihrer Erziehungsaufgabe möglichst intensiv nachkommen zu können. Ein Lehrer, der einem Elternteil, der zufällig und nichts ahnend in die Sprechstunde kommt, mitteilt, sein Kind hätte seit drei Monaten in seinem Fach keinen Finger gerührt, hat „Schulpartnerschaft" als reines Schlagwort missverstanden. Bei Elternabenden und anderen schulischen Veranstaltungen wie Sprechtagen ist immer wieder die Bitte der Eltern an die Lehrer zu hören, sie mögen sie doch frühzeitig über Probleme ihrer Kinder informieren, damit rechtzeitig etwas unternommen werden kann, denn Kinder erzählen in der Regel zu Hause wenig bis gar nichts von ihren schulischen Schwierigkeiten. Elternsprechtage finden ein- bis maximal zweimal im Jahr statt – mit langen Warteschlangen, ungeduldigen Eltern und erschöpften Lehrern. Die wöchentlichen Sprechstunden an Gymnasien sind von berufstätigen Eltern vielfach nicht besuchbar oder entfallen des Öfteren gar unangekündigt. Groß war schon der Ärger mancher Eltern, die sich einen freien Tag nahmen und dann am Informationsbrett lesen mussten, dass die Sprechstunde leider entfalle.

Um wirklich „kundenfreundlich" zu agieren – auch im Sinne einer wirklich gelebten Schulpartnerschaft – müsste jede Schule Informations- und Kommunikationskanäle schaffen, die eine konstruktive Kommunikation mit dem Schulpartner „Eltern" erleichtert und ein rasches und wirkungsvolles Zusammenspiel von Schule und Elternhaus ermöglicht.

5.3. Die LehrerInnen

LehrerInnen sind auch Kunden, denn sie sind die Zielgruppe für das interne Marketing. Dieses zielt darauf ab, MitarbeiterInnen bestmöglich zufrieden zu stellen, denn sie sind es, die den Erfolg eines Unternehmens oder einer Organisation ausmachen.

„Die Mitarbeiterführung wird zur unmittelbaren Qualitätsquelle für den Erfolg am Markt. Ein erfolgreiches Unternehmen hängt von der Qualität der Mitarbeiter ab" (Höhler, 2001). Eine noch umfassendere Definition des Begriffs „Kunde" treffen Kline und Saunders (1996): „Alle Menschen, mit denen man im Berufsleben zusammentreffen könnte, sollten als Kunden angesehen werden, damit gewährleistet sei, dass ihre Bedürfnisse Beachtung fänden, also auch die Mitarbeiter."

Was wollen nun Menschen von ihrer Arbeit, wann sind sie zufrieden, wann sind sie unzufrieden und warum?

Eine Antwort auf die Frage, was Menschen von ihrer Arbeit wollen, gibt die **Zwei-Faktoren-Theorie:** Sie wurde von Frederick Herzberg aufgrund empirischer Untersuchungen an Arbeitnehmern entwickelt. Die Forschungsgruppe bediente sich dabei einer besonderen Methode, die man „Methode der kritischen Ereignisse" nennt. Personen wurden dabei aufgefordert, herausragende („kritische") Ereignisse, die zu besonders hoher Zufriedenheit bzw. besonders hoher Unzufriedenheit führten, aus ihrem Arbeitsleben zu schildern. Nachdem die Arbeitnehmer die Ereignisse frei geschildert hatten, wurden sie anhand eines Fragenkatalogs weiter interviewt. Die Interviews wurden inhaltlich im Hinblick auf die enthaltenen Gründe für hohe Zufriedenheit bzw. Unzufriedenheit bei der Arbeit („Faktoren") ausgewertet. Unzufriedenheitsfaktoren sind andere als Zufriedenheitsfaktoren. Daher auch der Name „Zwei-Faktoren-Theorie":

Die **Zufriedenheitsfaktoren** haben mit der Arbeit selbst und mit der erfolgreichen Erfüllung der Arbeit zu tun. Dies trifft auch für Aufstieg und Anerkennung zu, da Herzberg darunter Faktoren sieht, die direkt aus der erfolgreichen Erfüllung der Arbeit stammen. Herzberg nennt sie „Motivationsfaktoren". Sie tragen nicht nur zu höherer Arbeitszufriedenheit bei, sondern motivieren auch zu höheren Leistungen. Da die Befriedigung in der Arbeit selbst liegt, spricht man auch von „intrinsischer Motivation" bzw. von „intrinsischen Anreizen".

Motivationsfaktoren sind:
- Verantwortung
- Arbeitsinhalt
- Leistung
- Anerkennung
- Entwicklungsmöglichkeiten
- Aufstiegsmöglichkeiten

Die **Unzufriedenheitsfaktoren** stehen nicht direkt mit der Arbeit, sondern mit der Umgebung der Arbeit in Beziehung: mit der sozialen Umwelt (zwischenmenschliche Beziehungen zum Vorgesetzten und den Kollegen), mit der „organisatorischen" Umwelt, Unternehmenspolitik und -administration sowie den Arbeitsbedingungen.

Die Unzufriedenheitsfaktoren heißen auch „Hygienefaktoren" – in Anlehnung an medizinische Hygiene. Eine medizinisch reine, hygienische Umwelt verhindert zwar zusätzliche Krankheitsrisiken der Umwelt, wirkt aber nicht heilend. Analog dazu verhindern die Hygienefaktoren zusätzliche Unzufriedenheit und tragen dadurch zu einer Verbesserung bei. Sie bewirken jedoch nicht Zufriedenheit.

Da sie nicht mit der Arbeit selbst, sondern mit der Arbeitsumwelt zu tun haben, mit Begleit- und Folgeerscheinungen der Arbeit, sind sie „extrinsische Faktoren".

Hygienefaktoren sind:
- zwischenmenschliche Beziehungen zu Vorgesetzten
- zwischenmenschliche Beziehungen zu KollegInnen
- zwischenmenschliche Beziehungen zu Untergebenen
- Unternehmenspolitik und Administration
- Führung
- Arbeitsbedingungen
- Bezahlung
- Status
- berufliche Sicherheit
- Privatleben

Im Rahmen einer **empirischen Untersuchung zur Berufszufriedenheit** von LehrerInnen wurden folgende Bereiche benannt:
- als **Motivationsfaktor** (intrinsische Motivation): die eigentliche pädagogische Arbeit;
- als **Hygienefaktoren** (extrinsische Motivation): Arbeitsumfeld und Bezahlung;

Bezüglich der eigentlichen pädagogischen Arbeit (Motivationsfaktor) schätzten die befragten LehrerInnen den eigenen pädagogischen Handlungsspielraum als besonders wichtig ein (Durchschnittswert 3,7), unmittelbar gefolgt von Erfolgen in der Unterrichtsarbeit (Durchschnittswert 3,6), Erfolgen in der Erziehungsarbeit (Durchschnittswert 3,5) und von eigener fachlicher und erzieherischer Sicherheit (Durchschnittswert 3,6). An Hygienefaktoren war für die befragten Päda- goglnnen die Erhaltung der eigenen Gesundheit (Durchschnittswert 3,7) und das Arbeitsklima in der Schule (Durchschnittswert 3,6) von vorrangiger Bedeutung. (vgl. Merz, 1979).

Die Lehrerbefragungen im Rahmen von Schulentwicklungsprozessen (vgl. Degendorfer u. a., 2000) haben deutlich gezeigt, dass es bei Arbeitsunzufriedenheit, Unlust und Demotivation weniger die Unterrichtsarbeit ist, die LehrerInnen Probleme macht, sondern vielmehr ein schlechtes Betriebsklima.

Die Hygienefaktoren (u. a. Arbeitsbedingungen oder Unternehmenspolitik) sind die wichtigsten Voraussetzungen für die Motivationsfaktoren (z. B. Leistung und Veranwortung)!

Hohe Unzufriedenheitsfaktoren, wie viele industriesoziologische Studien belegen, beeinträchtigen nicht nur das subjektive Befinden am Arbeitsplatz, sie reduzieren auch die **Konfliktlösungsfähigkeit** einer sozialen Einheit und verringern schließlich auch deren Produktivität.

Bei hoher Arbeitsunzufriedenheit führt der kleinste Anlass zu sozialen Konflikten, zu Widerstand, zu Abwehrkämpfen oder sogar zu Vernichtungsfeldzügen zwischen verschiedenen Fraktionen. Alle konstruktiven und produktiven Energien werden somit gebunden, was dem Unternehmen als Ganzes sehr abträglich ist. Geringe bis keine Arbeitsunzufriedenheit wirkt daher wie ein „emotionaler Polster", der bei der Lösung bestimmter Konflikte mildernd wirken kann.

Schulen sind hier ähnlich strukturiert wie Unternehmen oder Organisationen. Konflikte innerhalb der Kollegenschaft, Neid, Cliquenbildungen, Intrigen oder fehlende Toleranz gegenüber unterschiedlichen pädagogischen Konzepten und Wertvorstellungen und anderes beeinträchtigen die Arbeitsfreude der LehrerInnen. Dies wirkt sich unmittelbar auf die Unterrichts- und Erziehungsaufgabe aus und auch auf die Bereitschaft, sich auch außerhalb der reinen Unterrichtstätigkeit für die Schule einzusetzen.

Betrachtet man nun Hygienefaktoren unter dem Aspekt der „Kundenzufriedenheit von Lehrern", so kam Fend (1998) bei **Untersuchungen über die Qualität im Bildungswesen** zu folgendem Ergebnis: Es gibt bezüglich der Hygienefaktoren drei Hauptkriterien, die die Arbeitszufriedenheit von LehrerInnen ausmachen:

▸ Die **Arbeitszufriedenheit** hängt in erster Linie mit den **Verhältnissen der Lehrer untereinander** zusammen. Sie ist in erster Linie ein Indikator für ein gutes soziales Klima in einem Kollegium, ein Indikator für die Intensität des gemeinsamen sozialen Lebens der Lehrer.

▸ Das zweite Kriterium ist die **Qualität der Organisation** des Schulbetriebes. Klappt es diesbezüglich sehr schlecht, dann ist damit immer eine Störung der Arbeitszufriedenheit verbunden.

▸ Bei Aussagen zum Schulleiterverhalten (Leitungskompetenz, Veränderungsbereitschaft, kooperativer Führungsstil, sozial-emotionale Ausrichtung) findet sich das interessante Ergebnis, dass wohl alle Dimensionen mit der Arbeitszufriedenheit zusammenhängen, dass aber die **Leitungskompetenz** für die Arbeitszufriedenheit des Kollegiums besonders bedeutsam ist.

Die „**TOP-TEN**" der Lehrerbelastungen (vgl. Rauscher, 1998):

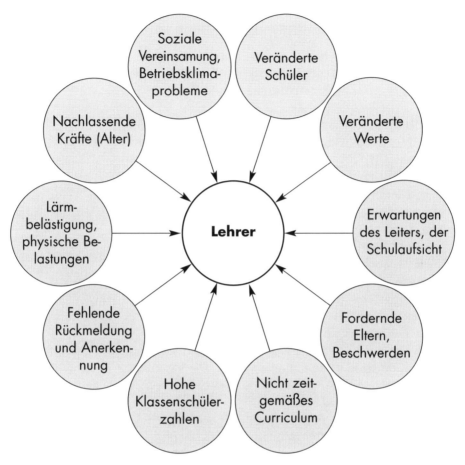

Abb. 41: Die Top-10 der Lehrerbelastungen

Eines der wesentlichsten Merkmale für die Arbeitszufriedenheit ist das Vorhandensein eines sozialen Stützsystems, das es den Lehrern ermöglicht, die anforderungsreichen Tätigkeiten zu bewältigen. Sind LehrerInnen in Schulen vereinsamt, bestehen offene oder latente Konflikte, sind die Beziehungen außerhalb der konkret unterrichtlichen und beruflichen Zusammenhänge spärlich, dann fehlt jenes soziale Stützsystem, das für die Bewältigung der Berufsarbeit des Lehrers sehr wichtig werden kann (vgl. Untersuchungen von Fend, 1998).

Das unter Lehrern noch immer stark verbreitete „Einzelkämpfertum", die Scheu vieler Lehrer, Kollegen und Direktoren um Rat und Unterstützung zu bitten – man könnte ja als unfähiger Pädagoge angesehen werden –, der oft fehlende fachliche und fächerübergreifende Austausch und zu wenig Zeit für Gespräche fördern nicht unbedingt das Entstehen eines sozialen Stützsystems. Der Lehrberuf ist ein anstrengender und anspruchsvoller Beruf und wie alle sozialen Berufe vom „Burn-out"-Syndrom bedroht.

Das **„Burn-out"-Syndrom** kann anhand dreier Merkmale beschrieben werden:
- Die **emotionale Erschöpfung:** Der Betroffene ist ausgelaugt, durch viele anstrengende Kontakte mit anderen Menschen sind die emotionalen Reserven durch das ständige Geben erschöpft.
- Die **Depersonalisierung oder Dehumanisierung:** Der Betroffene neigt zu zynischen Reaktionen gegenüber Mitarbeitern, Hilfesuchenden bzw. Schülern.
- Die **Einschätzung der eigenen Leistung:** Der Betroffene hat Unzulänglichkeitsgefühle, die oft gar nicht berechtigt sind. Er traut sich nichts mehr zu, schämt sich seines Zustandes und verschlimmert ihn dadurch; er betrachtet seine Kompetenz und Ausbildung als unzulänglich.

Zu den Ursachen des „Burn-out"-Syndroms innerhalb der Lehrerschaft sind folgende Aspekte zu zählen:
- Belastungen aus dem täglichen Umgang mit schwierigen SchülerInnen und Schülergruppen lassen das Gefühl entstehen, in einer wichtigen pädagogischen Aufgabe allein gelassen zu werden.
- Je älter manche LehrerInnen werden, desto anstrengender wird es für sie, auf die Bedürfnisse der Jugend einzugehen. Die Diskrepanz zwischen Berufsideal und Alltagsrealität wird spürbarer, Anforderungen sind nur mit vermehrter Anstrengung zu bewältigen.
- Das Klima im Kollegium ist wichtig: Fehlender fachlicher und sozialer Austausch, Unfähigkeit zum Minimalkonsens in pädagogischen und schulpolitischen Fragen sowie wenig gegenseitige Unterstützung fördern das Einzelkämpferdasein und führen zu Selbstzweifeln.
- Schulleiter beeinflussen das Schulklima und die Motivation der MitarbeiterInnen erheblich – im positiven wie im negativen Sinn. Negativ werden wahrgenommen: kleinlich-bürokratisches Verhalten, mangelnde pädagogische Führung, autokratische Chefentscheidungen. Dagegen verstärken Teamwork und gemeinsames pädagogisches Handeln die Motivation.

Die Ergebnisse bisheriger Untersuchungen zum „Burn-out"-Syndrom können so zusammengefasst werden:
- „Burn-out" ist ein ernst zu nehmender, sich weiter ausbreitender faktischer Befund bei sozialen Berufen.
- Die Rahmenbedingungen und die wachsenden Belastungen im Lehrerberuf beschleunigen den „Burn-out"-Prozess.

- Die drei Merkmale des „Burn-out"-Syndroms treffen auch für LehrerInnen zu.
- Im Vergleich der europäischen mit amerikanischen Untersuchungen ergibt sich signifikant, dass die europäischen LehrerInnen ihre Professionalität, ihre Ausbildung und somit ihre Leistung als besonders gering einschätzen. Dafür ist die Depersonalisierung bei europäischen LehrerInnen geringer.
- Der gesamte „Burn-out"-Wert für amerikanische LehrerInnen liegt bei 30% (!). Die Werte für europäische Lehrer liegt niedriger, aufgrund der schmalen Datenlage wird kein Prozentsatz genannt, es soll etwa jeder 7. Lehrer davon betroffen sein.
- Die Variable „Geschlecht" hat keinen Einfluss auf „Burn-out" insgesamt.
- „Burn-out" ist zu einem gewissen Grad vorhersagbar, wenn man Stress und Arbeitszufriedenheit beim Betroffenen kennt.

Bei europäischen Untersuchungen sind die Zweifel der LehrerInnen an ihrer eigenen Leistung und auch an ihrer Ausbildung alarmierend! Dies bedeutet, dass der „Burn-out"-bedrohte Lehrer nicht nur der Unterstützung auf der Beziehungsebene bedarf, sondern konkrete Fortbildung und Beratung auf fachlicher Ebene benötigt (vgl. Rauscher, 1998). Die jüngst durchgeführte Studie des Pädagogischen Institutes Baden über die „Zufriedenheit der Kunden des PI Baden" bestätigt hier den dringenden Handlungsbedarf. Fort- und Weiterbildung wird von den Befragten als dringend notwendig erachtet, der Bedarf liegt weniger im fachlichen als viel mehr im persönlichkeitsstärkenden Bereich sowie im Erziehungsbereich (vgl. www.pinoe-bn.ac.at).

Die Berufszufriedenheit von LehrerInnen hängt sowohl von den Motivations- als auch von den Hygienefaktoren ab.
Ist der Erfolg der eigenen Unterrichtsarbeit durch eine adäquate Ausbildung bzw. Weiterbildungsangebot gewährleistet und ist das Arbeitsumfeld – vor allem hinsichtlich des Betriebsklimas innerhalb des Kollegiums und hinsichtlich einer funktionierenden Beziehung zu einer professionell agierenden Schulleitung – in Ordnung, dann ist die Arbeitszufriedenheit hoch.
Dies wirkt sowohl nach innen als auch nach außen. Untersuchungen haben gezeigt, dass die Arbeitszufriedenheit von LehrerInnen von ihren SchülerInnen und deren Eltern positiv wahrgenommen wird.
Je größer die Arbeitszufriedenheit, umso ausgeprägter ist die Beobachtung einer aktiven Schülerzuwendung, einer Förderhaltung und das Fehlen zynischer, abwertender Äußerungen von Lehrern gegenüber Schülern.

5.4. Das Schulpersonal

Dazu zählen Schulwarte, SekretärInnen, Reinigungskräfte, Küchenpersonal und ErzieherInnen. Frustriertes Schulpersonal wirkt sich negativ auf das Image einer Schule aus – vor allem in der Kommunikation nach außen. Ist die Berufszufriedenheit hoch, wird dies positiv wahrgenommen.

Um Schulmarketing ganzheitlich zu betreiben, müssen auch sie im Marketingprozess berücksichtigt werden.

5.5. Weitere AnspruchspartnerInnen

Da Schule kein System ist, das in sich geschlossen nur mit SchülerInnen, Eltern und LehrerInnen zu tun hätte, muss Schule vielfältige Austauschbeziehungen eingehen – in der Gegenwart und Zukunft viel mehr, als dies in der Vergangenheit notwendig gewesen war:

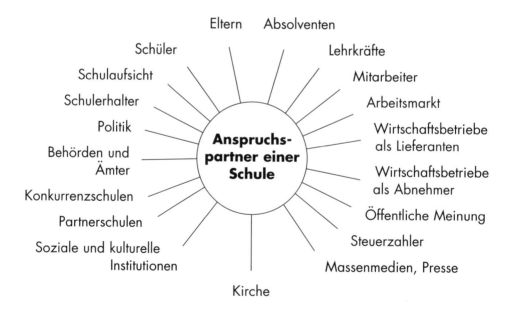

Abb. 42: Anspruchspartner der Schulen

Für jede dieser Interessengruppen („Märkte") sind nun jene Tätigkeiten erforderlich, die darauf abzielen, Austauschprozesse zu erleichtern und durchzuführen. Nach Philip Kotler, einem führenden Marketing-Experten, ist dies das Wesen von Markting (vgl. Kotler/Eduardo, 1991).

6 Das Grundgerüst eines Schulmarketingkonzepts

Das „Sechs-Stufen"-Modell des Schulmarketings

Jedes erfolgreiche Vorhaben benötigt eine Struktur, eine Planung, ein Konzept. Solche Handlungsgerüste können unterschiedliche Umfänge und Formen haben und sind die erste und wichtigste „Hausaufgabe", die es zu erledigen gilt, wenn man als Person, als Unternehmen, als Organisation oder als Schule erfolgreich sein möchte.

Um die aus Strukturlosigkeit resultierenden, oft kostspieligen „Anlasshandlungen" ohne solidem Fundament zu verhindern, sollte man auch für Marketingaktivitäten nach einem Grundgerüst, vorgehen. Sinnvolles und erfolgreiches Marketing eines Wirtschaftsbetriebes, einer Non-Profit-Organisation, einer öffentlichen Institution oder einer Schule basiert daher auf dem **„Sechs-Stufen"-Modell:**

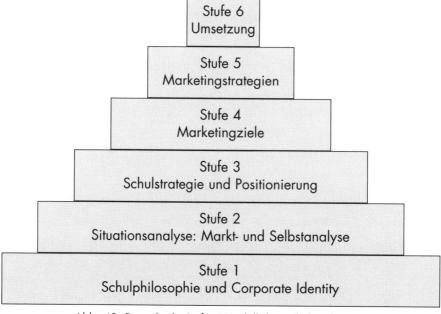

Stufe 6
Umsetzung

Stufe 5
Marketingstrategien

Stufe 4
Marketingziele

Stufe 3
Schulstrategie und Positionierung

Stufe 2
Situationsanalyse: Markt- und Selbstanalyse

Stufe 1
Schulphilosophie und Corporate Identity

Abb. 43: Das „Sechs-Stufen"-Modell des Schulmarketings

Stufe 1: Schulphilosophie und Corporate Identity

In Kapitel 4.3 wurde die Bedeutung von Schulphilosophie und Corporate Identity für ein erfolgreiches Schulmarketing ausführlich behandelt. Leitbilder sind schriftlich formulierte Schulphilosophien und werden von den Beteiligten in einem Prozess erarbeitet, der auch die notwendige Identifikation schafft. Wir warnen daher vor abgeschriebenen Leitbildern, denn diese sind Worthülsen, denen jegliches Leben und jegliche Identifikation der Beteiligten fehlt. Wir stellen im Folgenden einige **Leitbilder** vor, deren Entstehung wir als externe Berater begleitet haben:

Private Hauptschule des Institutes der Englischen Fräulein in St. Pölten:

Wir sind eine traditionsreiche katholische Privatschule der Englischen Fräulein und orientieren uns an den Zielen der Ordensgründerin Mary Ward. Unsere Erziehungsarbeit ist geprägt von christlichen Werten und beruht auf drei Säulen:

Fundierte Allgemeinbildung	*Erleben von Gemeinschaft*	*Förderung individueller Begabung*

- *Gelebte Schulpartnerschaft ist uns ein wichtiges Anliegen. Feste und gemeinsame Aktivitäten bereichern die Gemeinschaft und schaffen ein familiäres Schulklima.*
- *Wir bereiten unsere SchülerInnen sowohl auf den Einstieg in das Berufsleben als auch auf den Übertritt in weiterführende Schulen vor. Das erreichen wir durch lebensnahen Unterricht, die Einbeziehung moderner Kommunikationstechnologien, verstärkten Fremdsprachenunterricht und individuelle Berufs- und Schullaufbahnberatung.*
- *Da die Schülerzahl in unseren Klassen überschaubar ist, können wir unsere SchülerInnen entsprechend ihren Begabungen und Neigungen fördern.*
- *Wir erwarten von unseren SchülerInnen Leistungsbereitschaft, Engagement und eigenverantwortliches Mitwirken an unserer Gemeinschaft.*
- *Von „unseren" Eltern erwarten wir eine positive Einstellung gegenüber unseren Werten und Zielen.*

Berufsschule Mattersburg: Unsere europareife Schule!

- *Die Berufsschule Mattersburg existiert seit über 100 Jahren.*
- *Unsere Lehrlinge werden für folgende Berufe ausgebildet: Sanitär- und Klimatechniker, Spengler, Karosseure.*

- Unsere Lehrlinge stehen bei uns stets im Mittelpunkt.
- Unsere Lehrer sind bestens ausgebildete Fachkräfte und legen großen Wert auf partnerschaftliche Teamarbeit.
- An unserer Schule sind wir stets am letzten Stand der Entwicklungen und arbeiten mit den neuesten Technologien.
- Wir pflegen die Schulpartnerschaft mit anderen europäischen Schulen durch internationale Bewerbe.
- Die Kooperation mit nationalen und internationalen Schulpartnern werden wir fortsetzen.
- Ebenso wird die Zusammenarbeit mit internationalen Betrieben von uns weiterhin forciert werden.

Leitbild des BG und BRG Frauengasse, Baden bei Wien

Wir sind eine traditionsreiche allgemein höher bildende Schule im historischen Ambiente am Beginn der Fußgängerzone.

Durch die zentrale Lage an der Endstelle der Badener Bahn sind wir mit öffentlichen Verkehrsmitteln sehr gut zu erreichen.

Wir führen alle drei Schulformen: Gymnasium, Realgymnasium und Wirtschaftskundliches Realgymnasium – die schuleigene spezifische Schwerpunkte aufweisen.

Neben unserem hohen Ausbildungsniveau gibt es spezielle Programme für besonders begabte Schülerinnen und Schüler. Wir nehmen seit langem erfolgreich an nationalen und internationalen Bewerben teil.

Weiters können unsere Schülerinnen und Schüler aus einem reichhaltigen Zusatzangebot aus dem Sprach-, Wissenschafts-, Sport- und musisch-kreativen Bereich wählen.

Darüber hinaus bieten wir eine Nachmittagsbetreuung für Unterstufenschüler mit Verpflegung und Lernbetreuung an.

Die Vermittlung von Respekt und Achtung ist neben der fundierten fachlichen Ausbildung unser zentrales Anliegen.

Die erste Stufe des Schulmarketingkonzeptes, „Schulphilosophie und Corporate Identity", ist auch die grundlegendste. Jede erfolgreiche Marketingkonzeption ist nämlich dann besonders erfolgreich, wenn sie sich an der **Unternehmensphilosophie – in unserem Fall: Schulphilosophie** – orientiert. Eines der ehernen Gesetze für Werbung und Marketing lautet nämlich:

„Eindeutige und eigenständige Unternehmensphilosophien führen zu erfolgreichen Strategien und Konzeptionen. Besonders im Marketing und in der Werbung" (vgl. Kath, 1996).

6.2. Stufe 2: Die Situationsanalyse: Markt- und Selbstanalyse

Um sich zu einer marketingorientierten Organisation zu entwickeln, muss eine Schule zuerst ihre gegenwärtige interne und externe Situation analysieren. Wer seinen aktuellen Standpunkt nicht ausreichend bestimmt, hat keine Ahnung, welche grundsätzlichen Optionen offen stehen, um die gewünschten Ziele zu erreichen.

Die Situationsanalyse

Jede Marketingentscheidung hängt grundsätzlich von der eigenen Lage, der Beurteilung der Lage der Mitbewerber und den verfügbaren finanziellen Mitteln der Schule ab.

Die **Komponenten** der Situationsanalyse einer Schule sollten
- den Markt,
- die Marktteilnehmer,
- die Instrumente sowie
- die Umwelt

umfassen.

Einen Überblick über die Komponenten, die Bezugspunkte und wichtige Bestimmungsfaktoren im Rahmen der Situationsanalyse zeigt die folgende Tabelle:

Komponenten der Situationsanalyse	Bezugspunkte	Wichtige Bestimmungsfaktoren
Markt	Gesamtmarkt	• Entwicklung • Wachstum • Elastizität
	Teilmarkt (je nach Schule verschieden)	• Entwicklungsstand • Marktaufteilung
	Produktbezogen	• Bedürfnisstruktur • Produktstärke • Substitutionsgrad
Marktteilnehmer	Schule selbst	• Marktstellung • Produkt- und Programmorientierung • Angebotsstärke
	Konkurrenten	• Wettbewerbsstärke • Programmstärke • Differenzierungsgrad
	Kunden	• Bedürfnislage (Nutzenstiftung) • Einstellung • Kaufkraft
	Mitarbeiter	• Qualifikation • Motivation
Instrumente	Product	• Produkt- und Programmstärke • Angebotsflexibilität
	Promotion	• Bekanntheitsgrad und Image • Eignung der Medien • Kommunikationsstrategie
	Price	• Preisniveau monetär • Preisniveau nichtmonetär

	Place	• Erreichbarkeit
		• Ausstattung
Umwelt	Natur	• Infrastruktur
	Wirtschaft	• Konjunktur
		• Wachstum
	Gesellschaft	• soziale Normen
		• Lebensgewohnheiten
		• Defizite
	Technologie	• Wissenschaft
		• technischer Fortschritt
	Recht und Politik	• Rechtsnormen
		• politische Institutionen

Die Situationsanalyse ist eine wesentliche Voraussetzung für die nachfolgenden Stufen und sollte auch unter diesem Fokus betrachtet werden. Somit ist es sinnvoll, sich mit der Selbstanalyse der Schule intensiv zu beschäftigen, was auch in der nachfolgenden Checkliste zum Ausdruck kommt, die in die beiden Bereiche **Selbstanalyse** und **Marktanalyse** gegliedert ist.

Natürlich existieren Überschneidungsbereiche zwischen Selbst- und Marktanalyse, da ja auch Wechselwirkungen zwischen der Schule und der sie umgebenden Umwelt bestehen.

Die einzelnen Punkte der Checkliste sind nicht einfach „abzuarbeiten", sondern jede Schule sollte entscheiden, welche Informationen sie im Hinblick auf **ihre** Positionierung und die Entwicklung und Umsetzung **ihrer** Schulstrategie und **ihrer** Marketingstrategie benötigt.

CHECKLISTE
Fragen zur Selbstanalyse:

Ziele, Ansprüche, Erwartungen	
Fragestellung	**Analyseinstrument/Quelle**
Verfolgt die Schule besondere pädagogische, didaktische, lehrplanmäßige, weltanschauliche Ziele?	Lehrplan, Leitbild, Befragung der LehrerInnen
Welche SchülerInnen sollen unterrichtet werden?	Befragung der LehrerInnen, Leitbild, Schulprofil
Welcher regionale Einzugsbereich soll bedient werden?	demografische Daten
Welche Fächer werden derzeit angeboten?	Schulprofil

Chancen und Beschränkungen	
Fragestellung	**Analyseinstrument/Quelle**
Welches Attraktivitätsprofil hat die Schule?	Befragung von Eltern Auswertung vorhandener Daten
Wie angesehen sind die LehrerInnen?	Schüler-, Elternbefragungen
Wie gut ist der Unterricht?	Tests, Prüfungsergebnisse, Evaluation der Leistung in weiterführenden Schulen, Befragung von Arbeitgebern, Befragung von AbsolventInnen
Welche staatlichen und anderen Auflagen und Beschränkungen muss die Schule beachten?	Gesetze, Verordnungen, Erlässe
Welche finanziellen Möglichkeiten und Beschränkungen hat die Schule?	Analyse der eigenen Daten
Welche Konkurrenten im öffentlichen und nicht öffentlichen Bereich hat die Schule?	Marktanalyse

Wie gut sind die Schulanfänger?	Tests, Prüfungen
Welche Chancen ergeben sich aus der Marktanalyse?	Marktanalyse
Welche Beschränkungen ergeben sich aus der Marktanalyse?	Marktanalyse

Ressourcenverwaltung, Ergebnisse

Fragestellung	Analyseinstrument/Quelle
Wie gut sind die AbsolventInnen?	Tests, Prüfungsergebnisse, Befragung von ehemaligen SchülerInnen, Befragung von LehrerInnen weiterführender Schulen, Befragung von Arbeitgebern
Wie zufrieden sind die LehrerInnen?	Befragung
Wie zufrieden sind die SchülerInnen?	Befragung
Wie zufrieden sind die Eltern?	Befragung
Welche Schwerpunkte, welches besondere Ansehen haben/hat sich herausgebildet?	Befragungen, Selbsteinschätzung
Welche Fächer/welche Schwerpunkte werden angeboten?	Auswertung vorhandener Daten
Welche SchülerInnen werden unterrichtet?	Verarbeitung schulinterner Statistiken, Befragung von LehrerInnen
Aus welchem Einzugsbereich stammen die SchülerInnen?	Auswertung vorhandener Daten
Über welche Ausstattung verfügt die Schule?	Auswertung vorhandener Daten
Über welchen Weiterbildungsstand verfügen die LehrerInnen?	Auswertung vorhandener Daten
Über welche Zusatzqualifikationen verfügen die LehrerInnen?	Auswertung vorhandener Daten

Wie gut kommen die Absolventen im Beruf unter bzw. wie sind die Erfolge von Schülern in weiterführenden Schulen?	Befragung von Absolventen und /oder Eltern, Lehrern weiterführender Schulen, (potenziellen) Arbeitgebern
Welche Schulwechsel- oder Schulabbruchquoten werden an der Schule registriert?	Auswertung vorhandener Daten
Welche besonderen Angebote stellt die Schule bereit? Wie werden diese Angebote angenommen?	Auswertung vorhandener Daten
Wie effizient ist die Schule?	Vergleichende Untersuchungen

Fragen zur Marktanalyse:

Ziele/Ansprüche/Erwartungen	
Fragestellung	**Analyseinstrument/Quelle**
Welche Erwartungen/Ansprüche hat die Öffentlichkeit gegenüber der Schule?	Befragungen verschiedener Anspruchssteller
Welche Qualitätsanforderungen stellen weiterführende Schulen?	Befragung der LehrerInnen der weiterführenden Schulen
Welche Qualitätsanforderungen stellt die Arbeitswelt?	Befragung der potenziellen Arbeitgeber, Auswertung vorhandener Untersuchungen zum Thema
Welche Konsequenzen sind aus der wissenschaftlich-technischen Entwicklung für die Schulbildung zu ziehen?	Auswertung wissenschaftlicher Untersuchungen
Wie wird sich die die Schule betreffende Schülerpopulation entwickeln?	Analyse der Bevölkerungsentwicklung
Mit welchen Marktkennziffern kann der Markt der jeweiligen Schule charakterisiert werden?	Erhebung von Marktgröße, Marktanteil, Marktwachstum, etc.
Welcher Arbeitskräftebedarf besteht im regionalen Wirkungsbereich der Schule?	Befragungen, regionalwissenschaftliche Analysen

Chancen und Beschränkungen

Fragestellung	Analyseinstrument/Quelle
Welchen Standort hat die Schule?	Regionalanalyse
Welchen Einfluss hat der Standort auf die Schülerrekrutierung?	Regionalanalyse
Welche Vorteile ergeben sich aus dem Standort? Welche Nachteile ergeben sich aus dem Standort?	Regionalanalyse
Welche demografischen Trends werden erwartet und wie können sich diese auf die Schule auswirken?	demografische Analysen
Welche staatlichen und anderen Auflagen und Beschränkungen muss die Schule beachten?	Gesetze, Verordnungen, Erlässe
Wie sehen die derzeitigen und zukünftigen finanziellen Rahmenbedingungen der Schulen des Landes, der Region aus?	Analyse von Finanzdaten
Welche Konkurrenten hat die Schule?	Wettbewerbsanalyse
Welche Marktlücken könnte die Schule mit einem modifizierten Leistungsangebot ausfüllen?	Befragung von LehrerInnen, Eltern, SchülerInnen, potenziellen Arbeitgebern, anderen Anspruchsstellern, Analyse von Ausstattung und Ressourcen
Welche finanziellen Rahmenbedingungen wären dafür notwendig/möglich?	Grobabschätzung

Fragestellung	Analyseinstrument/Quelle
Warum wählen SchülerInnen/Eltern die betreffende Schule?	Befragungen, Statistiken
Warum und wohin wechseln SchülerInnen?	Befragungen, Statistiken
Warum brechen SchülerInnen ihre Schullaufbahn ab?	Befragungen, Statistiken
Welches Image hat die Schule in der Öffentlichkeit?	Befragung der verschiedenen Anspruchssteller
Warum werden SchülerInnen von weiterführenden Schulen/Kollegs/Fachhochschulen aufgenommen?	Befragung der DirektorInnen/LehrerInnen
Warum werden Absolventen der Schule von ihren Arbeitgebern eingestellt?	Befragung der Arbeitgeber
Wie wird die betreffende Schule puncto Finanzierung vom Schulerhalter behandelt?	Erfahrungen der Schule
Wo kommen AbsolventInnen der betreffenden Schule unter (Branche, Region, Status)?	Befragung der AbsolventInnen und Arbeitgeber
Wie beurteilen AbsolventInnen die Verwertbarkeit der Lehrinhalte?	Befragung der Absolventen
Wie beurteilen die Arbeitgeber die Verwertbarkeit der Lehrinhalte?	Befragung der Arbeitgeber
Wie beurteilen die LehrerInnen weiterführender Schulen/Kollegs/Fachhochschulen die Verwertbarkeit der Lehrinhalte?	Befragung der LehrerInnen dieser Institutionen
Wie verteilt sich die Fächerwahl der SchülerInnen? Welche Gründe gibt es dafür?	Schulinterne Statistiken, Befragung der SchülerInnen bzw. Eltern

Diese Checkliste soll eine Hilfestellung bei der Situationsanalyse darstellen, abhängig von der spezifischen Situation bedarf sie möglicherweise Ergänzungen. Etliche Sekundärdateninformationen sind heute weitaus einfacher und schneller über das Internet zu erheben. Einige nützliche Anlaufstellen in diesem Zusammenhang:

- Statistik Austria
- Bundesministerium
- Rechtsdatenbank

6.3. Stufe 3: Schulstrategie und Positionierung

Marktstrategisch geht es immer darum, das eigene Angebot gegenüber den Mitbewerbern zu differenzieren. Es muss also eine eigenständige Positionierung gefunden werden und dazu ein wirksames Konzept, diese auf dem Markt zu kommunizieren.

Was ist eine Strategie?

Die Strategie beschreibt das methodische Vorgehen, ganz im Gegenteil zur Taktik, mit der sie oft verwechselt und im gleichen Atemzug genannt wird. Die **Strategie ist die Methode der Planung und Zielsetzung.**

Wer sich mit strategischer Planung befasst, entwickelt Grundsätze, die für das gesamte Unternehmen gelten oder setzt besonders wichtige Maßnahmen, die weitreichende und wettbewerbswirksame Auswirkungen haben. Durch bestimmte langfristige Entscheidungen und Maßnahmen soll so weit wie möglich sichergestellt werden, dass – unter Beachtung aller Trends des Marktes und des gesellschaftlichen Umfeldes – sich das Unternehmen in die gewünschte Richtung entwickelt.

Strategie beschäftigt sich mit den Zielen („Was soll erreicht werden?"), während die Aufgabenstellung für Konzept und Umsetzung (= Taktik) „Wie erreichen wir es?" lautet. Strategisches Denken, auch im Schulmarketing, muss langfristig angelegt sein und darf sich nicht nach taktischen Überlegungen richten. Man spricht hier von einer Maßnahmenplanung im weiteren Sinn – einer langfristigen Strategienplanung. Strategien sind dazu da, befolgt zu werden. Es ist selten sinnvoll, kurzfristige strategische Veränderungen vorzunehmen.

Mit Hilfe der Taktik hingegen kann und muss relativ schnell und flexibel an die Gegebenheiten reagiert und agiert werden können. Wenn etwas nicht funktioniert, muss es verbessert oder verändert werden; das heißt aber noch lange nicht, dass deshalb die große strategische Richtung zu ändern wäre (vgl. Kath, 1996, Scheuch, 1999).

Was ist eine Positionierung?

Nicht nur Unternehmen, auch Schulen stehen vor dem Problem, dass es viele Mitbewerber gibt (man denke an den „Kampf" der Hauptschule gegen die AHS-Unterstufe oder an die Bemühungen vieler AHS in den Ballungszentren um die Schülergunst) und dass die „Kunden" innerhalb ihrer Wahlmöglichkeiten sehr kritisch sind. Daher ist es für Schulen notwendig, marktstrategisch vorzugehen, um sich Wettbewerbsvorteile zu sichern. Es gilt, sich am „Markt" und gegenüber den „Kunden" klug zu positionieren und für diese Positionierung ein geeignetes Marketingkonzept zu entwickeln.

Eine Positionierung ist die tatsächliche oder angestrebte gedankliche Verbindung eines Produktes mit bestimmten Eigenschaften, den so genannten „Beurteilungsdimensionen" (Scheuch, 1999).

Eine solche Positionierung wird über ein schulspezifisches „Profil" kommuniziert. Mit einem „Schulprofil" kann sich eine Schule von ihren Mitbewerbern deutlich abgrenzen, sie kann eine „Marktnische" besetzen oder einfach nur deutlich wahrnehmbar werden.

Was ist ein Schulprofil?

Jede Schule hat irgendein Profil. Damit kann der Ruf oder das Image einer Schule gemeint sein („Elitegymnasium", „Restschule", „Leistungsschule" usw.). Images sind „Bilder im Kopf" der Verbraucher und werden häufig über viele Jahre aufgebaut. Sie sind eine Mischung aus Fakten bzw. objektiven Eigenschaften, subjektiven Wertungen, Sympathienoten und Gefühlen. Etablierte und über lange Zeit aufgebaute Images, die schließlich den Ruf einer Schule ergeben, erzeugen sehr robuste Bilder im Kopf. Eigenschaften und Wertungen haben sich verfestigt, sind vielfach bestätigt worden, man hat von anderen darüber gehört, man hat vielleicht darüber gelesen. **„Image"** ist in dieser Definition das Hauptelement des Schulprofils.

Schulprofil kann auch bedeuten, dass sich eine Schule durch besondere **Schwerpunktmaßnahmen** (z. B. bilingualen Zweig, sportlichen Schwerpunkt, Nachmittagsbetreuung usw.) „profiliert". „Profil" heißt hier vor allem: sich unterscheidbar machen von den Schulen im Umfeld, sich in besonderer Weise positionieren zum Zweck der Akquisition einer bestimmten Schülerklientel. Dieser Profilbegriff wird bestimmt durch den Markt, auf dem sich Schulen durch Profilgebung Vorteile im Konkurrenzkampf erhoffen.

Eine Schule kann auch ein „Profil" entwickeln, indem sie die innere Entwicklung in ihren unterschiedlichen Bereichen koordiniert und auf einem **Konsens in pädagogischen Zielen** gründet (vgl. Scheuch, 1999, Ackermann/Wissinger, 1998).

Der wichtigste Inhalt des Schulprofils sind die fachlichen und überfachlichen Angebote, die von der Schule bereitgestellt werden. Besondere Beachtung verdienen dabei die Besonderheiten der Schule, die sie von anderen Schulen unterscheidet. Das Schulprofil kommt oft in der Homepage der Schule oder in ausführlichen Prospekten zum Ausdruck (vgl. Altrichter, 1998).

Ein Schulprofil legt die strategischen Grobziele fest, indem es – ergänzend zum Leitbild – die inhaltlichen und/oder methodisch-didaktischen Schwerpunkte im Sinne einer „Marktpositionierung" und Abgrenzung gegenüber den Mitbewerbern festlegt (vgl. Degendorfer u. a., 2000).

In der Praxis wird oft kein Unterschied zwischen Leitbild und Schulprofil gemacht, wir meinen jedoch, dass das Leitbild in einem viel weiteren Rahmen zu sehen ist als das Schulprofil. Und vor allem: Ohne Leitbild kann schwer ein Schulprofil entwickelt werden. Während das Leitbild die niedergeschriebene Philosophie einer Schule, die „Verfassung", der „gemeinsame Nenner" darstellt (Wer/wie sind wir? Wohin wollen wir uns entwickeln?), ist das Schulprofil die Marktpositionierung der Schule und legt fest, was die Schule bietet, welche Schwerpunkte es gibt, welches Produkt diese Schule von anderen Schulen unterscheidet.

Die Praxis zeigt, dass das von allen Beteiligten erarbeitete Leitbild vielfach bereits Schulprofil-Elemente enthält. Wenn also das Leitbild einer Schule folgende Formulierung enthält: „Ein besonderes Merkmal unserer Schule ist die Musik. Sowohl musikalische Betätigung als auch das Sammeln von Erfahrungen in anderen musischen Bereichen haben einen hohen Stellenwert. Dadurch geben wir Spontanität und Kreativität generell viel Raum", dann geht es hier sowohl um die Schulphilosophie als auch um die spezielle Positionierung dieser Schule.

Beispiel eines Schulprofils: Gymnasium / Werkschulheim:

A-1040 Wien, Argentinierstraße 11,Tel.: 01/503 88 98,
E-Mail: sekretariat@evangelischesgymnasium.at
Lehrer/Schüler: 28 Lehrer, 205 Schüler
Schwerpunkte: Gymnasium: Englisch ab der 1., Französisch oder Spanisch ab der 3. und Latein ab der 5. Klasse. Werkschulheim: Englisch ab der 1., Spanisch oder Latein ab der 5. Klasse. In der Unterstufe: zusätzliche Werkerziehung. In der Oberstufe: zusätzlich praktische Fächer einer berufsbildenden mittleren Schule. Lehrberufe: EDV-Techniker, Gold- und Silberschmied, ein dritter wird noch festgesetzt.

Kosten: öS 1.700,– / Monat für Nachmittagsbetreuung (bis 17 Uhr); inkl. Mittagessen zusätzlich öS 2.150,–
Zusätzliche Angebote: Legasthenieschwerpunkt, schuleigene Musikschule.

Während die Grundwerte des Leitbildes langfristig gelten – schließlich geht es hier um Philosophie und Corporate Identity – kann das Schulprofil, wenn die dringende Notwendigkeit besteht, an neue Gegebenheiten, Kundenwünsche, Schülerstromentwicklungen, Entstehen neuer Berufsfelder usw. angepasst werden. Aber bitte mit Bedacht! Eine Schule, die gestern eine Öko-Schule war, heute eine Europa-Schule und morgen vielleicht eine Computer-Schule sein will, verliert sehr schnell ihr wiedererkennbares Profil. Dies löst dann erstens Verwirrung und Unsicherheit bei den bestehenden und potenziellen „Kunden" aus und wirkt zweitens unglaubwürdig. Viele Schulen mussten sich hier schon den Vorwurf der Oberflächlichkeit gefallen lassen. Außerdem löst eine häufige Veränderung des Profils innerbetrieblich Unruhe und Überforderung aus und führt zu Spannungen und Konflikten. Daher gilt es bei Veränderungen des Schulprofils Flexibilität und kluges (!) Beharren wohl gegeneinander abzuwägen.

Kluges Beharren schließt eine generelle Vorsicht mit ein. In Folge ein paar typische Beispiele aus der derzeitigen Praxis – in der es so genannte **„Me-too"-Schulen** (Nachahmer-Schulen) gibt:
- Schule A befindet, dass ihre Schulphilosophie und die Ergebnisse aus Markt- und Situationsanalyse eine Positionierung als „Öko-Schule" zulässt. Dieser Schule gelingt es daher, sich bestens als solche zu positionieren.
Schule B – meistens eine Schule gleichen Schultyps, oft sogar in der näheren Umgebung – sieht den Erfolg von Schule A und beschließt, ebenfalls eine „Öko-Schule" zu werden. Sie wundert sich, dass das Konzept nicht aufgeht.
- Schule C führt einen neuen Ausbildungsschwerpunkt ein, der voll im Einklang mit der schuleigenen Philosophie steht, sich aus Markt- und Situationsanalysen ergeben hat und ist erfolgreich.
Schule D (ohne eigene Schulphilosophie) tut es ihr nach und hat Misserfolg.
- Schule E richtet ihre PR-Maßnahmen konsequent an den Marketing-Zielen aus und ist in der Öffentlichkeit kontinuierlich und erfolgreich vertreten.
Schule F beginnt nun ebenfalls fallweise und anlassbezogen PR zu machen und wundert sich, dass der Widerhall in der Öffentlichkeit gering ist.

Das krasseste Beispiel für eine solche „me-too"-Einstellung ist wohl die Aussage eines Schulleiters, als er das Leitbild der „Konkurrenzschule" in Form eines ausgezeichnet gelungenen Folders in der Hand hielt: „Das nehmen wir auch! Wir tauschen einfach die Fotos und den Namen aus!"

Die folgenden **Szenarien** sollen **verschiedene Wege** aufzeigen, die Schulen beschreiten können, um im Sinne einer „Marktpositionierung" ihr **Profil zu schärfen** oder überhaupt zu einem **neuen Profil** zu kommen:

Szenario 1 – kongruentes Profil

Das Image, der Ruf, den eine Schule hat, stimmt mit den im Leitbild festgelegten Grundwerten überein, d. h. Selbst- und Fremdsicht sind weitgehend deckungsgleich und zufrieden stellend. Dadurch ist der Schülerzustrom gesichert, es kommen hauptsächlich die zur Schule passenden SchülerInnen. Hier gibt es ein eindeutiges „Erhaltungsziel": das bestehende Profil weiterhin zu pflegen, Personalentwicklung zu betreiben und Strategien zu entwickeln, wie dieses Profil auch langfristig erhalten werden kann.

Szenario 2 – unscharfes Profil

Eine Schule ist in ihrer Profilierung unscharf geworden, hat sich schwerpunktmäßig verzettelt. Eine Schule mit den Schwerpunkten Sport, Musik, Kreativität, Neue Medien und vielleicht noch Fremdsprachenförderung sein zu wollen, wirkt unglaubwürdig. Die Breitenstreuung funktioniert nicht (mehr), SchülerInnen beginnen auszubleiben.

Das Ziel wäre, mittels Motivforschung und Konkurrenzbeobachtung die Bedürfnisse der „Kunden" zu eruieren und danach eine Entscheidung zu treffen, für die das Motto „Weniger ist mehr, weil die Tiefenwirkung eine bessere und größere ist" gelten sollte.

Szenario 3 – Modeprofil

Eine Schule springt auf jeden Zug der Zeit auf, macht das, was gerade en vogue ist. Hier fehlt die grundsätzliche Orientierung, die langfristige Perspektive. Die allerwichtigste Zielsetzung ist in diesem Fall die Erarbeitung eines Leitbildes, an das sich später das Schulprofil anschließen kann.

Szenario 4 – Nachahmerprofil

Eine typische Nachahmer-Schule imitiert unreflektiert alles, was andere Schulen einführen. Das Problem liegt hier erstens darin, der „ewige Zweite" zu sein (was im Marketing nicht das anzupeilende Ziel ist) und zweitens in der Konkurrenzsituation mit dem gleichen Produkt. In diesem Fall wäre es viel klüger, eine strategische Kooperation mit anderen Schulen einzugehen, indem man herausfindet, welcher Ausbildungsschwerpunkte die Region bedarf und sich dann jede einzelne Schule schwerpunktmäßig profiliert. Dies erfordert ein „Regionales Bildungsmanagement" (Beratung und Koordination hierzu könnten zum Aufgabengebiet der Schulaufsicht werden) und den Einsatz von Markt- und Motivforschung.

Szenario 5 – unzeitgemäßes Profil

Eine Schule oder ein Schulzweig ist wegen sinkender Schülerzahlen von der Schließung bedroht – dies betrifft vor allem hauswirtschaftliche Fachschulen und manche Hauptschulen.

Der Ausweg aus dieser Krise ist eine völlige Neupositionierung mit vorausgehender Marktforschung (Bedarfs- und Akzeptanzanalyse), Positionierungsanalyse, Produktentwicklung (Lehrplanentwicklung), Mittelbeschaffung und massiver Öffentlichkeitsarbeit. Dies erfordert ein immenses Umdenken im Lehrkörper, viel Teamarbeit und viel Eigeninitiative.

Dass es gelingen kann, in Eigeninitiative einen von der Schließung bedrohten Ausbildungszweig einer berufsbildenden höheren Schule zu retten und durch die Neupositionierung sogar zu einer eigenen selbstständigen und mittlerweile sehr erfolgreichen Schule zu machen, beweist eindrucksvoll das Beispiel der HBLA Lentia in Oberösterreich.

6.4. Stufe 4: Marketingziele

Die in Stufe 4 zu erfüllende Aufgabe ist die Formulierung von Schulmarketingzielen. Aufbauend auf die Stufen 1 bis 3 (Schulphilosophie/Corporate Identity, Situationsanalyse mit Markt- und Selbstanalyse sowie Schulstrategie und Positionierung) sind die Schulmarketingziele detailliert zu formulieren.

Anschließend an eine Analyse der besonderen Merkmale von Schulmarketingzielen folgt eine Checkliste für die Erstellung eines Schulmarketingzielsystems.

Schulmarketingziele beschreiben einen zu erreichenden Zustand in der Zukunft im Bereich Marketing. Dieser soll durch den Einsatz von Marketinginstrumenten erreicht werden.

Zwei Aufgabenstellungen sind dafür zu erfüllen:

1. Die Dimensionen der Marketingziele sind zu operationalisieren: Für jedes Marketingziel müssen eindeutige Kriterien und Messvorschriften erstellt werden, anhand derer die Zielerreichung kontrolliert wird.

2. Es ist ein marktorientiertes Zielsystem zu entwickeln: Das heißt, die einzelnen Ziele sind unter Beachtung des Gesamtzusammenhangs in eine Ordnung zu bringen. Es muss analysiert werden, welche Beziehungen zwischen den einzelnen Zielen bestehen und im Fall von Zielkonflikten müssen Prioritäten gesetzt werden.

Grundsätzlich kann man zwischen **ökonomischen** und **psychografi-schen** Marketingzielen unterscheiden:

Nachdem Schulen nicht gewinnorientiert sind, fallen naturgemäß Ziele, die monetäre Messkriterien wie Gewinn, Deckungsbeitrag oder Rentabilität beinhalten, weg. Dennoch sind auch **ökonomische** Marketingziele zu definieren.

Der **Marktanteil** kann als zentrales ökonomisches Marketingziel sehr wohl verwendet werden, und somit auch Ziele, die sich auf Erhalt oder Steigerung des Marktanteils beziehen. Hier ist auch eine Operationalisierung möglich. „Der Marktanteil bei den Schülern im Einzugsgebiet soll bis 2002 um 25% steigen" wäre zum Beispiel eine mögliche Formulierung.

Die **Zahl der Anmeldungen** kann ebenfalls als ökonomisches Kriterium betrachtet werden.

Den weitaus größeren Bereich nehmen die **psychografischen** (siehe Seite 45) Marketingziele ein. Das liegt vor allem daran, dass Schulmarketing eben auch Dienstleistungsmarketing ist, und dort psychografische Marketingziele eine besonders hohe Bedeutung haben.

Bei der Formulierung von Schulmarketingzielen stehen Schulen vor ähnlichen Problemen wie viele andere Dienstleistungsanbieter. Durch die Immaterialität der Leistungen Bildung und Erziehung sowie der Gleichzeitigkeit von Leistungs-erstellung und -verwendung besteht für Kunden nicht die Möglichkeit, vor dem Kauf die Leistungen einer objektiven Prüfung zu unterziehen. Darüber hinaus kann die **Zufriedenheit** mit einer Schule nur teilweise während der Leis-tungserstellung beurteilt werden, oft können die Auswirkungen der Schulwahl erst viel später erkannt werden.

Erst wenn eine weiterführende Schule bzw. eine Universität, Fachhoch-schule oder sonstige Ausbildungstätte besucht oder eine Arbeitsstelle gesucht wird, wird letztlich klar, welche Qualität und welches Image die genossene Ausbildung hatte. Diese Situation stellt für Eltern und SchülerInnen eine mit hohem Risiko und großer Unsicherheit behaftete Entscheidungssituation dar. Deshalb stellen die Faktoren **Kompetenz** und **Image** eine Hilfe dar, die sich auch in der Formulierung der Marketingziele unbedingt niederschlagen muss. Ein positives Image stellt einen wesentlichen Indikator für die Qualitätsbeurtei-lung einer Dienstleistung dar und trägt zur Reduktion des empfundenen Kauf-risikos bei.

Somit sind **Marketingziele mit Themen** wie
- Erhöhung des Bekanntheitsgrades,
- Veränderung bzw. Verstärkung von Einstellungen bzw. Images,
- Erhöhung der Präferenzen oder
- Erhöhung des Wissensstandes über Angebot und Schwerpunkte der Schule zu formulieren.

Besonders bedeutsam bei der Schulwahl ist die persönliche („Mund-zu-Mund"-) Kommunikation. Die Erreichung eines **hohen Zufriedenheitsgrades** – also eine hohe Übereinstimmung der tatsächlich erbrachten Leistung mit der Kundenerwartung – ist für eine positive Kommunikation eine Voraussetzung. Schulen können und sollen auch nicht alle Erwartungen und Wünsche von Eltern, SchülerInnen, LehrerInnen und allen anderen erfüllen, sie müssen aber die Bedürfnisse ihrer Anspruchsteller kennen und klar kommunizieren.

Psychografische Ziele wie **Kundenzufriedenheit, Kompetenz und Image** stellen die Verantwortlichen vor die schwierige Aufgabe, Messkriterien für die jeweiligen Bereiche zu finden. Kundenzufriedenheit kann nicht in einem allgemein gültigen Maßstab gemessen werden. Als Kriterien können beispielsweise die nochmalige Wahl, die Weiterempfehlung der Schule, die Zufriedenheit in Bezug auf das Lehrangebot oder das Schulklima verwendet werden. Ausgehend von den in der Situationsanalyse erhobenen Fakten muss dann ein Prozentsatz oder eine absolute Zahl definiert werden, ein Wert, der in einem bestimmten Zeitraum erreicht werden soll.

Kriterien für das Schulimage können einzelne Imagepositionen sein, die verstärkt werden müssen, oder Imagestärken, die weiterhin als solche wahrgenommen werden sollen. Fest steht jedoch, dass diese Kriterien nur Hilfsmittel und als Maßstab immer subjektiv sind. Daher muss jede Schule, ausgehend von ihrer spezifischen Situation, erstens einen **passenden Maßstab** finden und den **Grad der Zielerreichung** festlegen. Für eine kleine Schule kann eine Steigerung der Schülerzahlen um 10 Schüler eine enorme Aufgabe sein, während sie für eine Schule mit einem großen Einzugsbereich kaum Anstrengungen erfordert.

Eine weiterer Schwerpunkt im Marketingzielsystem von Schulen ist dahingehend zu setzen, dass **Mitarbeiterziele** eine besonders hohe Bedeutung haben sollten. Diese Bedeutung ergibt sich aus der hohen Interaktion zwischen Kunden = SchülerInnen und Eltern und Mitarbeiter = Lehrkörper und anderem an der Schule tätigem Personal. Aus diesem hohen Interaktionsgrad ergibt sich ein Zusammenhang von Motivation, Leistungsqualität, Kundenzufriedenheit und Erfolg der Schule (vgl. dazu Meffert, 1998).

Bei der nun folgenden Checkliste für die Erstellung von Marketingzielen sollten die erarbeiteten Fragen im Zuge einer Diskussion genau beantwortet werden:

CHECKLISTE
Frage 1: Sind Ziele zu den folgenden Bereichen formuliert worden?
▷ Marktanteil
▷ Erschließung neuer Märkte
▷ Unabhängigkeit (finanzwirtschaftlich)
▷ Einfluss auf Anspruchssteller

- Leistungsziele (wie Neuentwicklung, Weiterentwicklung von einzelnen Angeboten, Attraktivitätssteigerung eines bestimmten Angebotes)
- Preisziele (wie Steigerung und/oder Senkung der von Eltern und SchülerInnen zu leistenden monetären und nichtmonetären Beiträge)
- Ziele in Bezug auf die Ausstattung der Schule
- Ziele in Bezug auf die Minderung von Standortnachteilen
- Erhöhung des Bekanntheitsgrades
- Veränderung bzw. Verstärkung von Einstellungen bzw. Images bei einzelnen Zielgruppen
- Erhöhung der Präferenzen bei einzelnen Zielgruppen
- Erhöhung des Wissensstandes über Angebot und Schwerpunkte der Schule bei einzelnen Zielgruppen
- Arbeitszufriedenheit
- Soziale Sicherheit
- Persönliche Entwicklung

Frage 2: Welche Kriterien werden für die einzelnen Marketingziele als Maßstab zur Kontrolle der Zielerreichung definiert?

Welches Kriterium wird zum Beispiel für die Mitarbeiterzufriedenheit verwendet? Welches Kriterium für die Zufriedenheit von Eltern und SchülerInnen?

Frage 3: Welche Ziele sollen kurz-, mittel- und langfristig erfüllt werden?

Für Schulen bietet sich das Schuljahr als zeitlicher Bezug an. Kurzfristige Ziele sollten innerhalb eines Schuljahres, mittelfristige in zwei bis vier Jahren und langfristige Ziele in fünf und mehr Jahren erreicht werden.

Frage 4: Bestehen Zielkonflikte zwischen einzelnen Marketingzielen? Falls ja, welchem Ziel wird Priorität eingeräumt?

Frage 5: Ist das Zielsystem nach Inhalt, Ausmaß, Zeit- und Segmentbezug ausreichend definiert?

Einige konkrete Schulmarketingzielformulierungen können diese Fragestellung verdeutlichen:
- Der Marktanteil soll im Schuljahr 2003/2004 um 10% gesteigert werden.
- Der Ausbildungsschwerpunkt „Produktmanagement" soll im Jahr 2002 25% der Schülerzahl einnehmen.
- Die Einführung des neuen Schwerpunktes XY soll im Schuljahr 2001/2002 erfolgen.
- Der Anteil der SchülerInnen, die keine Nachhilfsstunden benötigen, soll im Schuljahr 2002/2003 um 10% gesteigert werden.

- Im Mai 2003 sollen die neue Bibliotheksräume benützbar sein.
- Die Imagedimensionen „fortschrittlich" und „innovativ" sollen bei der Zielgruppe VolksschullehrerInnen um 2 Punkte steigen.
- Alle LehrerInnen des Schulsprengels sollen über die Möglichkeit der Nachmittagsbetreuung an unserer Schule informiert sein.
- Alle LehrerInnen der Hauptschulen und AHS-Unterstufe im Einzugsgebiet sollen über den neuen Schwerpunkt XY unserer Schule bis Ende des Halbjahres 2000/2001 informiert sein.
- Die Frage „Würden Sie anderen Eltern unsere Schule weiterempfehlen?" sollen 80% der Eltern Ende des Schuljahres 2001/2002 mit „ja" beantworten.

Die einzelnen Stufen des Schulmarketings bauen nicht nur aufeinander auf, es finden auch Rückkoppelungen statt. Bei der Formulierung der Marketingziele ergibt es sich unter Umständen, dass weitere Informationen sofort oder in naher Zukunft benötigt werden. Ebenso ist das Marketingzielsystem nach der Strategieentwicklung nochmals auf Vollständigkeit zu prüfen und – falls nötig – zu ergänzen.

6.5. Stufe 5: Marketingstrategien

In der Stufe 5 sind Marketingstrategien zu entwickeln, eine Bewertung der Strategien durchzuführen und diejenige Strategie auszuwählen, von der man sich die bestmögliche Zielerreichung erwartet.

Entwicklung von Marketingstrategien

Im Rahmen der Entwicklung von Marketingstrategien ist zuerst eine grundlegende Entscheidung in Bezug auf die strategischen Optionen zu treffen. Der Schule stehen vier grundlegende Richtungen zur Verfügung:

1. **Marktdurchdringung:** Die Durchsetzung eines bestehenden Produktes in einem gegenwärtigen Markt.

2. **Marktentwicklung:** Schaffung eines neuen Marktes für ein gegenwärtiges Produkt.

3. **Leistungsentwicklung:** Entwicklung eines neuen Produktes für einen gegenwärtigen Markt.

4. **Diversifikation:** Schaffen eines neuen Produktes für einen neuen Markt.

Märkte → / Produkte ↓	gegenwärtig	neu
gegenwärtig	Marktdurchdringung	Marktentwicklung
neu	Produktentwicklung	Diversifikation

Abb. 44: Die vier grundlegenden Marktfeld-strategischen Optionen (Becker, 2000)

Beispiele:

1. Marktdurchdringung:

Ergebnis der Situationsanalyse ist, dass das derzeitige Schulprofil die Bedürfnisse von Eltern, SchülerInnen und allen anderen Anspruchstellern optimal erfüllt. AbsolventInnen sind in weiterführenden Schulen hoch angesehen und finden leicht Arbeitsplätze. Der konkrete strategische Ansatz lautet also: „Was müssen wir tun, um unsere Leistungen am gegenwärtigen Markt noch stärker durchzusetzen?"

Grundsätzlich hat die Schule in diesem Fall zwei Optionen:

1) Gewinnung von Kunden der Konkurrenz:

An einer AHS-Oberstufe existiert ein Schwerpunkt mit fünf Wochenstunden Informatik. Somit können SchülerInnen, die eine umfassende Allgemeinbildung verbunden mit besonderen Kenntnisse im „Wachstumsbereich" Informatik erwerben wollen, angesprochen werden, die früher eine HTL besucht hätten. Die Marketingstrategie sollte hier vor allem auf der Kommunikation aufbauen, indem der Nutzen der Ausbildung und andere Vorteile wie kürzere Schulwege in den Vordergrund gestellt werden.

2) Erschließung von Nicht-Kunden:

Diese Kundengruppe steht dem Angebot der Schule grundsätzlich nicht ablehnend gegenüber. Es existieren nur verschiedene „Hürden" wie ein zu weiter Schulweg, eine fehlende Nachmittagsbetreuung oder zu wenige Informationen über das Angebot.

2. Marktentwicklung:

Eine mögliche Umsetzung wäre, dass eine Hauptschule ein Angebot für Erwachsene entwickelt, die ihren Hauptschulabschluss nachholen wollen. Damit könnte eine gegenwärtige Leistung auf einem anderen Markt, nämlich dem Markt der Erwachsenen, etabliert werden. Derzeit vielleicht eine Utopie, aber wieso sollten Schulen nicht auch vom „Bildungsboom" profitieren? Die Universitäten nützen diese Möglichkeit bereits durch das Angebot von kostenpflichtigen Hochschullehrgängen für spezielle Zielgruppen. Mehr Freiheit im Bereich Marktentwicklung könnte den finanziellen Spielraum von Schulen erweitern und Arbeitsplätze von LehrerInnen sichern.

3. Leistungsentwicklung:

Die Entwicklung eines neuen Produktes für einen gegenwärtigen Markt ist die derzeit am häufigsten angewandte Strategie. Der konkrete strategische Ansatz lautet: „Wie kann durch die Entwicklung neuer Leistungen das Wachstum im gegenwärtigen Markt gesichert werden?"

1) Echte Innovationen: Angebote, die es in dieser Form bisher noch nicht gab, erfordern einen hohen Einsatz an Ressourcen. Die Überwindung von Widerständen in der Einführungsphase erfordert einen hohen Aufwand und das Risiko eines Misserfolges ist relativ hoch. Andererseits bieten echte Innovationen Wettbewerbsvorteile.

2) Quasi-neue Leistungen: Sie knüpfen an bestehenden Leistungen an und versuchen diese zu verbessern. In vielen Fällen werden die Anstrengungen auf die Entwicklung quasi-neuer Leistungen fokussiert, da echte Innovationsreserven unzureichend sind. Ein Anknüpfungspunkt ist vielfach die Unzufriedenheit der Kunden mit bisherigen Lösungen bzw. mit gestiegenen Anforderungen. Die Entwicklung quasi-neuer Leistungen bedingt einen mittleren Ressourcenaufwand, dafür ist die Chance, Wettbewerbsvorteile zu schaffen, ebenfalls geringer. Im Allgemeinen sind jedoch weniger Marktwiderstände zu befürchten und auch das Risiko ist geringer.

3) Me-too-Leistungen: Diese stellen mehr oder minder Nachahmungen vorhandener Produkte dar. Ihr Einsatz ist nicht zu empfehlen, denn auch die Entwicklung von Me-too-Leistungen erfordert den Einsatz von Ressourcen, die durch keinen Wettbewerbsvorteil gerechtfertigt sind.

4. Diversifikation:

Die Schaffung einer neuen Leistung für einen neuen Markt wird sehr oft gewählt, wenn alle anderen Optionen ausgeschöpft sind. Beispielsweise die Sir-Karl-Popper-Schule, die sich an den „neuen" Markt der hoch begabten SchülerInnen wendet. In der Schulmarketingpraxis lassen sich Diversifikation und Innovation nicht immer scharf voneinander abgrenzen. Wesentlich für die Entwicklung der Marketingstrategien ist die genaue Situationsanalyse sowie Formulierung der Marketingziele.

Bewertung der Marketingstrategien

Die Strategiebewertung hat die Aufgabe, jene Marketingstrategie auszuwählen, die für die Erreichung der definierten Marketingziele den besten Beitrag liefert. Dabei kann zwischen **quantitativen** und **qualitativen** Bewertungsmethoden unterschieden werden:

Quantitative Strategiebewertungen, wie sie in gewinnorientierten Unternehmen eingesetzt werden (z. B. Shareholder-Value-Analyse), benötigen

Adaptionen, damit ihr Einsatz in Schulen sinnvoll ist. Die finanziellen Mittel, die für die Umsetzung einer Strategie nötig sind, sind für die Auswahl von Schulmarketingstrategien ein wesentliches Kriterium. Die Analyse des Zusammenhangs zwischen Strategien und Zahlungsströmen ist somit auch für Schulen sinnvoll. Somit sind die für die jeweilige Strategie nötigen Einzahlungen (des Schulerhalters, des Elternvereins, der Sponsoren etc.) und Auszahlungen (Ankauf von Geräten, Adaption von Räumen etc.) zu erheben und folgende Fragen zu stellen:

- Welche Investitionen sind für Strategie A zu tätigen und welche Investitionen für Strategie B?
- Wie viele und welche neuen Sponsoren könnten durch Strategie A und durch Strategie B gewonnen werden?
- Wie hoch sind die jeweiligen zu erwartenden Sponsorbeiträge?

Im Rahmen der **qualitativen Strategiebewertung** sind drei Fragen zu beantworten:

1. Ist die Strategie durchführbar?

Fehlen für die Umsetzung der Strategie wesentliche Ressourcen, so ist die Strategie nicht positiv zu beurteilen. Benötigt Strategie A zum Beispiel zusätzliche Lehrkräfte, so ist sie in diesem Bereich Strategie B unterlegen, für deren Umsetzung keine zusätzlichen Lehrkräfte benötigt werden. Selbst unter ziemlich ähnlichen Voraussetzungen können Strategien völlig unterschiedlich bewertet werden. Nehmen wir das Beispiel einer 8-klassigen öffentlichen Volksschule im ländlichen Raum mit einem privaten Mitbewerber im Nachbarort. Hat die Volksschule ihren Standort in einer „reichen" Gemeinde mit einem Schulerhalter, der nötige Investitionen ohne Probleme tätigt, so kann Strategie A, die finanzielle Mittel in der Höhe von S 100.000,- erfordert, umgesetzt werden. Für die Volksschule in einer ärmeren Gemeinde wäre Strategie A ebenfalls die optimale Variante, sie muss sie aber ausscheiden, weil „ihr" Schulerhalter diese Geldmittel nicht aufbringen kann.

Es sind aber nicht nur die **finanziellen Mittel** zu betrachten. Für die Umsetzung von Strategien sind auch **Ressourcen** wie Ausbildung und Kompetenzen notwendig. Eine Schule, die als Strategie z. B. die Einführung von Montessori-Klassen plant, benötigt genügend ausgebildete Lehrer. Hat sie diese nicht, bestehen zwei Möglichkeiten: Sie verzichtet auf die Umsetzung oder sie verschiebt den Einsatz der Strategie, da gerade drei Lehrkräfte ihre Ausbildung begonnen haben. Die Strategie „Einführung von Montessori-Klassen" wird hinsichtlich der Umsetzbarkeit aber schlechter zu beurteilen sein als eine andere Strategie, für deren Umsetzung die nötigen Kenntnisse vorhanden sind.

Ein weiteres Kriterium ist die **Motivation** innerhalb des Lehrkörpers. Strategie A wird von fast allen Mitgliedern des Lehrkörpers begrüßt, während Strategie B eine kleine, aber starke Gruppe von Gegnern hat.

2. Steht die Marketingstrategie im Einklang mit anderen Teilstrategien, dem Führungssystem und den Rahmenbedingungen?
Schulen werden unterschiedlich geleitet, es gibt Leiter, die sehr innovativ sind und auch ihren Lehrkörper für Neuerungen motivieren können. Andere Leiter haben ihre Stärken im Bewahren. Auch das Kontrollbedürfnis ist unterschiedlich ausgeprägt. Diese Faktoren sollten in die Bewertung von Strategien einfließen.

3. Welche Risken sind mit der Marketingstrategie verbunden?
Jede Entscheidung, die die Zukunft einer Schule beeinflusst, ist mit einem Risiko verbunden. Wie schätzen die Verantwortlichen die Risken der jeweiligen Strategien ein?

Eine Möglichkeit zur Analyse dieser qualitativen Größen stellt die **Nutzwertanalyse** dar, deren Ablauf in *fünf Schritten* erfolgt. Jene Strategie, die einen höheren Beitrag zur Zielerreichung liefert, durch deren Umsetzung ein höherer Nutzen erzielt wird, soll im Rahmen der Nutzwertanalyse ermittelt werden.

Schritt 1: Bestimmung der Bewertungskriterien und der möglichen Ausprägungen
Bewertungskriterien können zum Beispiel die Marktgröße und das Marktwachstum, die Eignung der vorhandene Ausstattung, die soziale Relevanz, der gesellschaftliche Beitrag sein. Die möglichen Ausprägungen dieser Kriterien werden zwischen 0 für die schlechteste Bewertung und 3 für die beste Bewertung festgelegt.
So könnte z. B. das Kriterium „Chancen auf dem Arbeitsmarkt" für die Strategie „Ausbildung in Webdesign" mit 3 bewertet werden, während die Strategie „Soziale Kompetenz" mit 2 bewertet wird.

Schritt 2: Bestimmung der Gewichte der Bewertungkriterien
Jedem Kriterium wird ein Prozentsatz zugeordnet, mit dem dieses in der Bewertung berücksichtigt werden soll. Die Summe der Gewichte muss 100 Prozent ergeben. Durch die Gewichtung der Bewertungskriterien wird eine Rangordnung erstellt.
Diese Gewichtung ist abhängig von den Werten und spezifischen Zielsetzungen, die von einer Schule verfolgt werden. Geht es zum Beispiel vorrangig darum, Arbeitsplätze zu sichern und ist dringender Handlungsbedarf gegeben, so ist das vorhandenen Know-how sicher höher zu bewerten als wenn ausreichend Zeit zur Verfügung steht und zusätzliches Wissen erworben werden kann. Im ersteren Fall würde das vorhandene Know-how mit 30% gewichtet, im zweiteren Fall mit 10%.
Neben den tatsächlichen angesetzten Werten für die einzelnen Kriterien ist die nachvollziehbare Ermittlung und Dokumentation der Gewichte eine wesentliche Voraussetzung für die Qualität der Nutzwertanalyse.

Schritt 3: Bewerten der Strategien durch die Bewertungskriterien
Die folgende Abbildung zeigt zur Verdeutlichung einen Ausschnitt der Bewertung von Strategien:

Kriterium	Gewichtung in %	Strategie A	Strategie B
Know-how	50%	2	1
Marktgröße und Marktwachstum	30%	2	3
Eignung der Infrastruktur	20%	2	0

Abb. 45: Bewertung der Strategien

Nach Erstellung dieser Tabelle kann man zum nächsten Schritt gehen, in dem die eingetragenen Werte ausgerechnet und miteinander verknüpft werden.

Schritt 4: Berechnen der Nutzwerte der Strategien
Die Einzelwerte werden gewichtet und summiert. Gewichtet wird durch Multiplikation mit den Gewichten der Kriterien. Die Summe entspricht dem Nutzwert der Strategie:

Kriterium	Gewichtung in %	Strategie A	Strategie B	Strategie A	Strategie B
Know-how	50%	2	1	1,2	0,8
Marktgröße und Marktwachstum	30%	2	3	0,4	1,2
Eignung der Infrastruktur	20%	2	0	0,4	0

Abb. 46: Berechnen der Nutzwerte

Der Nutzwert der Strategie A ergibt den Wert 2,0, der Nutzwert der Strategie B 1,4. Diese Werte sind folgendermaßen zu interpretieren: Strategie A liefert einen höheren Beitrag zur Zielerreichung als Strategie B.

Schritt 5: Entscheiden auf Basis der berechneten Nutzwerte

Die Entscheidung auf Basis der berechneten Nutzwerte sollte berücksichtigen, wie weit die ermittelten Werte von der schlechtesten und bestmöglichen Bewertung entfernt sind. Der schlechteste mögliche Wert im angeführten Beispiel beträgt 0, der beste Wert 3. Liegen beide Werte nahe dem Mittelwert, so müsste die Strategiebewertung oder sogar die Strategieentwicklung wiederholt werden. Der Unterschied zwischen den berechneten Nutzwerten ist ein Maß für Trennschärfe der durchgeführten Nutzwertanalyse. Ein Differenz von 0,6 bzw. von 20% der Maximalausprägung 3 wie in unserem Beispiel ermöglicht eine gute Differenzierung zwischen den beiden Strategien.

Der größte Vorteil der Strategiebewertungen ist die Transparenz in der Entscheidung für die eine oder die andere Alternative. Werden Entscheidungen nicht bewusst getroffen, so können sie nur schwer hinterfragt und gegebenenfalls sinnvoll geändert werden. Ein Risiko liegt in der Scheingenauigkeit, die bei qualitativen und quantitativen Bewertungen auftreten kann. Aussagen über die Zukunft können nur mit relativ großen Schwankungsbreiten getroffen werden. Somit ist es auch sinnlos, auf die Kommastelle genau auszurechnen, welche Variante besser ist. Wesentlich ist der Blick auf grundsätzliche Auswirkungen.

Stufe 6: Umsetzung

Methoden zur Ideensuche

Einen guten Marketing-Mix kann man mit einem Salatdressing vergleichen: Er muss das Unvereinbare zusammenführen, er muss nüchterne Analyse mit Kreativität vermischen (Hiam, 1997). Der Praxisteil unseres Handbuches beschäftigt sich daher auch mit dem Thema Kreativität, weil sie eine bedeutende Funktion im Marketing-Mix hat. Erfolgreiches Marketing braucht Kreativität bei der Ideenfindung, der Problemlösung und Umsetzung. Es folgt eine Darstellung einiger Techniken und Methoden, die zur Ideenfindung eingesetzt werden, ehe wir uns der Umsetzung in den einzelnen Bereichen Leistung, Kommunikation, Preis und Distribution widmen.

Auf die Frage, was alles dazugehört, um ungewöhnlich kreative Ideen zu entwickeln, antwortete Mary O'Hara, ehemalige Creative Director der Agentur Young & Rubicam, mit den folgenden Zeilen, die mittlerweile ein Klassiker der Branche geworden sind:

Es gibt den Schwammteil: *Wenn Sie alle Informationen, die Sie entdecken können, in sich aufsaugen (und dazu eine Menge Fehlinformationen).*

Es gibt den Schüttelteil: *Wenn Sie alle Fakten herausschütteln und das Problem selbst infrage stellen und sich alle möglichen Sachen vorstellen.*

Es gibt den Ausdrückteil: *Wenn Sie den Schwamm auswringen und die viel versprechendsten Spritzer und Tropfen hinkritzeln.*

Es gibt den Aufprallteil: *Wenn Sie sich mit einem anderen vom Problem Betroffenen gegenseitig aufkeimende Ideen zuwerfen, bis nur noch die stärksten überleben.*

Es gibt den Rubbelteil: *Wie oben, aber jetzt rubbeln Sie Gehirn an Gehirn in der Hoffnung, eine neue Idee zu entzünden.*

Es gibt den Noch-einmal-bitte-Teil: *Wenn Sie die Überlebenden im kalten Licht der Vernunft untersuchen, die meisten aufgeben und wenige in der warmen Dunkelheit der Vorstellungskraft ausreifen lassen.*

Es gibt den trockenen Teil: *Wenn Sie aufhören über das (!#*!) Problem nachzudenken und sich dem Vergnügen oder der Routine zuwenden. (Sie werden nur denken, Sie haben aufgehört zu denken.)*

Es gibt den Glücks-Teil: *Wenn sich Dinge verbinden und eine Idee in Ihren Kopf schießt, die sich als Schlüssel zur Lösung herausstellt. Das passiert oft, wenn Sie es am wenigsten erwarten und nicht einmal an das Problem denken.*

Es gibt den Taten-Teil: *Wenn Sie die Ihnen eigenen Begabungen und erlernten Fähigkeiten sowie die der anderen Betroffenen einsetzen, um der rohen Idee Gestalt zu geben und sie zu einer richtigen Lösung zu formen.*

Es gibt den juckenden Teil: *Der vielleicht zuerst und nicht zuletzt kommen sollte. Der Drang, Probleme kreativ zu lösen – mit einer neuen und originellen Lösung –, rührt von einem chronischen Juckreiz her: der Unzufriedenheit mit allen bestehenden Lösungen. Sogar wenn die letzte von Ihnen selbst stammen sollte.*

Viele Ideen und kreative Ideen werden im Marketing benötigt. Dabei sind Teams oder Gruppen, wenn unterstützende Methoden und Techniken zur Verfügung gestellt werden, im Normalfall Einzelpersonen überlegen.

Es folgt eine kurze **Darstellung von bewährten Methoden zur Ideenfindung** mit Ablauf, Vor- und Nachteilen sowie möglichen Variationen:

1. Moderierte Kartenabfrage

Beginnen Sie mit einer genauen Darstellung des Problems, über das jeder nachdenken soll.

Nach einer kurzen Einleitung, die Probleme und Aufgabenstellung umschreibt, wird die Aufgabe definiert: „Welche Möglichkeiten haben wir für die Gestaltung des Tages der offenen Tür?"

Jeder Teilnehmer schreibt still für sich seine Ideen auf Moderationskärtchen.
Wichtig ist, dass nur eine Idee pro Karte notiert wird und keine Kugelschreiber sondern dickere Stifte verwendet werden.
Die Ideen werden allen sichtbar und hörbar gemacht.
Am besten werden sie auf eine Pinnwand genadelt. Steht diese nicht zur Verfügung, tut es notfalls auch ein größerer Tisch oder sogar der Boden.
Klären Sie Verständnisfragen.
Oft versteht der Schreiber etwas anderes unter einem Begriff als andere Teilnehmer. Stellen Sie sicher, dass jeder in der Gruppe weiß, was mit einem bestimmten Begriff gemeint ist.
Die Ideen können nun sortiert und für die Weiterarbeit bewertet werden.
Für die Bewertung müssen klare Kriterien vorgegeben werden.

Vorteile:
- jeder kommt zu „Wort";
- viele Ideen in relativ kurzer Zeit;

Nachteile:
- das Potenzial der Gruppe wird nur teilweise genutzt;
- es kommt zu vielen Wiederholungen;

Varianten:
- zwei Personen schreiben miteinander;
- die Kärtchen werden sofort aufgehängt;

2. Brainstorming

Brainstorming ist eine altbewährte, einfache und, wenn sie richtig eingesetzt wird, erfolgreiche Methode, um viele und kreative Ideen zu produzieren. Obwohl sie so einfach aufgebaut ist, passieren in der Praxis immer wieder Fehler, die den Erfolg der Methode schmälern. Nach der Vorstellung der Fragestellung z. B. „Wie können wir die Zufriedenheit der Eltern mit unserer Schule steigern?" melden sich die Teilnehmer mit ihren Beiträgen zu Wort, die schriftlich auf einem Blatt Papier, einem Flipchart oder einer Pinnwand festgehalten werden. Folgende Regeln müssen eingehalten werden:

- Es zählt die Quantität und die Kreativität – finden Sie so viele Ideen wie möglich. Möglichkeiten der Umsetzung sind erst später zu bedenken.
- Kein Mitglied der Gruppe darf in der Sammlungsphase die Vorschläge eines anderen kritisieren – keine Idee ist zu verrückt, um aufgeschrieben zu werden.
- Es bestehen keine Besitzansprüche an Ideen – jeder kann und soll auf den Ideen der anderen aufbauen.

Einige Tipps aus der Praxis:
- Neben dem Moderator werden ein oder zwei Schreiber eingesetzt, dadurch kann sich der Moderator auf die Gruppe konzentrieren und es gehen keine Ideen verloren.
- Bei eher unerfahrenen Gruppen ist eine kreative Einleitung des Moderators hilfreich.
- Der Ideenfluss hat einen typischen Verlauf. Die Ideen beginnen meist langsam und zögerlich zu fließen, dann kommt eine Flut von Zurufen, gefolgt von einer „Stagnationsphase". Es ist wichtig, diese Zeit durchzustehen, denn erfahrungsgemäß folgt darauf eine Phase mit besonders vielen und kreativen Ideen.

Vorteile:
- einfache Einführung;
- einfache Vorbereitung, daher auch spontan einsetzbar;
- TeilnehmerInnen regen sich mit ihren Ideen gegenseitig an;

Nachteile:
- schwer sortierbar;
- Dominanz einzelner TeilnehmerInnen möglich;

Variationen:
Schreiber notiert auf Kärtchen, die bereits an eine Pinnwand geheftet sind, dadurch können die Ideen leichter weiterbearbeitet werden.

3. Herbstlaub

Manche von uns müssen ihre Ideen aufschreiben, andere laut sagen, wieder andere müssen sie hören und manche müssen sich bewegen, um kreative Ideen auf die Welt zu bringen. „Herbstlaub" unterstützt durch die Regeln den Ideenfluss auf vielfältige Weise. Jeder Teilnehmer ist mit einem Stapel Moderationskärtchen und einem Stift ausgerüstet. Nach der Einleitung setzt sich die Gruppe in Bewegung: Hat jemand eine Idee, notiert er sie auf ein Kärtchen, spricht die Idee laut aus und legt das Kärtchen auf den Boden. Besonders zu Beginn ist es wichtig, die Gruppe in Bewegung zu bringen.

4. Wenn ich König wäre

Wir legen unserer Fantasie oft Fesseln an, indem wir bereits an die Möglichkeit der Durchführung und Umsetzung von Ideen denken, anstelle einmal der Kreativität freien Lauf zu lassen. „Wenn ich König wäre" hat den Vorteil, dass die Umsetzbarkeit in den Hintergrund tritt, denn wenn ich König wäre, muss die ganze Gruppe tun, was ich vorschlage. Jeder Teilnehmer sammelt auf Kärtchen seine „königlichen Ideen" und nach Abschluss der Sammlungsphase trägt jeder

Teilnehmer seine Einfälle vor. Eine Papierkrone, ein Umhang und die Aufforderung an die Teilnehmer, ihre Rolle als König auch mit Sprache und Gestik zu gestalten, führt zu einer Fülle von äußerst kreativen Ideen. Die Kärtchen werden nach dem Vortrag auf einer Pinnwand gesammelt und können dann weiterbearbeitet werden.

Vorteile:
▷ die Rolle als König führt zu sehr vielen kreativen Ideen;
▷ die aufgelockerte Stimmung, die sich durch die Spielanweisung ergibt, fördert den Gedankenfluss;

Nachteile:
Die Gruppe muss vertraut miteinander sein, damit die einzelnen Teilnehmer ihre königlichen, oft sehr verrückten Ideen auch wirklich präsentieren.

5. Klassische Fragen

Klassische Fragen sind rhetorische Fragen, die die Gruppe dazu zwingen, grundlegende Annahmen und Ansichten zu überprüfen. Sie lassen sich sehr leicht an unterschiedliche Aufgabenstellungen individuell anpassen, indem man die Lücken entsprechend ausfüllt. Aus den folgenden 10 Fragen können die für das jeweilige Projekt passenden ausgewählt, unpassende weggelassen oder ähnliche Fragen formuliert werden.

▷ Warum sollten wir uns überhaupt um _____ kümmern?
▷ Wie kann _____ in Phasen eingeteilt werden?
▷ Was führte zu _____ ?
▷ Welcher Personentyp wäre an _____ interessiert?
▷ Falls es _____ nicht geben würde, was wäre anders?
▷ Welchen Aspekt von _____ mag ich am meisten/wenigsten?
▷ Welche größere Entwicklung, welcher Bereich oder welche Situation liefert den Hintergrund für _____ ?
▷ Was sind die Hauptvorteile von _____ ?
▷ Falls _____ nicht erfolgreich ist, woran hat es gelegen?
▷ Wie kann man _____ einem Zehnjährigen erklären?

Der *Vorteil* dieser Fragen ist, dass sie Aspekte des Problems ans Licht bringen, die die Gruppe nicht berücksichtigt hat. Deshalb sind die klassischen Fragen besonders dazu geeignet, vor der Entwicklung kreativer Ideen eingesetzt zu werden.

Umsetzbarkeit der vier Marketingbereiche

1. PRODUKTPOLITIK

Die Leistungsgestaltung und Leistungsprogrammpolitik umfasst alle Maßnahmen zur kundengerechten Gestaltung der Leistungen der Schule. Das Modell des Produktlebenszyklus (vgl. Kapitel 2.4) eignet sich nicht nur zur Diagnose, anhand der Phasen des **Produktlebenszyklus** können auch Aufgaben und nötige Entscheidungen innerhalb der Leistungspolitik aufgelistet werden.

Die grundlegende Basis der Produktpolitik von Schulen ist der gute Unterricht und die Kompetenz der LehrerInnen. Kriterien für den guten Unterricht sind die Angemessenheit der Stofffülle, Lebensnähe und Praxisnähe. Kriterien für die Kompetenz sind die permanente Weiterbildung, die Didaktik, der eigene gute Fachunterricht sowie der zeitgemäße Unterricht. Auf diesem Fundament kann unter Berücksichtigung der vorgelagerten Stufen die Leistungspolitik aufbauen.

Existiert an einer Schule keine ausgeprägte Qualitäts- und Marketingorientierung, so sind es meist Probleme, die den Anlass dafür geben, dass neue Leistungen entwickelt werden (müssen). Der Zeitdruck, unter dem die Leistungsentwicklung dann erfolgen muss, schlägt sich sehr oft in der Qualität der entwickelten Leistungen nieder.

Qualitäts- und marketingorientierte Schulen können dadurch, dass sie die Situationsanalyse nicht nur einmalig, sondern regelmäßig durchführen, einen Zeitgewinn verbuchen, der sich in der Qualität der Leistungsentwicklung niederschlägt.

Methoden zur Ideensuche wurden im vorigen Abschnitt ausführlich dargestellt. Die identifizierten Möglichkeiten zur Problemlösung müssen hinsichtlich ihrer Verwertbarkeit und Umsetzungsmöglichkeiten „gefiltert" werden. Eine Unterstützung dabei kann die in folgender Tabelle gezeigte Ideenfilterung bieten. Basierend auf den in der Tabelle dargestellten Merkmalen und Bewertungsklassen kann dann eine Nutzwertanalyse des neuen Produkts, der neuen Leistung erfolgen.

Merkmal	Bewertungsklassen *(Mögliche Ausprägungen des Merkmals)*
Sortiments-bezug	• Einführung einer neuen Leistung • Verbesserung einer vorhandenen Leistung • Nicht widersprüchlich zu vorhandenen Leistungen • Neuartige Leistungskategorie
Einfluss auf den Marktan-teil bestehen-der Leistun-gen	• Steigert den Marktanteil bestehender Leistungen • Hat keinen Einfluss • Steht in Konkurrenz zu bestehenden Leistungen • Erfolg ausschließlich durch Substitution bei bestehenden Leistungen
Notwendige Ausstattung	• Ungenützte Ausstattung vorhanden • Ausnützung der Kapazität vorhandener Ausstattung • Teilweise Neuinvestitionen nötig • Völlig neue Ausstattung nötig
Personal, technisches und Marke-ting-Know-how	• Völlig vorhanden • Im Wesentlichen vorhanden • Im Wesentlichen zu beschaffen • Neu zu beschaffen
Verfügbarkeit von Lehr-kräften	• Vorhandener Lehrkörper reicht aus • Vorhandenes Personal hat noch freie Kapazitäten • Lehrkörper kann durch organisatorische Maßnahmen, Schulung und/oder technische Hilfsmittel zusätzliche Leistungen erbringen, zusätzliche Lehrkräfte werden benötigt • Vorhandenes Personal reicht nicht aus, zusätzliches Personal kann nicht beschafft werden

CHECKLISTE
zur Leistungsentwicklung

Wir haben auch hier wieder Fragen gesammelt, die eine konkrete Erleichterung auf dem Weg zu einem guten Marketingkonzept bieten sollen.

a. Sind die neuentwickelten Leistungen und Schwerpunkte für den Kunden wirklich als solche erkennbar?

Ein Beispiel: Eine Wochenstunde Informatik zusätzlich wird von Schülern und Eltern kaum als echter Informatikschwerpunkt erlebt werden, drei Wochenstunden Informatik sehr wohl.

b. Ist für die Leistungsentwicklung sowohl in technischer, organisatorischer und fachlicher Hinsicht ausreichend Zeit veranschlagt worden?

Viele Leistungen floppen, weil der Zeitaufwand hinsichtlich der Leistungsentwicklung unterschätzt wurde. Der daraus resultierenden Imageschaden wiegt oft
weitaus schwerer als eine um ein Schuljahr spätere Markteinführung.

*c. Wird die Markteinführung von Kommunikationsmaßnahmen flankiert?
Wenn ja, von welchen? Sind die Vorlaufzeiten berücksichtigt worden?*
Siehe dazu Kapitel „Kommunikationspolitik" weiter unten.

d. Sind die Auswirkungen der Leistung auf den Preis untersucht worden?
Mit welchem Ergebnis? Im Unterricht einer oder mehrerer Klassen sollen
Laptops benützt werden. In Schule A müssen die Eltern die Laptops finanzieren,
was in dieser Schule auch kaum Probleme macht, da der Großteil der Eltern
finanzkräftig genug ist, diese zusätzliche Ausgabe zu verkraften und sich auch
dazu bereit erklärt. Schule B erwartet massive Widerstände gegen diese Preiserhöhung und stellt den Schülern Laptops zur Verfügung, die von Sponsoren finanziert wurden. Für die Eltern ergibt sich nur insofern eine Preiserhöhung, als
Schüler, die den Laptop zu Hause verwenden wollen, eine Benützungsgebühr von
200 Schilling pro Monat bezahlen müssen. Das heißt, neue Leistungen sind auch
daraufhin zu untersuchen, welche Auswirkung sie auf den Preis, den die Eltern
entrichten, haben. Dabei ist nicht nur der monetäre Preis, sondern auch nicht-
monetäre Kriterien zu berücksichtigen, wie etwa der Zeitaufwand. Ist zu befürchten, dass der höhere Preis zu einem Nachfragerückgang führt, so ist entweder die
Leistung zu modifizieren oder es muss, falls es sich um den monetären Preis handelt, versucht werden, über die Beiträge von Sponsoren einen von den Kunden
akzeptablen Preis zu erreichen.

2. KOMMUNIKATIONSPOLITIK

Wie bereits in Kapitel 2.4. (Aufgaben des Marketing, Kommunikationspolitik)
ausführlich dargestellt, wird im Allgemeinen die Kommunikationspolitik anhand
der eingesetzten Instrumente in
- Klassische Werbung
- Verkaufsförderung
- Persönlicher Verkauf
- Direkt Marketing
- Public Relations und
- Sponsoring
unterteilt.

In letzter Zeit wird auch sehr oft der Begriff „Marketingkommunikation" verwendet, der auf die Gesamtheit der Kommunikation abgestellt ist und weniger
zwischen den einzelnen Instrumenten unterscheidet. Eine Besonderheit ergibt sich
für Schulen: Als Sponsoringnehmer ist Sponsoring für Schulen vor allem unter dem
Aspekt der zusätzlichen finanziellen Mittel bzw. der sonstigen Leistungen zu

betrachten, daher behandeln wir das Thema Sponsoring im Rahmen der Preis-politik (siehe Seite 200f.).

Die spezifischen Aufgabenstellungen der Kommunikation von Schulen, die Größe der Märkte sowie die personellen und finanziellen Möglichkeiten von Schulen sind der Grund, dass die Kommunikationsarbeit von Schulen vor allem im Bereich Öffentlichkeitsarbeit (Public Relations) erfolgt. Natürlich können auch fallweise Instrumente der klassischen Werbung eingesetzt werden, zum Beispiel ein Rundfunk-Spot in einem Regionalradio, eine Anzeige in einer Lokal- oder Regionalzeitung oder es kommen Werbemittel wie Lineale, Kugelschreiber bzw. Aufkleber mit dem Schullogo zum Einsatz.

Der **Schwerpunkt** der Kommunikationsarbeit von Schulen liegt in der **Öffentlichkeitsarbeit** bzw. **Public Relations.** Die Unterschiede zwischen den Begriffen „Öffentlichkeitsarbeit" und „Public Relations" beschäftigen die Theoretiker seit vielen Jahren, sind aber für die Praxis so marginal, dass die bei-den Begriffe in diesem Buch synonym verwendet werden.

Das Kommunikationsinstrument für Schulen ist eine klar struktu-rierte, langfristig geplante und „handwerklich" gute Öffentlich-keitsarbeit, auch Public Relations (PR) genannt.

2.1. Public Relations

Basis unserer Arbeit mit Schulen im Bereich Öffentlichkeitsarbeit sind die bei-den folgenden Definitionen, die sich in Theorie und Praxis der schulischen Öffent-lichkeitsarbeit als am besten geeignet erwiesen haben:

„PR ist die Verwendung von Kommunikation, um die Beziehungen zwischen Organisationen und ihren Zielgruppen anzupassen." (Botan, 1992)

„PR ist das Management der Kommunikation zwischen einer Organisation und ihren Zielgruppen." (Grunig/Hunt,1984)

Schulische Öffentlichkeitsarbeit ist das Management der Kommu-nikation zwischen einer Schule und ihren Zielgruppen, um die Beziehungen zwischen der Schule und ihren Zielgruppen anzu-passen.

In dieser Definition werden die wesentlichen Elemente erfolgreicher Öffent-lichkeitsarbeit angesprochen:

▷ die Schule, mit ihren Zielen und Aufgaben;
▷ die Zielgruppen der Schule;
▷ der Kommunikationsaspekt der Öffentlichkeitsarbeit und

- die Managementdimension der PR: Zielorientierung, Planung, Koordination und Kontrolle.

Schul-PR plant und steuert die Kommunikationsprozesse der Schule mit allen relevanten Zielgruppen der Öffentlichkeit – intern wie extern. Diese Kommunikationsprozesse entstehen nicht rein zufällig, sondern stehen im Einklang mit der Schulmarketingstrategie und werden kontinuierlich umgesetzt.

Was kann PR?

Im Zusammenhang mit Schulmarketing kann schulische Öffentlichkeitsarbeit, basierend auf einer langfristig formulierten und strukturierten Grundsatzpolitik, insbesondere Folgendes leisten:
- den Bekanntheitsgrad einer Schule herstellen/aufbauen/steigern;
- positives Image aufbauen/verändern/verfestigen;
- das Vertrauen in die Leistungsfähigkeit der Schule und der dort tätigen LehrerInnen und SchülerInnen herstellen bzw. verstärken;
- dazu beitragen, dass die einzelne Schule im Blickpunkt der Öffentlichkeit bleibt;
- Betriebsklima und Lehrermotivation verbessern;
- Verbündete und Gönner schaffen;
- Bedürfnis nach weiterer Information erzeugen;
- Entscheidungsprozesse beeinflussen;
- Dialoge herstellen;
(vgl. dazu Bogner, 1990 und Hopfgartner/Nessmann, 2000).

Zielgruppen und Zielgruppenplanung

Auf die Frage, an wen sich die Öffentlichkeitsarbeit oder eine konkrete Maßnahme wie ein „Tag der offenen Tür" wendet, erhält man sehr oft die Antwort: „An alle!" oder „An die Öffentlichkeit!". Wir stellen hier sofort die unangenehme Frage: „Wer sind alle?", „Wer ist die Öffentlichkeit?" Die Realität zeigt nämlich, dass PR nicht für alle gleichzeitig möglich ist. Zu unterschiedlich sind Erwartungen, Interessen, Ansprüche, Befürchtungen und Ängste einzelner Anspruchsgruppen.

Somit ist es sinnvoll, die Öffentlichkeit in Untergruppen zu unterteilen. Diese Untergruppen werden als *Zielgruppen, Teilöffentlichkeiten* oder *Segmente der Öffentlichkeit* bezeichnet.

Eine Zielgruppe kann folgendermaßen definiert werden:

„Eine Zielgruppe sind diejenigen Teile der Bevölkerung, mit denen eine Organisation bei der Verfolgung ihrer Ziele, Entscheidungen und Maßnahmen in Kontakt oder Konflikt gerät." (Avenarius, 1995)

Für die systematische Untergliederung der Öffentlichkeit in Zielgruppen stehen mehrere Möglichkeiten zur Wahl:

a. Nach Auswirkungen bzw. Konsequenzen:

Zielgruppen entstehen, wenn
- das Verhalten der Zielgruppe Auswirkungen/Konsequenzen für eine Organisation hat und/oder
- das Verhalten der Organisation Auswirkungen/Konsequenzen für die Zielgruppe hat und/oder
- wenn es wechselseitige Auswirkungen/Konsequenzen gibt.

Beispiele:
Projekt Ausstattung eines EDV-Raumes: Eine Zielgruppe ist der Schulerhalter, denn seine Bereitschaft, Geld zur Verfügung zu stellen, hat Einfluss auf das Gelingen des Projekts.

Einführung der 5-Tage-Woche an einer Schule: Die Eltern der SchülerInnen sind davon betroffen, also sind sie eine Zielgruppe. In diesem Fall müsste aber noch eine weitere Unterteilung dieser Zielgruppe vorgenommen werden. Ein Teil der Eltern wird von der Einführung der 5-Tage-Woche begeistert sein, weil er sich davon Vorteile erwartet, ein anderer Teil wird dem Projekt neutral gegenüber stehen. Eine dritte Gruppe von Eltern befürchtet Nachteile, weil sie Angst hat, dass die Kinder während der Woche zu stark belastet werden oder weil sie für Samstagvormittag eine Betreuungsmöglichkeit organisieren müssen. Somit sollte die Zielgruppe „Eltern" in die Zielgruppen „positive eingestellte Eltern", „neutral eingestellte Eltern" und „negativ eingestellte Eltern" unterteilt werden.

Ein Beispiel für wechselseitige Auswirkungen: Von der Einführung eines Musikschwerpunkts profitieren örtliche Vereine wie die Musikkapelle, der Kirchenchor und die Musikschule. Andererseits hat die Ausbildung in der Musikschule oder die Mitgliedschaft in der Musikkapelle positive Auswirkungen auf die Arbeit im Musikschwerpunkt.

b. Nach der Erreichbarkeit: mittelbare – unmittelbare Teilöffentlichkeiten

Mittelbare Zielgruppen erreiche ich nur über Medien – *unmittelbare Zielgruppen* werden direkt angesprochen.

Diese Art der Zielgruppensegmentierung ist für Spezialisten, deren Zielgruppen zum Beispiel im gesamten Bundesgebiet wohnhaft sind, sinnvoll. Ist dies der Fall, so benötige ich einen besonders detaillierten Verteiler für die Presse- und Medienarbeit und eine ausgezeichnete Kenntnis der Medienlandschaft.

c. Nach der Nähe bzw. Distanz zur Schule: interne – externe Teilöffentlichkeiten

Die Segmentierung der Öffentlichkeit erfolgt durch die Kriterien Nähe bzw. Distanz zur Schule.

Interne Zielgruppen: LehrerInnen, SchülerInnen, Eltern, Schulwart, Reinigungskräfte ...

Externe Zielgruppen: vorgelagerte Schulen, Wirtschaft, Politiker, Lieferanten, Medien, Nachbarn ...

Diese Art der Segmentierung hat sich in der Schulmarketingpraxis bewährt und wird auch am häufigsten eingesetzt. Oft wird zur Überprüfung der Vollständigkeit der aufgelisteten Zielgruppen zuerst eine Segmentierung nach Nähe und Distanz vorgenommen, die dann mit der Segmentierung nach Auswirkungen und Konsequenzen überprüft wird. Vorteil dieser Kombination ist, dass an die jeweilige Aufgabenstellung angepasste Auflistungen erarbeitet werden können. Durch die Kombination der beiden Methoden kann eine hohe Sicherheit in Bezug auf die Vollständigkeit erreicht werden. Außerdem ist durch die Kriterien intern – extern sichergestellt, dass die wichtigen internen Zielgruppen nicht aus den Augen verloren werden.

d. Nach Betroffenheit und Aktivität

Diese Art der Segmentierung eignet sich für sehr konfliktträchtige Themen bzw. Branchen.

Nicht-Zielgruppen sind von einem Problem nicht betroffen. Es klingt sehr banal, ist aber in konfliktgeladenen Situationen oder im Fall einer Krise hilfreich und entlastend, wenn klar definiert werden kann, um welche Zielgruppe man sich momentan nicht kümmern muss.

Latente Zielgruppen sind von einem Problem betroffen. Es ist dieser Zielgruppe aber noch nicht bewusst, daher agieren sie auch nicht.

Bewusste Zielgruppen sind von einem Problem betroffen und es ist ihnen auch bewusst, sie setzen aber keinerlei Maßnahmen.

Aktive Zielgruppen unterscheiden sich von der bewussten Zielgruppe dadurch, dass sie Aktivitäten setzen.

Für jede dieser Zielgruppen sind unterschiedliche Kommunikationsmodelle einzusetzen und Kommunikationsziele anzustreben. So kann in einem bestimmten Fall die bewusste Zielgruppe durch Information davon abgehalten werden, zur Gruppe der aktiven Zielgruppe zu wechseln. Möchte ich Zielgruppen mobilisieren, die mein Anliegen unterstützen sollen, ist es wichtig, aus der latenten Zielgruppe eine bewusste Zielgruppe zu machen und die bewusste Zielgruppe zu einer aktiven Zielgruppe zu machen. Bei schulischen Konflikten, die in der Öffentlichkeit ausgetragen werden oder bei der Einführung gravierender Neuerungen, die auf große Ängste und Widerstände stoßen, ist diese Art der Segmentierung äußerst nützlich.

Es ist von großer Bedeutung für den Erfolg der Öffentlichkeitsarbeit, möglichst vollständige Zielgruppensegmentierungen vorzunehmen.

Ziele der PR

Für die definierten Zielgruppen müssen nun PR-Ziele festgelegt werden. PR-Ziele sind Kommunikationsziele, die aus den folgenden Bereichen stammen können:

▷ Kontakt mit der/den Zielgruppe(n);
▷ Informationsweitergabe an die Zielgruppe(n);
▷ Akzeptanz der Botschaft bei der/den Zielgruppe(n);
▷ Einstellungsbildung oder Einstellungsveränderung der Zielgruppe(n);
▷ Verhaltensänderung bei der/den Zielgruppe(n).

Für eine erste Orientierung ist es ausreichend festzuhalten, ob das Kommunikationsziel bei einer bestimmten Zielgruppe der Kontakt oder die Informationsweitergabe ist. Alle PR-Ziele einer Schule müssen im Einklang mit ihren Organisations- und Marketingzielen stehen und auf diese abgestimmt sein.

Die vier Public-Relations-Modelle

In der Fachliteratur finden wir vier PR-Modelle:

▷ Publicity
▷ Informationstätigkeit
▷ Überzeugungsarbeit
▷ Dialog

Die folgenden vier PR-Modelle beschreiben *Charakteristik, Ziel/Zweck, Art der Kommunikation und Kommunikationsmodell* und bieten somit eine erste Orientierungs- und Selektionshilfe für die PR-Verantwortlichen:

	Publicity	**Informationstätigkeit**	**Überzeugungsarbeit**	**Dialog**
Charakteristik	Propagieren	Mitteilen und Verlautbaren	Argumentieren	Sich austauschen
Ziel/Zweck	Anschlusshandlung	Aufklärung	Erziehung	Konsens
Art der Kommunikation	Einwegkommunikation	Einwegkommunikation	Asymmetrische Zwei-Wege-Kommunikation	Symmetrische Zwei-Wege-Kommunikation
Kommunikationsmodell	stark verkürzte Aussagen Sender ↓ Empfänger ↓	umfassende Mitteilungen Sender ↓ Empfänger ↓	Berücksichtigung des Feedbacks Sender ↑ Empfänger ↓	Mediation Gruppe ↑ Gruppe ↓

Abb. 47: Matrix der PR-Modelle (Grunig, 1984)

1. Modell: „Publicity"

Sie bezweckt eine schnelle positive Reaktion. Erreicht wird dies durch knappe, nicht problematisierende Mitteilungen. Vollständige Wahrheit wird weder vom Empfänger noch vom Aussender als wesentlich betrachtet. Typische Anwender für dieses Kommunikationsmodell sind Parteien, Veranstalter und Verkaufsförderer; die Anzahl der Anwendungen liegt bei 25%.

Für Schulen ist der Einsatz zum Beispiel dann möglich, wenn man möglichst viele Personen zum Besuch einer Veranstaltung bewegen möchte.

2. Modell: „Informationstätigkeit"

Bezweckt wird nicht die Reaktion, wohl aber das Informiertsein der Empfänger über einen bestimmten Sachverhalt. Wer informiert, muss über alle Aspekte Auskunft geben, die zur Beurteilung des Sachverhalts erforderlich sind. Wie rücksichtslos gegenüber sich selbst man dabei verfahren muss, ist situationsabhängig. In der Praxis findet man vom totalen Schweigen über das partielle Verschweigen bis zur rückhaltlosen Preisgabe aller Details alle Spielarten. Typische Anwender für dieses Kommunikationsmodell sind Unternehmen, Behörden, Institutionen; die Anzahl der Anwendungen liegt bei 35%.

Schulen bedienen sich vorwiegend des Informationsmodells: Sie informieren über Termine oder Schulveranstaltungen, über das Angebot der Schule oder über die Lernerfolge der Kinder.

3. Modell: „Überzeugungsarbeit"

Was aber, wenn die Information die Zielgruppen gar nicht erreicht? Oder wenn die einmalige Botschaft nicht ausreicht? Das Wissen um Fakten rangiert nur allzu oft an letzter Stelle bei der Verfestigung unserer Ansichten, nämlich hinter dem Glauben, dem kulturellen Umfeld, dem Zufall, dem Anschein, der geistigen Trägheit, den Vorurteilen und unserem Wunsch, die Realität unseren Vorurteilen entsprechend wahrzunehmen.

Überzeugungsarbeit wird auch oft als „Scientific Persuasion" bezeichnet. Bedürfnisse und Einstellungen der Zielgruppen werden erforscht und die dementsprechenden Aspekte des eigenen Tuns und Handelns hervorgestellt. Typische Anwender für dieses Kommunikationsmodell sind Unternehmen, Verbände, Kirchen; die Anzahl der Anwendungen liegt bei 35%.

4. Modell: „Dialog"

Dialog, wie er hier verstanden wird, ist die symmetrische Kommunikation zweier Gruppen – etwa der Schule und einer bestimmten Zielgruppe, die sich als gleichberechtigte Partner gegenüberstehen. Ziel dieses Kommunikationsmodells ist es, einen Konsens zu einem bestimmten Thema zu finden. Der Dialog wird in der Öffentlichkeitsarbeit oft beschworen und selten wirklich umgesetzt, was auch die Anzahl der Anwendungen zeigt, die bei 5% liegt. Typische Anwender für das Kommunikationsmodell „Dialog" sind politische Parteien. Eine Organisation, die den Dialog mit einer Zielgruppe beginnt, sollte sich darüber im Klaren sein, dass Dialog Konsequenzen hat. Wer immer den Dialog in der Öffentlichkeitsarbeit auf seine Fahnen heftet, sollte vorher klären, welchen Anpassungsspielraum er grundsätzlich hat.

Negativbeispiel: Die Probleme einer Organisation mit einer Zielgruppe sind so massiv geworden, dass auch die unbeteiligte Öffentlichkeit über Medien darüber Bescheid weiß. Jetzt taucht das Zauberwort Dialog auf. Jede Gruppe erklärt, dass sie zum Dialog bereit ist, meint aber eigentlich, dass sie die andere Seite überzeugen möchte. Die andere Seite lässt sich nicht überzeugen – die Beteiligten sind enttäuscht, der Dialog wird als gescheitert betrachtet. Die Probleme bestehen weiter.

PR-Konzeption

Schulen, die ernsthaft Schulmarketing betreiben, richten auch ihre Öffentlichkeitsarbeit an einer schlüssigen Konzeption aus. Den Ablauf und die Elemente der PR-Konzeption zeigt die folgende Abbildung:

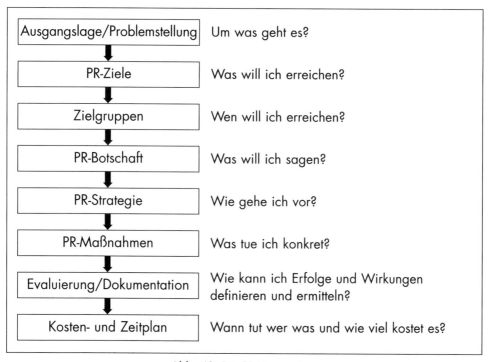

Abb. 48: Die PR-Konzeption

PR-Ziele und der Definition von Zielgruppen wurden bereits erläutert. Neue Begriffe stellen die Schlagwörter *PR-Botschaft, PR-Strategie, PR-Maßnahmen*, werden im Folgenden umrissen:

PR-Botschaft

Unter einer PR-Botschaft versteht man die zu übermittelnden Kommunikationsinhalte: „PR-Botschaften oder Kommunikationsinhalte fassen den inhaltlichen Kern der PR-Konzeption zusammen. Sie sagen, welche Inhalte bei den Dialoggruppen ankommen müssen, damit die Ziele der Kampagne erreicht werden." (Dörrbecker u. a., 1999)

Einige Tipps für die Festlegung von PR-Botschaften:
▷ Welche Meinung/Haltung/Überzeugung sollen unsere geplanten Zielgruppen nach Abschluss der Aktion oder des Projekts haben?
▷ Zur Konkretisierung der Botschaften ist es empfehlenswert, Botschaften so zu formulieren, wie die jeweilige Zielgruppe denken oder reden würde, sollte man sie nach Abschluss der Kampagne interviewen.
▷ Wer gute Botschaften formulieren will, muss die Ziele, Erwartungen und Mentalitäten der Menschen kennen, für die sie erdacht werden.

PR-Strategie

Die PR-Strategie enthält die Festlegung
▷ der Ziele,
▷ der Zielgruppen,
▷ der Botschaft und
▷ des Hauptinstrumentariums.

Diese vier Positionen sind gleichwertig, müssen untereinander stimmig sein und bilden als eine Einheit eine PR-Strategie.

PR-Maßnahmen

Sie beinhalten den konkreten Einsatz des PR-Instrumentariums und einen abgestimmten Zeit-Maßnahmenplan. In der PR-Arbeit einer Schule gibt es eine Anzahl klassischer, herkömmlicher Instrumente und eine Unzahl kreativer Aktivitäten. Die einen wie die anderen müssen aus der Problemstellung heraus für die jeweilige Zielgruppe maßgeschneidert sein. Im Folgenden ist ein Katalog von PR-Instrumenten aufgelistet, der durch schulspezifische kreative Aktivitäten ergänzt werden kann:

Instrumente methodischer Öffentlichkeitsarbeit:
▷ Allgemeine Gestaltungsrichtlinien
▷ Entwicklung eines visuellen Erscheinungsbildes
▷ Umsetzung des Erscheinungsbildes

Maßnahmen der Selbstdarstellung:
- Folder
- Handzettel
- Broschüren
- Plakate
- Ausstellung/Präsentationsfläche
- Werbematerial
- Schaukasten
- Anzeigen
- Homepage

Maßnahmen der Pressearbeit:
- Presseerklärung
- Pressegespräch
- Pressekonferenz
- Pressemappe

Veröffentlichungen:
- Zeitschriften
- Arbeitsbericht/Jahresbericht/Festschrift
- Artikel in Fachpublikationen
- Protokolle
- Korrespondenz

Veranstaltungen:
- Tagungen/Seminare
- Kulturelle Veranstaltungen
- Sportliche Veranstaltungen
- Vorträge/Reden von Direktoren und LehrerInnen
- Tag der offenen Tür
- Feste
- Wettbewerbe
- Teilnahme an Fremdveranstaltungen

Sonstiges:
- Serviceleistungen
- Erscheinungsbild der Schule
- Stil der LehrerInnen
- Leserbriefe

Der Einsatz dieser Instrumente muss sorgfältig geplant werden, da einerseits nicht unbeschränkt Zeit für die PR-Arbeit vorhanden ist, anderseits der sorgfältig aufeinander abgestimmte Einsatz der einzelnen Maßnahmen zu einer Verstärkung der Wirkung führt. Zusätzlich muss berücksichtigt werden, welche Zielgruppen in welcher Reihenfolge anzusprechen sind. Darüber hinaus gibt es in jeder Schule Veranstaltungen, die jährlich stattfinden und die dafür genutzt werden können, um den Kontakt zu bestimmten Zielgruppen zu intensivieren.

Um in dieser Situation nicht den Überblick zu verlieren, hat sich der folgende *Zeit-Maßnahmenplan* bewährt. In der Planungsphase ist er am einfachsten und schnellsten auf einer Pinnwand und mit Kärtchen einzusetzen, und sollte folgendermaßen aufgebaut sein:

Zielgruppe		Maßnahme	Zeitraum Wochen/Monaten							
interne										
externe										

Dieser Zeit-Maßnahmen-Plan kann leicht für verschieden Aufgabenstellungen adaptiert werden. So können für die Konzeption der Krisen-PR die Zielgruppen in Dienstweg, betroffene Zielgruppen, interne Zielgruppen und externe Zielgruppen gegliedert werden. Auch kann der Zeitraum, in dem Maßnahmen gesetzt werden, je nach Aufgabenstellung in Stunden, Tagen und Wochen oder Monaten untergliedert werden. Fix-Daten können eingetragen und somit auch leichter berücksichtigt werden.

Beispiel Kommunikationskonzept für eine Hauptschule, an der im nächsten Schuljahr erstmalig eine Integrationsklasse geführt werden soll: Erste Maßnahme müsste die Information des Kollegiums in der Konferenz sein. Weitere Schritte sind die Kontakte mit den derzeitigen LehrerInnen der Kinder und den Eltern der zu integrierenden Kinder. Möglicherweise stellt sich heraus, dass finanzielle Investitionen nötig sind. Gespräche mit Fachleuten, dem Schulerhalter, potenziellen Sponsoren oder Medienberichte sollten geführt werden. Die zukünftigen MitschülerInnen, falls sie ihre neuen KollegInnen noch nicht kennen, und deren Eltern sind darüber zu informieren, wie sich der Unterricht gestalten wird. Manchmal ist auch eine Aufklärung über die Art der Behinderung nötig. All diese Maßnahmen können mit Hilfe des Zeit-Maßnahmen-Plans in eine sinnvolle Reihenfolge gebracht werden. Alle beteiligten Personen können den Überblick bewahren.

Kriterien für ein gutes PR-Konzept

▷ Konzepte sind gut, wenn sie erfolgreich Kommunikationsaufgaben lösen.
▷ Konzepte müssen konzentriert und schlüssig sein. Kernpunkt ist die Aufgabe bzw. das Problem. Das Konzept löst die Aufgabe logisch und folgerichtig.
▷ Ein gutes Konzept hat nicht nur Problemlösungskompetenz, sondern auch Veränderungskompetenz.
▷ Konzepte sind Maßarbeit.

3. PREISPOLITIK

Auch für den Besuch von öffentlichen Schulen haben die Kunden einen Preis zu entrichten. Wie ausführlich dargestellt, setzt sich der Preis aus monetären und nicht-monetären Komponenten zusammen. Eine wesentliche Voraussetzung für die Preispolitik ist, dass eine Gesamtaufstellung der von Eltern und Schülern derzeit zu entrichtenden Preisen vorgenommen wird. Außerdem benötigt die Schule Informationen darüber, wie die Eltern die derzeitige Preispolitik einschätzen, das heißt, ob sie der Meinung sind, dass das Preis-Leistungsverhältnis in Ordnung ist oder ob ein Verbesserungspotenzial besteht.

Preispolitik im Rahmen von Schulmarketing ist derzeit vor allem die Analyse der Auswirkungen von Leistungsänderungen auf den „Konsumentenpreis".

Unter Umständen kann die erhoffte Wirkung einer Leistungsänderung – die Steigerung der Schülerzahlen etwa – sich in Luft auflösen, wenn aufgrund der Preiserhöhung die Nachfrage – also die Anmeldungszahlen – sinkt. Umgekehrt kann natürlich eine Preissenkung zu einer zusätzlichen Nachfrage führen. Ein Beispiel ist der geringere Bedarf an Nachhilfestunden, der sich als Auswirkung von Teamteaching ergibt. Hier sind sowohl monetäre Preissenkungen – nämlich geringere Ausgaben für Nachhilfestunden – zu verzeichnen, als auch nicht-monetäre wie geringerer Zeitaufwand und ein besseres Familienklima.

Jede Schule sollte also die folgenden Daten kennen, um Preisauswirkungen abschätzen zu können:
▷ Eine Aufstellung sämtlicher im Zusammenhang mit dem jeweiligen Schulbesuch anfallenden Kosten für die Eltern, wie Ausgaben für Werkstättenkleidung

oder Bekleidung im praktischen Unterricht, Ausgaben für Schulveranstaltungen, zusätzliche Unterrichtsmaterialien etc.

➤ Eine Aufstellung von Indikatoren für den nicht-monetären Preis, der im Zusammenhang mit dem Schulbesuch zu entrichten ist, wie Zeitaufwand, emotionale Belastungen usw.

➤ Daten über die „Zahlungsbereitschaft" der Eltern und SchülerInnen.

Daraus können dann schulspezifische Daten für die zu erwartenden Auswirkungen von Preisänderungen auf die Nachfrage abgeleitet werden. Zusätzlich ist auch der Preis als Vorteil der Schule kommunizierbar. Um hinsichtlich des Preises eine größere Markttransparenz zu erreichen, sollten derartige Systeme mit wissenschaftlicher Begleitung erarbeitet werden. Zur Preispolitik gehört auch das *Sponsoring*, denn dadurch können Schulen den Preis für ihr Produkt senken.

3.1. Sponsoring

1996 wurde mit einer Novelle des Schulunterrichtsgesetzes das Werbeverbot an den Schulen gelockert und damit den Schulen auf gesetzlicher Basis ein leichterer Zugang zu Kooperationen mit der Wirtschaft ermöglicht.

Im Zuge dieser Möglichkeit für jede einzelne Schule, in einem gewissen autonomen Rahmen Einnahmen erzielen zu können und damit die schulische Ausstattung über das gesetzlich zugeteilte Ausmaß hinaus zu optimieren, wurden „Geldbeschaffungsbegriffe" oft wahllos verwendet. Wir werden daher im Folgenden eine kleine Begriffsentflechtung vornehmen.

1. Begriffe des Sponsoring

Der Sponsor erwartet für seine Leistung gegenüber dem Sponsoring-Nehmer eine Gegenleistung. Das Engagement des Sponsors kann in Geld- oder Sachzuwendungen sowie in kostenlosen Dienstleistungen bestehen. Der Sponsoring-Nehmer macht diese Unterstützung in der Öffentlichkeit publik oder er duldet, dass der Sponsor mit seinem Engagement wirbt.

Mäzene erwarten sich keine unmittelbare Gegenleistung, die Grenzen zu Sponsoring sind jedoch häufig fließend (z. B. Unterstützung eines Künstlers durch ein Unternehmen ohne vereinbarte Gegenleistung), werbliche Effekte entstehen quasi nebenbei oder es besteht ein Ungleichgewicht zwischen Leistung und Gegenleistung. Sie sind der Wunschtraum jeder Schule, leider aber äußerst selten.

Spender sind in der Realität häufiger anzutreffen. Sie stellen aus den unterschiedlichsten Gründen Geld, Sachmittel oder eine Dienstleistung zur Verfügung und erwarten im Regelfall keine Gegenleistung. Sehr oft erklären sie ausdrücklich, dass sie keine Erwähnung in der Öffentlichkeit wollen. Hat eine Schule typische Spender, sollte sie nicht unbedingt versuchen, aus ihnen Sponsoren zu machen. Die Beziehung zu pflegen ist in diesem Fall ausreichend.

Schulsponsoring bedeutet die Planung, Organisation, Durchführung und Kontrolle sämtlicher Aktivitäten, die mit der Bereitstellung von Geld- und Sachmitteln oder Dienstleistungen durch Unternehmen für Schulen zur Erreichung von unternehmerischen Marketing- und Kommunikationszielen verbunden sind.

2. Arten des Sponsorings

Möchte eine Schule vermehrt mit Sponsoren zusammenarbeiten, ist es zunächst einmal von Vorteil, die verschiedenen Arten von Sponsoring zu kennen, die Unternehmen betreiben:

Sportsponsoring: Ungefähr 75% der Sponsoring-Etats werden derzeit für Sport-Sponsoring-Aktivitäten aufgewendet. Gesponsert werden Einzelpersonen, Mannschaften, Wettbewerbe im Spitzen- und Amateursportbereich.

Kultursponsoring: Darunter wird meistens das Sponsoring von Hochkultur verstanden. Kultursponsoring bietet die Möglichkeit, sich von der Konkurrenz auf hohem Niveau klar abzugrenzen.

Soziosponsoring: Angesichts gestiegener Erwartungen der Öffentlichkeit hinsichtlich unternehmerischer Beiträge zum Allgemeinwohl ist Sponsoring im sozialen Bereich ein viel versprechender Weg für ein Unternehmen, seine gesellschaftliche Verantwortung zu praktizieren. Wesentlich für die erfolgreiche Kommunikation im sozialen Bereich ist die Glaubwürdigkeit der Botschaft und des Kommunikators.

Öko-Sponsoring: Die Zielschwerpunkte liegen meist im Imagebereich, der Dokumentation gesellschaftlicher Verantwortung und der internen Motivation. Sehr oft ergeben sich aus Öko-Sponsoringaktivitäten auch konstruktive neue Ideen für ein Unternehmen.

Bildungssponsoring: Sponsert ein Unternehmen Schulen bei diversen Aktivitäten, so betreibt es Bildungssponsoring im weiteren Sinn. Im engeren Sinn sind darunter die folgenden Aktivitäten zu verstehen:

- Bereitstellung von Lehrmitteln (Computer, Bücher, Unterrichtsmaterialien);
- Ausstattung von Bibliotheken;
- Vergabe von Stipendien;
- Finanzierung von Lehrkräften;
- Beitrag zur Finanzierung von Symposien, Fachkongressen und anderen Fortbildungsveranstaltungen;
- Druckkostenzuschüsse für Fachpublikationen;
- Ausschreibung von Wettbewerben.

3. Ziele von Sponsoren

Das Wissen um die Merkmale und Erwartungen eines Sponsors sind das A und O des Erfolges! So wie erfolgreiche Produkte und Dienstleistungen sich an den Bedürfnissen der Kunden orientieren, müssen sich Sponsoringnehmer an den Bedürfnissen und Zielen von Sponsoren ausrichten!

Wer sich dafür entscheidet, Bildung, Sport, kulturelles, soziales oder ökologisches Engagement zu sponsern, strebt damit vorrangig folgende Ziele an:

Imageziele

Imageziele unterstellen die Übertragung des Images des Gesponserten auf das Sponsorunternehmen (= Imagetransfer). Hier liegen für Sponsor und Sponsoringnehmer die Chance, aber auch das Risiko. Die Sponsoringpartner sollten immer sorgfältig ausgewählt werden! Imageziele können sein:

- Aufbau von Unternehmens- oder Produktimage
- Verfestigung einzelner Imagedimensionen
- Imageveränderung
- Imageverbesserung

Zielgruppenansprache

Die Fülle an Kommunikationsinstrumenten führt oft dazu, dass die Konsumenten die Aufnahme verweigern. Sponsoring bietet einem Unternehmen die Möglichkeit, diese Wahrnehmungsfilter zu durchbrechen. Sponsoringziele im Bereich Zielgruppenansprache können sein:

- Erstkontakt zu einer Zielgruppe
- Quantität des Kontakts
- Qualität des Kontakts

Bekanntheitsgrad

Steigerung oder Stabilisierung des Bekanntheitgrades eines Unternehmens oder einer Marke. Ein ungewöhnliches Umfeld steigert die Aufmerksamkeit.

Medienpräsenz

Die Präsenz in den Medien ist sehr oft ein vorrangiges Ziel von Sponsoren. Welche Leistungen (z. B. Presseaussendung, fertiger Bericht, Fotos) können einem Sponsor angeboten werden? Um die Marketing- bzw. Kommunikationsziele zu erreichen, ist der Einsatz der Medien oder anderer Instrumente der Öffentlichkeitsarbeit von Vorteil. Dies gilt auch für Schulsponsoring!

Mitarbeitermotivation

Unternehmen, die gesellschaftliche Aufgaben übernehmen, stehen hoch im Ansehen – das gilt auch für die dort beschäftigten MitarbeiterInnen.

Je mehr man über die Effekte von Sponsoring Bescheid weiß, desto besser ist auch die Argumentationsgrundlage bei der Sponsorensuche!

4. Zielgruppenplanung im Sponsoring

Eine möglichst große Zielgruppenüberschneidung zwischen den Zielgruppen des Sponsors und den Zielgruppen des Sponsoringnehmers ist wesentlich für eine erfolgreiche Zusammenarbeit. Die ersten Überlegungen bei der Suche nach Sponsoren sollten also dahingehend angestellt werden, welche potenziellen Sponsorenziele, -interessen und -motive einen möglichst großen Überschneidungsbereich mit dem gewünschten Projekt ergeben. Ist dieser Bereich zu klein, müssen möglicherweise die Aktivitäten modifiziert werden:

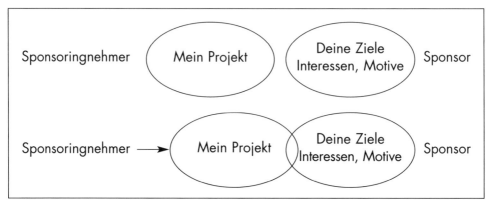

Abb. 49: Annäherung an den Sponsor

Im nächsten Schritt sollte aufgelistet werden, welche *gemeinsamen Zielgruppen* Sponsor und Sponsoringnehmer haben. Die Vorgangsweise der Zielgruppenplanung durch Sponsor und Sponsoringnehmer verdeutlicht die folgende Abbildung:

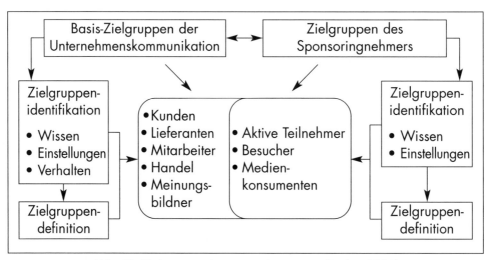

Abb. 50: Zielgruppenplanung im Sponsoring (Bruhn, 1991)

Auf der Suche nach Sponsoren sollte eine Schule also genau auflisten, welche Zielgruppen der potenzielle Sponsor hat, welche Zielgruppen die Schule selbst hat und wie groß diese sind. Im nächsten Schritt gilt es, gemeinsame Zielgruppen herauszufiltern.

5. Leitfaden für das Schulsponsoring

Der folgende Leitfaden für das Schulsponsoring unterstützt Schulen bei der Suche nach Sponsoren. Er ist in sechs Schritte geteilt und listet jene Fragen auf, die sich die Schule in puncto Sponsoring stellen muss:

1. Schritt: Bedarfsermittlung

- Was benötige ich für mein Projekt, meine Veranstaltung?
- In welchem Umfang?
- Benötige ich Geld, Sachmittel oder Dienstleitungen?
- Zu welchem Zeitpunkt wird was benötigt?

2. Schritt: Auswahl potenzieller Sponsoren

- Welche Motive, Ziele und Interessen von potenziellen Sponsoren könnte das Projekt erfüllen?
- Mit welchen potenziellen Sponsoren besteht eine möglichst große Zielgruppenüberschneidung?
- Welche Unternehmen sind als Sponsoren tätig?
- Besteht die Möglichkeit, dass sich deren Mitbewerber auch profilieren wollen?
- Wer wirbt in Radio und TV mit dem Schwerpunkt auf meine Zielgruppe?
- Wer wirbt in Jugendmagazinen?
- Welches Printmedium hat eigene Kinder- und Jugendseiten bzw. Beilagen?
- Welches Printmedium hat eigene Bildungs- und Schulseiten?
- Welche rationalen und emotionalen Argumente von Sponsoren können Sie für das Projekt bzw. die Veranstaltung ins Treffen führen?
- Wo ist positiver Imagetransfer möglich?

Tipps aus der Praxis:

- Sammeln Sie Informationen!
- Lesen Sie den Wirtschaftsteil der Zeitung im Hinblick auf potenzielle Sponsoren!
- Bieten Sie ihnen eine andere Sponsoringart an! (Wenn Firma A im *Sportsponsoring* aktiv ist, könnte Firma B sich mit *Bildungssponsoring* profilieren!)
- Sehen Sie sich Flugblätter bzw. Printwerbung genauer an!
- Nutzen Sie persönliche Kontakte, um Klarheit über Sponsoringstrategien von Unternehmen zu bekommen! Sie können damit Zeit und Geld sparen!

3. Schritt: Der Kontakt mit potenziellen Sponsoren
▷ Wer ist Ihr Ansprechpartner?
▷ Welche Funktion übt er aus (z. B. Eigentümer, Geschäftsführer, Marketing-leiter)?
▷ Nehmen Sie zeitgerecht Kontakt auf! Mindestens drei bis vier Monate, besser sechs Monate bis zu einem Jahr vor der Veranstaltung, dem Projekt!

Ihre Unterlagen sollten beinhalten:

Selbstdarstellung	Wer sind wir? Wo sind wir? Was zeichnet uns aus?
Angebotskatalog	Projektbeschreibung: Was? Wann? Wo? Wer? Mit welchem Ziel? Welche Leistungen benötigen wir? Was können wir als Gegenleistung anbieten?
Rechtfertigung	Welchen Nutzen hat der Sponsor? Warum soll er gerade uns sponsern?
Vorgehen	Fristen, Termine, Maßnahmen

▷ Gestalten Sie Ihre Unterlagen professionell!
▷ Treten Sie sicher und ruhig auf!

4. Schritt: Vertrag – Vereinbarung
Der Vertrag bzw. die Vereinbarung soll unbedingt enthalten:
▷ Anzahl und Stellung der einzelnen Sponsoren
▷ Leistungen des Sponsors (Geld- oder Sachmittel)
▷ Gegenleistungen des Gesponserten (z. B. Logo in Broschüren, Ausschreibun-gen, Plakate oder Transparente bei Veranstaltungen)
▷ Geltungsbereich
▷ Falls Geldmittel als Sponsorenleistungen vereinbart wurden: Zahlungsmoda-litäten
▷ Vertragsdauer und Fälligkeitstermine der Leistungsbeiträge
▷ Modalitäten bei Projektstornierung
▷ Regelung bei Vertragsverstößen

Der Vertrag bzw. die Vereinbarung kann enthalten:
▷ Klauseln zum Ausschluss von Wettbewerbern
▷ Verlängerungs- und Wiederholungsoptionen

5. Schritt: Durchführung

6. Schritt: Nacharbeit
Nach Abschluss des Projekts sollte eine genaue Dokumentation der Sponsoringmaßnahmen erstellt und ein persönliches Gespräch mit dem Sponsor vereinbart werden.
Die Dokumentation sollte umfassen:
▷ Bericht
▷ Fotos
▷ Presse- bzw. Medienberichte

Am besten ist sicher die persönliche Übergabe der Dokumentation. Überlegen Sie auch, ob nicht SchülerInnen oder KollegInnen an diesem Termin teilnehmen sollten. Dies bietet auch eine ausgezeichnete Gelegenheit, um über die Fortsetzung der Zusammenarbeit zu sprechen!
Verschiedene Schultypen sind unterschiedlich interessant für Sponsoren. So beurteilen in einer Untersuchung 93% der befragten Unternehmen die HTL als attraktivsten Sponsoringpartner, gefolgt von AHS (69%), Berufsschulen (57%), HAK (53%), Hauptschulen (34%) und Volksschulen (26%) (Gehrer, 2000).

4. DISTRIBUTIONSPOLITIK
Distributionspolitische Maßnahmen und Entscheidungen dienen dazu, Güter und Leistungen in den Verfügungsbereich des Kunden zu bringen beziehungsweise den Güter- und Leistungstransfer vorzubereiten und zu realisieren (Klausegger/Scharitzer/Scheuch, 1998).
Somit sind für Schulen **zwei Themenbereiche** in diesem Zusammenhang von Bedeutung:
▷ der **geografische Standort** der Schule mit seinen Vor- und Nachteilen;
▷ das **Schulgebäude** mit seinen Räumlichkeiten und seiner Ausstattung;

Für die Verbesserung der Ausstattung sind Schulen sehr oft auf Sponsoren angewiesen (vgl. Seite 201f.), wobei die Leistungen der Sponsoren natürlich auch für andere Bereiche wie Weiterbildung verwendet werden können.
Auf den **geografischen Standort** hat eine bestehende Schule nur in Ausnahmefällen einen Einfluss – falls es im Rahmen eines Neubaus zu einer Standortverlegung kommt. In allen anderen Fällen muss eine Schule die Standortvorteile kommunizieren und sichern sowie die Standortnachteile – wo immer möglich – zu verringern suchen.
Die räumliche Nähe einer Schule übt einen wesentlichen Einfluss auf die aus, wie die Befragungen der Eltern im Rahmen der Schulentwicklung immer wieder ergaben. Der Einfluss ist umso größer, je jünger die SchülerInnen sind. Kurze

Schulwege, optimale öffentliche Verkehrsverbindungen und die Sicherheit des Schulwegs sind weitere Kriterien. Bestehen für eine Schule Nachteile in dieser Hinsicht, so muss durch ein ganzes **Bündel an Maßnahmen** versucht werden, diese Nachteile zu verringern:

- Offensive Öffentlichkeitsarbeit und Lobbying zur Steigerung der Sicherheit des Schulwegs.
- Offensive Öffentlichkeitsarbeit und Lobbying zur Erhaltung oder Verbesserung der Verkehrsverbindungen.
- Anregung und organisatorische Mithilfe bei der Bildung von Fahrgemeinschaften oder anderen Transportmöglichkeiten, so wäre in extremen Fällen die Organisation von „Anrufsammeltaxis" durchaus überlegenswert.
- Bei Internaten: Intensive Zusammenarbeit mit dem Internat, falls es von der Schule getrennt ist. Internat und Schule sind in ihrem Erfolg voneinander abhängig.
- Sind Schule und Internat organisatorisch verbunden, ist die qualitativ hochwertige Internatsbetreuung leichter umzusetzen.
- Zusätzliche Angebote wie warmer Mittagstisch und Schulbuffet.

Das Schulgebäude mit seinen Räumlichkeiten und seiner Ausstattung ist einerseits ein wesentlicher Faktor für die Leistungserstellung, andererseits wird dadurch auch das Image der Schule beeinflusst. Der Umfang, die Qualität und der technische Stand der Ausstattung ist ein wesentliches Kriterium für die Wettbewerbsituation. Die konkreten Ansprüche ergeben sich aus dem Schultyp sowie verschiedenen Schwerpunkten. Wie unsere Erfahrungen gezeigt haben, wissen Schulen sehr genau, welche Ansprüche in dieser Hinsicht zu erfüllen sind.

Schulen sehen sich aber oft folgenden Problemen gegenüber:
- wie die Anschaffung der Ausstattung zu finanzieren ist;
- wie wichtig das Ambiente, die Ausstrahlung der Schule für das Image ist.

Betritt man ein Schule – unabhängig davon, ob sie in einem alten oder neuen Gebäude untergebracht ist, ob mit perfekter oder mit durchschnittlicher Ausstattung –, erfährt man als Besucher schnell sehr viel über das Klima und die Kundenorientierung. Ist es eine Schule zum Wohlfühlen, mit Pflanzen, Bildern und Schülerarbeiten an den Wänden? Wie leicht sind die Direktion, das Konferenzzimmer oder andere Räumlichkeiten zu finden? Diese Ausstrahlung ist keine Frage der finanziellen Mittel, sondern eine Frage der Einstellung.

Notwendige Veränderungen   **7**

Schulmarketing als Herausforderung der Zukunft braucht Veränderungen in Denkhaltungen, Strukturen und Rahmenbedingungen. Wenn wir uns an der Definition von Schulmarketing („Schulmarketing ist die konsequente und systematische Ausrichtung einer Schule an Kunden- und Marktbedürfnissen unter Berücksichtigung des gesetzlichen Bildungsauftrages") orientieren, so lassen sich aus dieser Definition mehrere Anforderungen ableiten:

Zum einen die Erfüllung öffentlicher Aufgaben, zum anderen eine stärkere Kundenorientierung, die ein frühzeitiges Erkennen wichtiger Bedarfsfelder einschließt (diese Anforderung ist neu und erfordert ein Umdenken von SchulleiterInnen und SchullehrerInnen). Das heißt als Konsequenz – und das ist die nächste Anforderung –, dass Schulmarketing zuerst nach innen (innerhalb der Lehrerschaft und des Schulpersonals) umgesetzt werden muss.

Die eloquenteste Schulphilosophie, die klügste Positionierung, die beste Marketingstrategie und der ausgefeilteste Marketing-Mix werden nicht erfolgreich sein, wenn innerhalb der Lehrerschaft keine bzw. sehr geringe Veränderungsbereitschaft vorhanden ist. Eine stärker nach außen orientierte Sichtweise ist nötig, um den sich ständig und rasch ändernden Rahmenbedingungen = Umwelten von Schule gerecht zu werden.

Wir können somit folgende Veränderungen als Grundlage für erfolgreiches Schulmarketing definieren:

Veränderung Nummer 1:
Schulmarketing ist notwendig

Die Frage lautet nicht, ob Schulmarkting stattfinden soll, sondern wie und in welchem Maß. Eine Veränderung im Denken, in der gesamten Einstellung ist jedoch unumgänglich.

Veränderung Nummer 2:
Schulen müssen Allianzen eingehen

Manchmal ist es klüger, sich mit einem Mitbewerber auf eine strategische Allianz zu einigen, als ihn zu bekämpfen. Strategische Allianzen im Schulbereich können Allianzen mit Schulen gleichen Schultyps sein, es kann auch eine Allianz aller Schulen einer Region sein. Schulmarketing muss nicht immer nur Standortmarketing sein, in manchen Fällen wird ein regionales Schulmarketing der strategisch erfolgreichere Weg sein. Ein derartiges schulübergreifendes Marketing erfordert ein anderes Management als standortbezogenes Schulmarketing, daher läge hier ein breites Betätigungsfeld für die Schulaufsicht im Rahmen eines regionalen Bildungsmanagements.

Veränderung Nummer 3:
Personalentwicklung und Personalhoheit für Schulleiter

Im Zuge unserer Arbeit mit und an Schulen hören wir immer wieder, dass es zwar Schulschwerpunkte gibt, dass es Schulprofile gibt, dass es Leitbilder gibt, dass es aber leider auch immer noch LehrerInnen gibt, die sich nicht daran halten, dagegen arbeiten und sich bei Eltern oder anderen Anspruchspartnern abfällig darüber äußern.

Für die Zukunft heißt das, dass Schulleiter, von denen ja auch gefordert wird, sich moderner Managementmethoden zu bedienen, mehr Personalhoheit erhalten müssen. Personalentwicklung ist eine der zentralen Aufgaben von Führungskräften, allerdings hat eine Führungskraft in der Privatwirtschaft weitaus mehr Möglichkeiten.

Der in Managementaufgaben bestens geschulte Leiter einer Schule sollte zukünftig die gesetzliche Möglichkeit haben, sich seine MitarbeiterInnen aussuchen zu dürfen – je nachdem, wie sie zum Profil der Schule passen. Er muss gezielte Personalentwicklung betreiben und sich von jenen MitarbeiterInnen trennen können, die den Grundsätzen, dem Profil und dem Image der Schule zuwiderhandeln.

Veränderung Nummer 4:
Schulmarketing braucht eine „Heimat"

Jedes erfolgreiche Unternehmen hat eine Marketingabteilung, erfolgreiche Non-Profit-Unternehmen haben eine PR-Abteilung, Schulen haben diesbezüglich – noch – nichts.

Soll Schulmarketing erfolgreich betrieben werden können, muss es hierfür Verantwortliche geben, die erstens dafür ausgebildet sind (bzw. werden) und zweitens für diese Aufgabe honoriert werden. Dies kann in Form von Kustodiatsstunden oder schulautonomen Stunden erfolgen, es kann jedoch auch eine nicht-monetäre Form der Honorierung sein. Eine solche schulinterne Marketingabteilung bringt den Vorteil der Kontinuität, des Engagements und der Langfristigkeit mit sich.

Veränderung Nummer 5:
Ausweitung der finanziellen Autonomie für Schulen

Schulen müssen in viel stärkerem Maß als bisher mit der Wirtschaft, für die sie ja AbsolventInnen ausbilden, kooperieren dürfen. Das geht von Sponsorenleistungen bis hin zu LehrerInnen und TrainerInnen, die von der Wirtschaft für einzelne Schwerpunkte – vor allem im Bereich der neuen Technologien – zur Verfügung gestellt werden oder zu Ausbildungen, die direkt in einzelnen Unternehmen stattfinden. Dies wiederum erfordert „Schulmanager", die keine Berührungsängste vor der Wirtschaft und dem Markt haben.

Veränderung Nummer 6:
SchulleiterInnen müssen unternehmerische Qualitäten aufweisen

Die Kriterien bei der Bestellung zum Schulleiter bzw. zur Schulleiterin müssen um den Ansatz der unternehmerischen Qualitäten erweitert werden. Ein Direktor, der Wirtschaft als etwas Anrüchiges und Marketing als Zumutung empfindet, der jede Entscheidung absegnen lässt und „Schulleitung" als „Schulverwaltung" definiert, wird den modernen Anforderungen nicht mehr gerecht werden können.

Die Schule ist jene Institution, die die Generation der Zukunft ausbildet. An dieser Messlatte sollte sich alles orientieren. Jene LehrerInnen und LeiterInnen, die bereit sind, ihre SchülerInnen auf die Zukunft vorzubereiten und dafür keine Mühe scheuen, müssen dafür belohnt und gefördert werden.

Welchen Platz hat „Schulmarketing" in der Entwicklung der Schulen, der Bildungspolitik bzw. der Gesellschaft?

Der Sparkurs, der allen Bildungsinstitutionen von Seiten der Regierung seit Jahren verordnet wird, steht in Widerspruch zu den wohlklingenden Worten, die man oft zu hören bekommt. Die Budgetpolitik ist eine Frage der Prioritäten und der Verteilung. Österreich liegt in diesem Bereich nicht gerade an der Spitze, vor allem nicht in Europa. Trotz vieler Anstrengungen seitens der Betroffenen (Eltern, LehrerInnen, DirektorInnen bis hin zum Ministerium) wird das Budget weiterhin gekürzt.

Schulen bleibt daher nur der Ausweg, den die Wirtschaft und ihre Unternehmen bereits beschreiten: Aus den vorhandenen Ressourcen das Maximum herausholen und sich dadurch entweder Freiräume oder Verbesserungen zu erschaffen. Ein Mittel dazu ist die Schulentwicklung, ein weiteres ist Schulmarketing.

Wir wünschen allen Schulen viel Erfolg in der Entwicklung und viel Spaß beim Marketing!

Literaturverzeichnis

Ackermann, Heike/Wissinger, Jochen: Schulqualität managen: Von der Verwaltung der Schule zur Entwicklung von Schulqualität, Luchterhand, Neuwied 1998

Altrichter, Herbert/Schley, Wilfried/Schratz, Michael: Handbuch zur Schulentwicklung, Studienverlag, Innsbruck 1998

Avenarius, Horst: Public Relations: die Grundform der gesellschaftlichen Kommunikation, Wissenschaftliche Buchgesellschaft, Darmstadt 1995

Badelt, Christoph: Handbuch der Nonprofit Organisationen. Strukturen und Management, Schäffer – Poeschel, Stuttgart 1999

Bargehr, Brigitte: Verwaltungsmarketing, in: Strehl, Franz (Hg.) Managementkonzepte für die öffentliche Verwaltung, Österreichische Staatsdruckerei, Wien 1993

Baumgartner, Irene/Häfele, Walter/Schwarz Manfred/Sohm, Kuno: OE-Prozesse. Die Prinzipien systemischer Organisationsentwicklung, Haupt, Bern/Stuttgart/Wien 1995

Becker Jochen: Marketing-Strategien: systematische Kursbestimmung in schwierigen Zeiten, Vahlen, München 2000

Biermann, Thomas: Dienstleistungs-Management, Hanser, München 1999

Bogner, Franz M.: Das neue PR-Denken: Strategien, Konzepte, Maßnahmen, Fallbeispiele effizienter Öffentlichkeitsarbeit, Ueberreuter, Wien 1990

Botan, Carl: Public Relations as a Science. Implications of Cultural Differences and International Events, in: Avenarius, Horst: Ist PR eine Wissenschaft?, Westdeutscher Verlag, Opladen 1992

Bruhn, Manfred: Sponsoring: Unternehmen als Mäzene und Sponsoren, FAZ Gabler, Frankfurt 1991

Czerwenka, Kurt/Nölle, Karin/Pause, Gerhard u. a.: Schülerurteile über die Schule. Bericht über eine internationale Untersuchung, Frankfurt 1990

Degendorfer, Walter/Reisch, Renate/Schwarz, Guido: Qualitätsmanagement und Schulentwicklung: Theorie – Konzept – Praxis, öbv&hpt, Wien 2000

Dichter, Ernest: Handbuch der Kaufmotive, Econ, Wien/Düsseldorf 1964

Dörrbecker, Klaus/Fissenwert-Gossmann, Reneé: Wie Profis PR-Konzeptionen entwickeln, F.A.Z.-Institut für Management-, Markt- und Medieninformation, Frankfurt 1999

Dultzig, Kay von: Marketing kompakt: das moderne Marketing-Wissen für Studium und Praxis, Vahlen, München 1999

Eschenbach, Rolf (Hg.): Führungsinstrumente für Nonprofit Organisationen. Bewährte Verfahren im praktischen Einsatz, Schäffer – Poeschel, Stuttgart 1998

Evans, Ian G.: Marketing for Schools, Cassell, London 1995

Fend, Helmut: Qualität im Bildungswesen: Schulforschung zu Systembedingungen, Schulprofilen und Lehrerleistung, Juventa, Weinheim/München 1998

Fluhr, Karl Hans: Auch ohne Bürger sind wir sehr beschäftigt. Von der Schwierigkeit, die Verwaltung zu modernisieren, Campus Verlag, Frankfurt 1995

Gehrer, Elisabeth: Pressemitteilung des Bundesministeriums, Wien, Oktober 2000

Grunig, James/Hunt, Todd: Managing Public Relations, Holt-Rinehart-Winston, New York 1984

Hiam, Alexander: Marketing für Dummies, MITP-Verlag, Bonn 1997

Höhler, Gertraud: Spielregeln für Sieger, Ullstein Verlag, Berlin 2001

Hopfgartner, Gerhard/Nessmann, Karl: Public Relations für Schulen – so gelingt erfolgreiche Öffentlichkeitsarbeit, öbv&hpt, Wien 2000

Kamenz, Uwe: Wirtschaftswissenschaft, Anwendungsorientierte Forschung an der Schwelle des 21. Jahrhunderts, in: Gröner, Uschi u. a. (Hg.), Wirtschaftswissenschaft, v. Decker Verlag, Heidelberg 1997

Kapfer, Ludwig: Das Gamma Modell: Ganzheitliches Marketing Managementmodell, Gupe, Graz 1992

Kath, Joachim: Die 100 Gesetze erfolgreicher Werbung, Langen Müller, München 1996

Klausegger, Claudia/Scharitzer, Dieter/Scheuch, Fritz: Instrumente für das Marketing in NPOs; in: Eschenbach, Rolf (Hg.): Führungsinstrumente für Nonprofit Organisationen. Bewährte Verfahren im praktischen Einsatz, Schäffer – Poeschel, Stuttgart 1998

Kline, Peter/Saunders, Bernard: Zehn Schritte zur lernenden Organisation. Das Praxisbuch, Junfermann, Paderborn 1996

Konegen, Norbert/Sondergeld, Klaus: Wissenschaftstheorie für Sozialwissenschaftler, Leske + Budrich, Opladen 1985

Kotler, Philipp/Andreasen, Alan R.: Strategic Marketing for Nonprofit Organizations, Prentice Hall, Englewood Cliffs 1991

Kotler, Philipp/Bliemel, Friedhelm: Marketing Management – Planung, Umsetzung und Steuerung, Schäfer – Poeschel, Stuttgart 1999

Kotler, Philip/Eduardo, Roberto: Social Marketing, Econ Verlag, Düsseldorf/Wien 1991

Krüger, Heinz-Hermann/Olbertz, Jan H. (Hg.): Bildung zwischen Staat und Markt, Leske + Budrich, Opladen 1997

Laakmann, Kai, in: Meffert, Heribert (Hg.): Lexikon der aktuellen Marketing-Begriffe, Fischer Taschenbuch Verlag, Frankfurt 1997

Luthe, Detlef: Öffentlichkeitsarbeit für Nonprofit Organisationen: eine Arbeitshilfe, Maro Verlag, Augsburg 1994

Maeck, Horst: Managementvergleich zwischen öffentlichem Schulwesen und privater Wirtschaft – Konsequenzen für eine schulische Systemevolution, Luchterhand, Neuwied 1999

Meffert, Heribert: Marketing. Grundlagen marktorientierter Unternehmensführung, Gabler, Wiesbaden 1998

Merz, Joachim: Berufszufriedenheit von Lehrern. Eine empirische Untersuchung, Beltz Verlag, Weinheim/Basel 1979

Postman, Neil: Das Technopol, Fischer Verlag, Frankfurt 1992

Puth, Jürgen: Schulmarketing. Theoretische Grundlagen und Ansatzmöglichkeiten, Beltz Verlag, Weinheim/Basel 1998

Rauscher, Heinz: Burnout-Prävention und Intervention. Was Sie als Schulleiter tun können, in: Praxis der professionellen Schulleitung, öbv&hpt, Wien 1998

Regenthal, Gerhard: Corporate Identity in Schulen, Luchterhand Verlag, Neuwied 1999

Rogge, Hans-Jürgen: Marktforschung. Elemente u. Methoden, Hanser, München 1992

Scheuch, Fritz: Marketing leicht gemacht. Warum gibt es keine Schnitzel bei McDonalds, Ueberreuter, Wien 1999

Schwarz, Gerhard: Die heilige Ordnung der Männer – patriarchalische Hierarchie und Gruppendynamik, Westdeutscher Verlag, Wiesbaden 2000

Schwarz, Gerhard: Forschungsendbericht: Die Bedienungs- und Beratungsqualität der Deutschen Bank, Wien 1989.

Schwarz Gerhard: Konfliktmanagement, Gabler Verlag, Wiesbaden 2001

Schwarz, Guido: Qualität statt Quantität – Motivforschung im 21. Jahrhundert, Leske + Budrich, Opladen 2000

Strehl, Franz (Hg.): Managementkonzepte für die öffentliche Verwaltung: Betriebswirtschaftliche Ansätze zur Leistungssteigerung, Österreichische Staatsdruckerei, Wien 1993

Töpfer, Armin/Braun, Günther E.: Marketing im staatlichen Bereich. Bedarfs- und zielgruppenorientiertes Verhalten von Institutionen auf Bundes- und Länderebene, Bonn Aktuell, Stuttgart 1989

Tweraser, Stefan, in: Eschenbach, Rolf (Hg.): Führungsinstrumente für Nonprofit Organisationen. Bewährte Verfahren im praktischen Einsatz, Schäffer – Poeschel, Stuttgart 1998

Vollert, Klaus: Grundlagen des strategischen Marketing: komparative Konkurrenzvorteile aufbauen und erhalten, Verlag PCO, Bayreuth 1999

Weis, Hans Christian: Marketing, Kiehl Verlag, Ludwigshafen 1999a

Weis, Hans Christian: Kompakt-Training Marketing, Kiehl Verlag, Ludwigshafen 1999b

Wilke, Friedrich: Grundlagen der Volkswirtschaftslehre, Fortis-Verlag, Köln 1998

Die Autorinnen und der Autor

Dipl.-Ing. Birgitta Loucky-Reisner ist als Trainerin in der Erwachsenen-bildung tätig. Nach Abschluss des Studiums Agrarökonomie an der Universität für Bodenkultur in Wien sammelte sie Erfahrungen in den Bereichen Marketing und Public-Relations für Profit- und Non-Profit-Organisationen. Seit 1997 Entwicklung und Durchführung von Seminaren zu den Themen Öffentlichkeitsarbeit für Schulen, Krisen-PR, Sponsoring und Online-PR.

Mag. Renate Reisch absolvierte das Lehramtsstudium an der Universität in Graz. Ausbildung in Supervision, Therapie und Erwachsenenpädagogik. Nach zehn Jahren Berufserfahrung als AHS-Lehrerin Wechsel in die Privatwirtschaft, seit 1990 Leiterin von mt-Management Training. Ihre Aufgabenschwerpunkte liegen bei der Schulung und Beratung von privaten Unternehmen und öffentlichen Institutionen – besonders im Bildungsbereich.

Dr. Guido Schwarz lebt als Philosoph und selbstständiger Unternehmensbera-ter in Wien. Neben dem Studium der Philosophie, Soziologie und Gruppendynamik erfolgte eine Ausbildung zum Motivforscher sowie Kommunikationstrainer. Als Folge der Spezialisierung auf dem qualitativen Bereich entwickelte er neue Anwendungs-möglichkeiten der Motivforschung, die vor allem die Verwendung qualitativer Metho-den in Verbindung mit niedrigen Kosten ermöglichen. Seine Betätigungsfelder liegen in erster Linie im Schulbereich, der Industrie sowie im Dienstleistungssektor.

Wenn Sie Interesse haben, mit den AutorInnen persönlich Kontakt aufzuneh-men, hier ihre Adressen:
Dipl.-Ing. Birgitta Loucky-Reisner, Alfons-Petzold-Gasse 15, A-2345 Brunn am Gebirge, Tel.: +43/2236/359 14; E-Mail: loucky-reisner@t-online.at
Mag. Renate Reisch, Spitzendorfergasse 12, A-2511 Pfaffstätten, Tel.: +43/2252/417 54; E-Mail: reisch@management-training.at; www.management-training.at
Dr. Guido Schwarz, Edelhofgasse 31/8, A-1180 Wien, Tel.: +43/1/478 34 44; E-Mail: g.schwarz@nextra.at; www.motivforschung.cc

Hopfgartner, Gerhard; Nessmann, Karl

PR – Public Relations für Schulen
So gelingt erfolgreiche
Öffentlichkeitsarbeit

Gb., 176 Seiten
ISBN 3-209-03105-3
Euro 19,50

Praxisbezogen und wissenschaftlich fundiert beantworten die Autoren
alle aktuellen Fragen rund um die schulische Öffentlichkeitsarbeit.
Organisation, Sponsoring und erfolgreiche Durchführung
werden Schritt für Schritt in übersichtlichen Checklisten,
Konzeptvorschlägen und Fallbeispielen vorgestellt:
vom Elternsprechtag bis zum Schulausflug,
vom Schulvideo bis zur Homepage,
vom Schulimage bis zur internen Kommunikation.

„PR – Public Relations für Schulen" ist das praktische Handbuch
für jede Schule. Es wendet sich an SchulleiterInnen und LehrerInnen,
an Eltern und SchülerInnen – an alle, die professionell und überzeugend
PR für ihre Schule und für sich betreiben wollen.